Peter Simm
Silvia Sussmann

MIT DEM WOHNMOBIL NACH KROATIEN und nach MONTENEGRO

Die Anleitung für einen Erlebnisurlaub

Wir danken Frank B. Meichelböck für seinen unermüdlichen Einsatz am Computer, ohne den es auch dieses Buch nicht gäbe. Alter Freund, Du bist Klasse!

Mängel-Exemplar / Restposten

womo®
DER WOHNMOBIL-VERLAG
D-98634 Mittelsdorf/Rhön

Bibliografische Information der Deutschen Bibliothek

Die Deutsche Bibliothek verzeichnet diese Publikation in der Deutschen Nationalbibliografie.
Detaillierte bibliografische Daten sind im Internet über <http://dnb.ddb.de> abrufbar.

Titelbild: Blick auf Sveti Stefan

6. Auflage 2015

Druck:
www.schreckhase.de

Vertrieb:
GeoCenter, 70565 Stuttgart

Herausgeber:
WOMO-Verlag, 98634 Mittelsdorf/Rhön
GPS: N 50° 36' 38.2" E 10° 7' 55.6"

Fon: 0049 (0) 36946-20691
Fax: 0049 (0) 36946-20692
eMail: verlag@womo.de
Internet: www.womo.de

Autoren-eMail: Simm@womo.de

ISBN 978-3-86903-486-7

EINLADUNG

Die Urlaubszeit naht. Man ist schon voller Vorfreude und sehnt sich nach den „kostbarsten Wochen“ des Jahres. Natürlich wollen Sie die WOMO-Tür hinter sich und dem Alltag schließen und losbrausen. Allerdings bereitet Ihnen die Wahl des Urlaubszieles noch Kopfzerbrechen. Bei der großen Palette der Möglichkeiten erscheint das nicht verwunderlich! Jetzt ist guter Rat teuer, meinen Sie? Nun - vielleicht können wir Ihnen ja helfen!

Lassen Sie sich von uns nach Kroatien und Montenegro entführen!

Diese Länder zeigen sich überraschend vielfältig. Entlang der Küste ziehen sich herrliche Strände. Das kristallklare Wasser lädt zum Schwimmen und Tauchen und vielen anderen sportlichen Betätigungen ein. Rund 1200 kleinere und größere Inseln sind dem Festland vorgelagert und warten nur darauf, von Ihnen erobert zu werden. Besuchen Sie mit uns die grandiosen Nationalparks und erleben Sie die faszinierenden Wasserwelten mit glitzernden Seen und gischtenden Kaskaden, aber auch gewaltige Canyons, die zum Wandern und Klettern wie geschaffen sind. Übrigens ritten hier seinerzeit schon Winnetou und Old Surehand und kämpften gegen üble Schurken, denn diese urigen Landschaften dienten in den 60er Jahren als Kulisse für die Karl-May-Filme.

Natürlich kommt auch die Kultur nicht zu kurz. Erliegen Sie dem Charme altehrwürdiger Städte und erfreuen Sie sich an den antiken Bauwerken und den wertvollen Kunstschätzen. So manches Schmuckkästchen sucht seinesgleichen in Europa und ist dem Weltkulturerbe zugeordnet.

Na, haben sie Appetit bekommen?

Dann reisen Sie mit uns in eine der schönsten Regionen des Mittelmeeres. Kroatien und Montenegro heißen Sie willkommen! Wir wünschen Ihnen einen erlebnisreichen Urlaub, viel Spaß und natürlich gute Erholung!

Ihr

Peter Simm

Sehr geehrter Leser, lieber WOMO-Freund!

Reiseführer sind für einen gelungenen Urlaub unverzichtbar – das beweisen Sie mit dem Kauf dieses Buches. Aber aktuelle Informationen altern schnell, und ein veralteter Reiseführer macht wenig Freude.
Sie können helfen, Aktualität und Qualität dieses Buches zu verbessern, indem Sie uns nach Ihrer Reise mitteilen, welchen unserer Empfehlungen Sie gefolgt sind (freie Stellplätze, Campingplätze, Wanderungen, Gaststätten usw.) und uns darüber berichten (auch wenn sich gegenüber unseren Beschreibungen nichts geändert hat).
Bitte füllen Sie möglichst schon während Ihrer Reise das Info-Blatt am Buchende vollständig aus und senden Sie es uns sofort nach Ihrer Rückkehr zu.
Dafür gewähren wir Ihnen bei Ihren nächsten Buchbestellungen direkt beim Verlag ein Info-Honorar von 10%.
Bitte schreiben Sie evtl. Korrekturen auch in unser Forum unter: forum.womoverlag.de

Um die freien Übernachtungs- und Campingplätze auf einen Blick erfassen zu können, haben wir diese im Text in einem Kasten nochmals farbig hervorgehoben und, wie auf den Karten, fortlaufend durchnummeriert. Wir nennen dabei wichtige Ausstattungsmerkmale und geben Ihnen eine kurze Zufahrtsbeschreibung. "Max. WOMOs" soll dabei andeuten, wie viele WOMOs dieser Platz maximal verträgt und nicht, wie viele auf ihn passen würden (schließlich gibt es auch Einwohner und andere Urlauber)!
Übernachtungsplätze mit **B**ademöglichkeit sind mit hellblauer Farbe unterlegt. **W**anderparkplätze sind grün gekennzeichnet. **P**icknickplätze erkennen sie an der violetten Farbe. Auf Schlafplätze, denen die gerade genannten Merkmale fehlen – also auf einfache **S**tellplätze – weist die Farbe Gelb hin.
Empfehlenswerte **C**ampingplätze haben olivgrüne Kästchen.
Wanderungen, die wir Ihnen besonders ans Herz legen möchten, haben wir hellgrün unterlegt.

Und hier kommt das Kleingedruckte:
Jede Tour und jeder Stellplatz sind von uns meist mehrfach überprüft worden, wir können jedoch inhaltliche Fehler nie ganz ausschließen. Bitte achten Sie selbst auf Hochwasser, Brandgefahr, Steinschlag und Erdrutsch!
Verlag und Autoren übernehmen keine Verantwortung für die Legalität der veröffentlichten Stellplätze und aller anderen Angaben. Unsere Haftung ist, soweit ein Schaden nicht an Leben, Körper oder Gesundheit eingetreten ist, ausgeschlossen, es sei denn, unsere Verantwortung beruht auf Vorsatz oder grober Fahrlässigkeit.

INHALTSVERZEICHNIS

Zeichenerklärungen für die Tourenkarten

Touren / abseits der Touren

- Autobahn
- 4-spurige Straße
- Hauptstraße
- Nebenstraße
- Schotterstraße
- Wanderweg
- S 11 Stellplatz (freie Übernachtungen)
- W P B Wander-, Picknick-, Badeplatz
- 12 13 14 geeignet für freie Übernachtungen

Alle übernachtungsgeeigneten Plätze sind im Text und auf den Tourenkarten fortlaufend durchnummeriert.

- Kirche, Kloster
- Burg, Schloss, Ruine
- 1493 m Berggipfel, Höhle
- Thermalbad
- Sehenswürdigkeit
- Aussicht, Rundsicht
- Trinkwasser/Dusche
- E Ver-/Entsorgung
- WC Toilette
- 24 C Campingplatz
- N 50° 36' 38.2"; E 10° 07' 12.5" GPS-Daten

Gebrauchsanleitung für einen Erlebnisurlaub

Wir haben für Sie ein **Tourenpaket** geschnürt, in dem wir Ihnen die berühmten Sehenswürdigkeiten des Landes näher bringen wollen. Selbstverständlich waren wir auch bemüht, nicht so Bekanntes zu erkunden, und haben dabei so manches „Juwel" entdeckt.

Um auf einen Blick das Wichtigste erfassen zu können, haben wir jeder unserer Touren eine Übersicht vorangestellt. Ebenso finden Sie am Anfang der Tourenbeschreibungen **Übersichtskarten** mit der Streckenführung und der Markierung der Wander-, Bade-, Picknick- und sonstigen **Stellplätze.** Eingezeichnet sind natürlich auch günstig gelegene **Campingplätze**, prägnante **Sehenswürdigkeiten** und **Wasserzapfstellen**. Obwohl wir uns bei den Skizzen um Genauigkeit bemüht haben, können diese keine detailgerechte Information bieten und somit keine Straßenkarte ersetzen. Bei längeren Touren haben wir regelmäßig **Entfernungsangaben** vermerkt. So wissen Sie auf Anhieb, wie weit zwei markante Punkte auseinanderliegen. Sehen Sie bitte diese Angaben nur als Anhaltspunkte und nicht als absolut korrekt an.

Die schnelle Auffindung des jeweiligen **Übernachtungsplatzes** ist von großer Bedeutung. Wir haben uns um eine akribisch genaue **Zufahrtsbeschreibung** bemüht. Exakte Angaben und kurz gehaltene Streckenabschnitte lotsen Sie zuverlässig zum Schlafplätzchen Ihrer Wahl. Haben Sie ein Navi an Bord, so erleichtern Ihnen die GPS-Daten zu den Stell- bzw. Campingplätzen das Leben. Ist eine Toilette vorhanden, setzen wir Sie davon in Kenntnis. Gibt es anderweitige sinnvolle Einrichtungen in der Nähe, erfahren Sie auch das von uns. Über evtl. anfallende Gebühren informieren wir Sie ebenfalls. Eine Belastung des Urlaubsbudgets stellen die verschiedenen **Eintrittsgebühren** dar. Nach Möglichkeit haben wir Ihnen die Kosten für Museumsbesuche, Burgbesichtigungen und Ähnliches aufgeführt. Als recht kostenintensiv erweisen sich die Eintrittspreise in die verschiedenen Nationalparks.

Unseren Touren haben wir einen **Informationsteil** angehängt. Teilen Sie uns bitte Ihre eventuellen abweichenden Erfahrungen (besonders zu den einzelnen Übernachtungsplätzen) mit. Sie helfen uns damit, unseren Führer zu aktualisieren. Vielleicht kennen oder entdecken Sie weitere schöne Plätzchen. Schreiben Sie uns doch bitte!

Unsere Adresse: Peter Simm / Silvia Sussmann
Gränzendorfer Str. 19, D-87600 Kaufbeuren
Tel. u. Fax: 08341/68609, E-Mail: simm-sussmann@t-online.de

Die Anreise

Während die einen am liebsten schnellstmöglich von A nach B gelangen wollen, nehmen andere Reisende gerne Umwege in Kauf, genießen die Sehenswürdigkeiten unterwegs und freuen sich vielleicht über ein paar gesparte Euro durch umschiffte, kostenpflichtige Streckenabschnitte. Wir haben versucht, durch unsere Routenvorschläge den verschiedenen Ansprüchen der WOMO-Piloten gerecht zu werden und hoffen, für jede „Species" das Richtige gefunden zu haben.

Die „klassische" Reiseroute nach Kroatien führt über die Autobahn MÜNCHEN, SALZBURG, VILLACH und danach über den **Karawanken-Tunnel** nach Slowenien. Anschließend gelangt man via LJUBLJANA und POSTOJNA zur kroatischen Grenze nahe dem Städtchen RUPA. Für die Benutzung der **österreichischen Autobahn** ist der Kauf einer **Vignette** nötig (8,5 Euro für das 10-Tage-Pickerl, WOMOs über 3,5 t zulässiges Gesamtgewicht siehe Seite 9 unten), zusätzlich werden Sie für die Durchfahrt des **Tauerntunnels** (6,4 km Länge) und des **Katschbergtunnels** (5,5 km Länge) mit 10 Euro zur Kasse gebeten. Die Passage der **Karawanken-Röhre** (8,9 km) schlägt mit 6,5 Euro zu Buche.

Will man in **Slowenien** die **Autobahn** (grüne Beschilderung) oder Fernstraßen (blaue Beschilderung) benutzen, ist der Kauf einer Vignette obligatorisch. Das 7-Tagespickerl kostet 15 Euro, die Monatsvignette schlägt mit 35 Euro zu Buche (Fahrzeuge über 3,5 t zGG: Abrechnung nach gefahrenen Kilometern). Erhältlich sind die Aufkleber beim österreichischen ÖAMTC, dem slowenischen AMZS und bei allen Petrol- und OMV-Tankstellen im Grenzgebiet.

Der Straßenzustand ist fast ausnahmslos als gut zu bezeichnen. Allerdings nerven auf der letzten Etappe vom Autobahnende in POSTOJNA bis zur slowenisch/kroatischen Grenze und weiter bis nach RIJEKA die unzähligen Kurven dieses ca. 70 km langen Landstraßenstückes. Leider hat man es in den letzten Jahrzehnten immer noch nicht geschafft die Autobahn bis ans Mittelmeer weiterzuführen.

In der gesamten ca. 500 km langen Strecke zwischen MÜNCHEN und der kroatischen Grenze steckt reichlich Staupotential, insbesondere zur Ferienzeit. Stark betroffen sind häufig die langen Tunnel. Bei hohem Verkehrsaufkommen herrscht hier Blockabfertigung, was zu erheblichen Wartezeiten führen kann. Achten Sie bereits vorher auf die Meldungen des Verkehrsfunks bzw. Ihres Navis. Sitzen Sie erst einmal fest, gibt es kaum ein Entrinnen.

Von RADSTADT führt parallel zur Autobahn eine landschaftlich sehr reizvolle Strecke über den **Tauernpass** und den **Katschberg** in Richtung Süden. Nutzt man diese Alternative zumindest bis zur Ortschaft RENNWEG, so kann man den **Tauerntunnel** und die **Katschbergröhre** umgehen. Die Straße ist gut ausgebaut, kaum länger als der Weg über die Autobahn und kostenfrei zu befahren. Etliche Kurven, Steigungen bzw. Gefällstrecken (bis 16 %) drücken auf den Reiseschnitt. Um den **Karawankentunnel** zu umschiffen, kann man die mautfreie **Loibl-Passstraße** (bis zu 17 % Steigung) in Angriff nehmen. Ähnlich wie zuvor bedeutet dies zwar nur einen kleinen Umweg, so bequem wie auf der Autobahn ist es allerdings natürlich nicht.

Nicht tunnelfrei, doch angenehm zu befahren und nicht ganz so stauanfällig wie die Tauernautobahn ist die **Pyrhnautobahn** in Österreich. Dazu folgt man am besten der Achse NÜRNBERG, REGENSBURG, PASSAU nach WELS, weiter durch den **Bosruck-Tunnel** (5,5 km) und den **Gleinalm-Tunnel** nach GRAZ. Hier ist der fast 10 km lange und kostenfreie **Plabutsch-Tunnel** zu passieren. Danach geht es bei SPIELFELD über die slowenische Grenze nach MARIBOR und schließlich via LJUBLJANA nach RIJEKA oder dem entsprechenden Wunschziel. Die Gebühren für diese Route schlagen mit ca. 28 Euro zu Buche (10-Tages-Pickerl, Bosruck- und Gleinalm-Tunnel), zuzüglich Kosten für Vignette in Slowenien.

Empfehlenswert ist auch die Anreise über Italien. Eine Möglichkeit stellt die Fahrt über die Autobahn MÜNCHEN, SALZBURG, VILLACH und anschließend weiter über UDINE nach TRIEST dar. Danach geht es nur noch durch einen schmalen slowenischen Korridor, und schon ist die kroatische Grenze erreicht. Diese Lösung erscheint uns recht komfortabel, da praktisch die gesamte Strecke über die Autobahn verläuft. Insgesamt belaufen sich die anfallenden Kosten (10-Tage-Pickerl für Österreich, Maut für Katschberg- und Tauerntunnel sowie die italienischen Straßengebühren) auf etwa 32 Euro.

Eine weitere Italien-Variante führt über den **Brenner** ins gelobte Land. Hierzu rollt man auf der **A7** bis an deren Ende, danach durch den Grenztunnel bei FÜSSEN, weiter über den **Fernpass** und schließlich auf der Autobahn via INNSBRUCK zum **Brenner**. In TRENTO angelangt, lässt sich die Querverbindung in Richtung VENEDIG nehmen. Diese verläuft zunächst vierspurig, anschließend geht es zweispurig über gute Landstraßen - allerdings mit einigen Ortsdurchfahrten - weiter. Nachdem BASSANO und CASTELFRANCO passiert sind, kann man letztendlich nahe TREVISO wieder die Spur der Autobahn aufnehmen und bis TRIEST düsen. Kroatien ist dann

nicht mehr weit! Vignette (10 Tage), Brennermaut und die Forderungen der italienischen Straßengesellschaft summieren sich auf insgesamt ca. 35 Euro.
Zum Schluss noch eine erlebnisreiche Alternative für Leute, die viel Zeit mitgebracht haben. Wie bei obiger Variante beschrieben fährt man über den **Fernpass**, INNSBRUCK und den **Brenner** Richtung Süden - doch nur bis BRESSANONE (BRIXEN). Hier verlässt man die „autostrada" und orientiert sich nach DOBBIACO (TOBLACH). Weiter geht es durch die herrliche Südtiroler Bergwelt über MISURINA, CORTINA D`AMPEZZO und PIEVE DI CADORE nach TOLMEZZO. Nach weiteren 10 km ist die Autobahn, die via UDINE nach TRIEST und schließlich zu Ihrem Urlaubsziel führt, erreicht. Ihr Urlaubsbudget wird bei dieser Tour um ca. 25 Euro verringert. Meiden Sie in Österreich die (Brenner)autobahn, reduziert sich dieser Betrag um gut 17 Euro. Dazu fahren Sie die Landstraße über TELFS nach INNSBRUCK und anschließend die alte **Brennerpass-Strecke**. Kurven sind zwar reichlich vorhanden, doch mit 10 % ist die Steigung eher moderat.
Die Route über die Berge Südtirols weist Steigungen bis 15 % auf, ist die kürzeste in der Palette unserer Vorschläge, doch keinesfalls die schnellste! (Bis Mitte/Ende Mai sind Schneefälle keine Seltenheit, und auch mit Glatteis muss schon mal gerechnet werden.)
Reisende, die gezielt und schnell eine bestimmte Region anfahren wollen, sei die Nutzung der inzwischen bis südlich von SPLIT fertiggestellten **Autobahn** empfohlen. Die Qualität ist bestens, der Verkehr (noch?) mäßig. Für 100 km sind mit dem WOMO ca. 11 Euro zu veranschlagen. So können Sie jetzt z.B. auch auf der mit herrlichen Aussichten garnierten, kurvenreichen Küstenstraße Ihrem Wunschziel entgegen bummeln und danach auf der Autobahn die Heimreise antreten.
Wichtig: Beachten Sie bitte, dass in Italien die rot-weiße **Warntafel** bei überstehenden Lasten (Heckkoffer, Fahrrad- bzw. Motorradträger usw.) nicht fehlen darf.
In Italien, Slowenien und Kroatien herrscht **Lichtpflicht**. Denken Sie bitte daran, **Warnwesten** (pro Person eine) mitzuführen und diese im Innenraum (!) aufzubewahren.
Promillegrenze in Kroatien: 0,5 Promille - bis zum 24. Lebensjahr herrscht absolutes Alkoholverbot.
Österreichmaut: Für WOMOs über 3,5 t zulässiges Gesamtgewicht zahlt man 16,5 Cent/km (3-Achser 22,6 Cent/km). Die Abrechnung erfolgt über die sog. Go-Box, die nochmal 5 Euro extra kostet. Weitere Infos unter www.go-maut.at. Einen Streckenkalkulator gibt es unter Tel.: 0800 400 11 400.
Ziehen Sie bei Ihrer Anreise eine Zwischenübernachtung in

Betracht, so werfen Sie einen Blick auf die nachstehend aufgelisteten Plätze - vielleicht finden Sie etwas Passendes.

Übernachtungsplätze an der Tauernautobahnroute:

Ü1: WOMO-Stellplatz Märchenmeile Trebesing (nahe Gmünd)
Zufahrt: Trebesing durchfahren, im Kreisverkehr links abbiegen, danach kommt auf der rechten Seite ein Parkplatz.
GPS: N 46° 52' 51.5" E 13° 30' 36.9" max. WOMOs: 3-4

Ü2: WOMO-Stellplatz Rosegg Schloss (nahe Velden)
Zufahrt: Von der Rosegger Landstraße L52 nach links in die alte Allee einbiegen, gut beschildert.
GPS: N 46° 35' 31.0" E 14° 01' 30.0" max. WOMOs: 2

Ü3: WOMO-Stellplatz Rosegger Wildpark (nahe Velden)
Zufahrt: Die Einfahrt befindet sich ca. 250 m nach der Schlosszufahrt, gut beschildert (siehe unter Ü2).
GPS: N 46° 35' 12.2" E 14° 01' 36.5" max. WOMOs: 3-4

Übernachtungsplätze an der Brennerroute:

Ü4: WOMO-Stellplatz Füssen
Zufahrt: Von der A7 nach Füssen abbiegen. Im Gewerbegebiet am Ortsanfang befindet sich der offizielle Stellplatz der Stadt.
GPS: N 47° 34' 55.7" E 10° 42' 02.9" max. WOMOs: >5

Ü5: WOMO-Stellplatz Bichlbach
Zufahrt: Neun Kilometer südlich von Reutte (Fernpassstrecke) an der Almkopfbahn.
GPS: N 47° 25' 40.4" E 10° 46' 36.6" max. WOMOs: >5

Ü6: WOMO-Stellplatz Sterzing
Zufahrt: Großer Parkplatz bei der Gondelbahn am Ortseingang.
GPS: N 46° 54` 10.8“ E 11° 25` 47.9“ max. WOMOs: >5

Übernachtungsplätze in Slowenien:

Ü7: WOMO-Stellplatz „Hotel Kanu“ bei Smlednik
Zufahrt: Von der Autobahn bei Vodice auf die 413 in Richtung Medvode abbiegen (ca. 4 km), in Smlednik beschildert (auch Camp vorhanden).
GPS: N 46° 10' 10.1" E 14° 25' 17.6" max. WOMOs: >5

Ü8: WOMO-Stellplatz Postojna Höhle (nahe Postojna)
Zufahrt: Von Postojna den Hinweisen zur Höhle (Postojnska jama) folgen. Zwei Fliegen mit einer Klappe: Der Platz liegt relativ nahe an der Autobahn und bietet zudem die Möglichkeit eine der berühmtesten Höhlen der Welt zu besichtigen (offizieller gebührenpflichtiger Platz mit Ver- und Entsorgung).
GPS: N 45° 46' 50.1" E 14° 12' 12.1" max. WOMOs: >5

Anreisewege
50 km
H
Band 34:
Mit dem Wohnmobil
nach Ungarn
nach
Graz
Spielfeld
A9
Band 59/60:
Mit dem Wohnmobil
nach Österreich O/W
Ü1
Ü2
Ü3
Villach
Klagenfurt
Drau
A
Maribor
Ptuj
Čakovec
Karawanken-
Tunnel
A11
Jesenice
Bled
A1
A23
Velenje
Varaždin
Drava
A10
Kranj
Celje
I
Ü7
Sava
Band 56:
Mit dem Wohnmobil
nach Slowenien
Band 76:
Mit dem Wohnmobil
nach Venetien/Friaul
Udine
Ljubljana
Gorizia
A4
Zagreb
Postojna
SLO
Novo Mesto
Ü8
Triest
V.Gorica
A12
HR
Adria
Koper
Rupa
Karlovac
Sisak
Sava
Rijeka
nach
Split

KARTE TOUR 1 - 3

Tour 1 (70 bzw. 140 km / 3 - 6 Tage)

Kroatische Grenze - Savudrija - Umag - Novigrad Poreč - bzw. Novigrad - Buje - Grožnijan - Istarske Toblice - Oprtalj - Motovun - Nova Vas - Poreč

Freies Übernachten:	Savudrija, Zambratija, Umag, Dajla, Brtonigla, Buje, Grožnijan, Istarske Toblice, Oprtalj, Motovun, Nova Vas, Poreč.
Campingplätze:	„Pineta" in Savudrija, „Lanterna" zwischen Novigrad und Poreč.
Besichtigen:	Den Stadtkern der meisten Orte, die Tropfsteinhöhle bei Nova Vas, die Basilika in Poreč.
Wandern:	Von Grožnijan über Oprtalj nach Istarske Toblice.
Baden:	An vielen Stellen entlang der Küste und in Istarske Toblice.

Wir sind über die italienische Autobahn angereist. TRIEST ist passiert bzw. umfahren, und nur noch wenige Kilometer trennen uns von unserem Zielgebiet. Doch bevor wir unsere erste Kroatientour auf der **istrischen Halbinsel** angehen können, steht erst noch die Passage Sloweniens an. Denken Sie bitte an die Vignettenpflicht, wenn Sie die Autobahn oder Fernstraßen (blaue Hinweisschilder) benutzen. Das ist der komfortabelste Weg, aber auch ein teurer Spaß - vor allem, wenn man das Pickerl nur für diese relativ kurze Passage nutzt. Man kann auch an der italienisch/slowenischen Grenze, direkt bei der Tankstelle, auf die gebührenfreie Landstraße wechseln und sich dann nach den gelben Hinweisschildern orientieren. Man fährt zunächst Richtung ANKARAN, biegt aber noch vor dem Ort links nach BERTOKI ab, streift danach KOPER und quält sich dabei durch etliche Kreisverkehre mit reichlich Verkehr in Richtung PULA weiter. Die Strecke führt durch das Landesinnere zur kroatischen Grenze.

Bevor wir nach Kroatien einreisen, unternehmen wir noch einen kleinen Ausflug nach PIRAN. Obwohl dieses Städtchen nicht zu unserem erklärten Reisegebiet gehört, nehmen wir diesen Abstecher in Kauf. PIRAN gilt als der schönste Küstenort an der slowenischen Riviera und besticht durch einen prächtigen Hauptplatz mit **venezianischen Häusern**. Vom höchsten Punkt der Stadt wacht die **Georgskirche** mit ihrem schlanken Turm über das einstige Seeräubernest. Leider darf nur noch außerhalb des Ortsgebietes geparkt werden. Zubringerbusse pendeln zum Zentrum - ein bisschen Zeit muss man also schon erübrigen können.

Das Ende des „slowenischen Korridors" ist bald erreicht. Ob-

Abstecher nach Piran

wohl Kroatien schon seit geraumer Zeit (01.07.2013) zu den Mitgliedstaaten der EU zählt, erfolgen nach wie vor Grenzkontrollen - und zwar mindestens bis Juli 2015. Danach sollen sie entfallen bzw. nur noch in abgeschwächter Form durchgeführt werden. Freie Fahrt für Reisende bleibt also noch ein Weilchen Zukunftsmusik!

Savudrija: Im Hafen der „fliegenden Boote“

Unser erster Anlaufpunkt ist SAVUDRIJA, das uns nach 18 km Fahrt in westlicher Richtung empfängt. Der kleine Badeort ist genau der richtige Punkt, um sich in gehobene Urlaubsstimmung versetzen zu lassen. Er liegt auf der **Halbinsel Punta**, ist meerseitig von nach Harz duftenden Pinien umgeben, und zum ersten Mal auf dieser Reise erschnuppern wir intensiv den so typischen Geruch des Meeres. Wir haben uns zwischen einigen netten Häusern und einladenden Restaurants hindurch gefädelt und halten jetzt am alten idyllischen Naturhafen, der mit seinen „fliegenden Booten" einen ganz besonderen Charme ausstrahlt. Der wenigen Boote wegen lohnte es sich nicht, der felsigen Bucht ein richtiges Becken abzutrotzen. Man bediente sich daher einer List. Entlang steinerner Mauern wurden Holzgestelle errichtet, an denen die Schiffchen kurzerhand aufgehängt und im Bedarfsfall mittels eines Flaschenzuges ins Wasser gelassen werden konnten.
Beidseits des Hafens erstrecken sich die großzügigen Wald- und Wiesenflächen des Camping „Pineta" mit seinem schönen Felsstrand und einigen vorgelagerten Klippen.

(001) WOMO-Campingplatz-Tipp: „Camping Pineta" in Savudrija
GPS: N 45° 29' 13.5" E 13° 29' 29.5", Starska **Öffnungszeit:** 01.05.-30.09.
Ausstattung/Lage: Restaurant, Geschäft, Meerlage, reichlich Schatten/Ortsrand.
Zufahrt: In Savudrija beschildert.

Gleich nach dem Campingplatz ragt das Wahrzeichen des Ortes - ein stattlicher **Leuchtturm** - in den blauen Himmel. Seefahrern ist dieser durch einen Superlativ wohlbekannt, mit 36 m Höhe rühmt er sich der höchste Kroatiens zu sein. Nautisch weniger Interessierte nervt der von einigen Touristen respektlos als „Langer Lulatsch" getaufte Turm bisweilen mit kräftigen Signaltönen, deren Intensität durchaus geeignet ist, das (Mittags)schläfchen zu beenden. Dieses Schicksal kann auch den Wohnmobilisten ereilen, der sich mit seinem Fahrzeug auf dem Wiesenfleckchen hinter dem Leuchtturm niedergelassen hat. Der hübsche, direkt am Meer gelegene Platz ist in der Zeit vom 01.05. bis 30.10. tagsüber

Savudrija, Kroatiens höchster Leuchtturm

gebührenpflichtig (von 08.00 bis 20.00 Uhr 17 Euro, von 14.00 bis 20.00 Uhr 8,5 Euro).

(002) WOMO-Badeplatz: Savudrija Leuchtturm

GPS: N 45° 29' 26.7" E 13° 29' 30.9", Starska
max. WOMOs: 3-4
Ausstattung/Lage: Restaurant, Geschäft in der Nähe, Stranddusche/Ortsrand.
Zufahrt: Am Camping Pineta vorbei bis zum Leuchtturm, danach gleich links.

Schräg gegenüber befindet sich der Parkplatz des Restaurants „Lanterna". Nach Rücksprache mit dem Wirt bzw. der Wirtin darf man hier zumindest in der Nebensaison für eine Nacht bleiben. Nimmt man den Platz in Anspruch, wird natürlich auch erwartet, dass man im Lokal speist.

(003) WOMO-Stellplatz: Restaurant Lanterna

GPS: N 45° 29' 26.5" E 13° 29' 32.9", Starska **max. WOMOs:** 2
Ausstattung/Lage: Restaurant, Geschäft in der Nähe/Ortsrand.
Zufahrt: Am Camping Pineta vorbei bis zum Leuchtturm, danach gleich rechts.

Folgt man dem Verlauf der schmalen Straße vom Restaurant Lanterna noch um weitere 300 m, so eröffnen sich noch zusätzliche Stellmöglichkeiten auf einem mit Pinien bestandenen Wiesenstreifen (Kiesstrand mit Felsplatten).

(004) WOMO-Badeplatz: Savudrija Pinienhain

GPS: N 45° 29' 28.2" E 13° 29' 46.8" **max. WOMOs:** 3-4
Ausstattung/Lage: Gaststätte 300 m/Ortsrand.
Zufahrt: Am Camping Pineta und am Leuchtturm vorbei bis zum Restaurant Lanterna fahren, noch 300 m die Straße entlang, hier links.

Urlaubsfreuden im Pinienhain

Auf der etwas landeinwärts verlaufenden Straße steuern wir UMAG an. Der Landstrich ist schon seit vielen Jahren touristisch erschlossen. Gewisse Unzulänglichkeiten vergangener Zeiten sind mittlerweile passé. Dem Reisenden wird ein breites Spektrum an Freizeitaktivitäten geboten. Angefangen von allerlei Wassersportarten bis hin zu Tennis, Golf oder auch Reiten - alles wird offeriert! Doch auch die alten Traditionen werden gepflegt, gemeint ist damit die Freikörperkultur. Der erste **FKK-Strand** erwartet die Sonnenhungrigen nahe ZAMBRATIJA. Nicht vorgebräunten Mitteleuropäern sei aber eine sorgsame Dosierung der Sonneneinstrahlung empfohlen, denn gerötete edle Körperteile können einen nicht unerheblichen Stressfaktor verursachen. Am Ende des Ortes gibt es bei einem kleinen Hafen ein nettes Badeplätzchen (gebührenpflichtig) mit einem zerklüfteten Strand.

(005) WOMO-Badeplatz: Zambratija

GPS: N 45° 28' 09.6" E 13° 30' 32.2"

max.WOMOs: > 5

Ausstattung/Lage: Mülleimer, Imbiss, kleine Bäckerei, Kiosk und Restaurants in der Nähe/ Ortsrand.

Zufahrt: Am Ortsende gleich nach dem Hafen rechts einbiegen, noch 300 m.

UMAG liegt auf einer kleinen Halbinsel, zumindest der alte „gewachsene“ Ortskern. Seit Jahren aber expandiert das Städtchen und die neu erbauten Häuser und Hotelanlagen nehmen bereits einen weiten Teil des angrenzenden Festlandes in Beschlag. Wir rollen in Richtung Zentrum und folgen kurz davor dem blauen Bus/PKW-Parkplatzhinweis. Die ausgewiesenen Parkflächen (kostenpflichtig) sind erstaunlich groß und mit einem Halteverbot für Wohnmobile in der Zeit von 21.00-06.00 Uhr belegt. Wir sprechen mit einigen WOMO-Piloten, die sich

Der Hafen von Umag - bunt und lebhaft

hier häuslich niedergelassen haben. Von Problemen deswegen weiß niemand zu berichten. Möglicherweise erfolgt aber in der Hauptsaison, wenn sich die vielen Parkplätze füllen, eine strengere Handhabung. Wir fühlen uns jetzt jedenfalls gut aufgehoben, freuen uns über die unmittelbare Zentrumsnähe und genießen die schöne Aussicht über den Hafen.

(006) WOMO-Stellplatz: Umag

GPS: N 45° 26' 06.0" E 13° 31' 24.4" **max. WOMOs:** > 5
Ausstattung/Lage: Beleuchtung, Geschäfte und Restaurants nahebei/im Ort.
Zufahrt: Richtung Zentrum fahren, dann rechts zum Bus/PKW Parkplatz abbiegen.

Eine Ausweichmöglichkeit besteht auf der anderen Seite der Bucht auf dem großen Hotelparkplatz. Bis dato gibt es da keine Verbotsschilder.
Noch eine Möglichkeit in relativer Zentrumsnähen kostenfrei zu parken besteht beim Busbahnhof bzw. der OMV-Tankstelle. Hierzu orientiert man sich vom Zentrum in Richtung BUJE und biegt beim Busbahnhof links ein. Nach gut 100 m ist dann der relativ große Parkplatz erreicht.
Heute ist Sonntag und die Sommersaison steht vor der Türe. Dies hat man zum Anlass genommen, auf einem Teil des Parkareals einen Blumenmarkt abzuhalten. Angeboten werden Balkonpflanzen aller Art sowie das entsprechende Zubehör, welches Blumen und deren Besitzer glücklich zu machen vermag. Begleitet wird das Spektakel von einer Folkloregruppe.
Das Hafenbecken UMAGS verfügt über vergleichsweise riesige Ausmaße und dient nicht nur touristischen Zwecken. Eine kleine Flotte von Fischkuttern liegt vor Anker. Fast täglich fahren die professionellen Fischer aufs Meer hinaus, um Nachschub für die hungrigen Mäuler zu besorgen. Das Wochenende wird jedoch genutzt, um in „Fieselarbeit" die beschädigten Netze zu flicken, nach den Maschinen zu sehen, aber auch nur um ein Pläuschchen zu halten. An das Hafenbecken schließt eine breite Promenade mit hübschem Blumenschmuck und zahlreichen Geschäften und Cafés an. Linker Hand erwarten die Altstadtgassen mit **barocken Häusern** ihre Besucher. Aus dem 14. Jahrhundert stammen die Reste der Stadtmauer, die da und dort verblieben sind. Am Rand eines großen Platzes erhebt sich ein **freistehender Glockenturm** aus dem 14. Jahrhundert, die **Kirche St. Maria** daneben datiert in ihrer jetzigen Form erst auf das 18. Jahrhundert zurück. An der Fassade prangt eine Reliefplatte des Schutzheiligen (Pelegrin) der Stadt.
Wir verlassen UMAG und peilen das 15 km entfernte NOVIGRAD an. Am südlichen Ortsrand von UMAG liegt links der Friedhof mit einem ruhigen und schattigen Parkplatz. Wer da

keine Vorbehalte hegt, kann hier durchaus eine Übernachtung in Betracht ziehen. Frischwasser gibt es innerhalb des Gottesackers.

Am Naturstrand von Dajla

Auf dem Weg nach NOVIGRAD begrüßt uns nach rund 10 km das Örtchen DAJLA. Hier gibt es einen naturbelassenen Badestrand und obendrein die passenden Plätzchen fürs Wohnmobil!

(007) WOMO-Badeplatz: Dajla

GPS: N 45° 21' 02.4" E 13° 32' 23.1" **max. WOMOs:** 4-5

Ausstattung/Lage: Mülltonne/außerorts.

Zufahrt: Kurz vor dem Ortsende rechts abbiegen (Hinweis Kirche Giovanni Battista), das ehemalige Benediktinerkloster umfahren, weiter entlang der Mauer und schließlich noch ca. 200 m bis ans Meer (vom Abzweig an der Hauptstraße sind es noch insgesamt 700 m).

Die Küstenstraße nach NOVIGRAD verläuft etwas landeinwärts. Etliche **Campingplätze** reihen sich aneinander. Bald ist das malerische Städtchen nahe der Mirnamündung erreicht.

Klein aber fein: Der malerische Hafen von Novigrad

Direkt am kleinen, schnuckeligen Hafen ergattern wir einen Parkplatz. Im Takt der Wellen schaukeln die Boote hin und her. Es herrscht drangvolle Enge, die Wasseroberfläche sieht man nur sporadisch zwischen den vielen Schiffchen herausblitzen. Wir beginnen mit unserem Rundgang, widerstehen tapfer den vielen Espresso-Versuchungen rund um den Hafen und bewundern die im venezianisch-gotischen Stil erbauten Häuser. Es scheint Waschtag zu sein, überall flattern bunte Klamotten lustig im Wind. Bisweilen tauchen Fragmente der alten, zinnenbewehrten **Stadtmauer** auf. Die **Pfarrkirche St. Pelagius**, in ihrer derweiligen Form aus dem 18. Jahrhundert stammend, überragt die Idylle. Unter dem Chor befindet sich eine **romanische Krypta**, sehenswert ist auch die „Muttergottes mit Kind" auf einem **hölzernen Altar**. Im barocken **Palast Digo** ist ein **Lapidarium** untergebracht, in dem Funde aus der Umgebung ausgestellt sind. NOVIGRAD erweist sich als sehr besucherfreundlich, alle wichtigen Sehenswürdigkeiten präsentieren sich im und um den Altstadtkern herum, unser Besichtigungsprogramm ist also bald beendet.

Um diese Tour fortzusetzen, bieten wir Ihnen zwei Möglichkeiten an. Sie können in direkter Linie auf der Küstenstraße ins 15 km entfernte POREČ fahren oder einen erlebnisreichen Umweg durch das Landesinnere nehmen. Zunächst beschreiben wir Ihnen die kurze Variante.

<u>I. Fortsetzung der Tour in direkter Linie nach POREČ</u>

Wir verlassen Città nova - so nannten die Römer NOVIGRAD - in südlicher Richtung. Nach einigen Kurven gelangen wir an eine tiefeingeschnittene Bucht, in die der **Fluss Mirna** mündet. Wir rollen über eine Zugbrücke und überqueren den Wasserarm auf einem langen Damm. Danach windet sich die Straße durch ein Waldstück, dessen Laubwerk uns nach dem kräftigen Frühjahrs-Austrieb schier undurchdringlich erscheint. Doch der „Busch" gibt uns bald wieder frei, und die ersten Hinweistafeln zur Feriensiedlung Lanterna tauchen auf. Die Abzweigung lässt nicht lange auf sich warten. Kurz darauf zweigt eine 3,5 km lange Stichstraße meerwärts ab. Die weitläufige Anlage liegt auf einer Halbinsel und verfügt über eine Unmenge von Freizeiteinrichtungen, die von den Gästen des Camping „Lanterna“ mitbenutzt werden dürfen (leise ist es gerade nicht...). Entlang dem Ufer gibt es ein weit verzweigtes Netz schöner Spazierwege.

(008) WOMO-Campingplatz-Tipp: „Lanternacamp“

GPS: N 45° 17' 48.6" E 13° 35' 39.7" **Öffnungszeit:** 15.04.-15.10.
Ausstattung/Lage: Restaurants, Geschäfte, Kiosk, zum Zentrum von Novigrad 6 km, teilweise Schatten/außerorts.
Zufahrt: Von der Küstenstraße rechts abbiegen, noch ca. 3,5 km, bestens beschildert!

Am Strand des Lanternacamps

Wir nähern uns POREČ, das uns erstmal mit wenig attraktiven Industrieanlagen, Firmen, Tankstellen und Ähnlichem empfängt. Doch auch das muss sein! Wir versprechen Ihnen aber, Sie werden vom Herzen der Stadt begeistert sein. Eine Beschreibung und einen zentrumsnahen Stellplatz liefern wir Ihnen im zweiten Teil dieser Tour nach unserem Ausflug ins Binnenland.

II. Fortsetzung der Tour durch das Landesinnere nach POREČ

Sollten Sie Lust haben, ein wenig das „Innenleben“ der istrischen Halbinsel zu erkunden, dann begleiten Sie uns auf die nachfolgend beschriebene Rundfahrt. In NOVIGRAD orientieren wir uns in Richtung BUJE. Sanft und in einigen Kurven steigt die Straße an und führt durch ein dichtes Buschwerk, das sich jetzt im Frühjahr in hellem Giftgrün zeigt. Das dunkle Grün der Föhren steht in schönem Kontrast dazu. Bisweilen hat man der Macchia auch ein Feld für den Gemüsegarten abgetrotzt, oder ein kleiner Olivenhain sorgt für Abwechslung. Besonders interessant gestalten sich aber die ab und zu in Erscheinung tretenden Weingärten. Die frisch umgebrochene Erde zwischen den Rebstöcken leuchtet kräftig rot zwischen den maigrünen Ranken heraus und hebt sich ganz sonderbar davon ab. Die Ortschaften sind fast ausschließlich auf den Kuppen der einzelnen Hügel angesiedelt und locken schon von der Weite zu einer Stippvisite. Wir machen Station in

Im Herzen von Brtonigla

BRTONIGLA, dessen trutziges Mauerwerk einen eigenartigen Charme ausstrahlt. Nahe am Zentrum des kleinen Nestes finden wir einen sonnigen, etwas schiefen Parkplatz, der als Ausgangspunkt für einen Bummel wie geschaffen ist. Er erscheint uns auch für eine Übernachtung geeignet.

(009) WOMO-Stellplatz: Brtonigla

GPS: N 45° 22' 43.5" E 13° 37' 36.7" **max. WOMOs:** 3-4
Ausstattung/Lage: Pizzeria, Beleuchtung, Mülltonne, Geschäft in der Nähe/im Ort.
Zufahrt: Von der Hauptstraße rechts einbiegen, noch ca. 400 m (Brunnen nach ca. 150 m) unterhalb der Kirche, in Brtonigla beschildert.

Auf dem Weg nach Buje

Einige Kurven später erwartet uns BUJE, das besonders majestätisch auf einem kegelförmigen Hügel liegt. Die venezianischen Häuser der Altstadt scheinen hier außergewöhnlich nahe zusammengerückt zu sein, man kommt sich irgendwie behütet und beschützt vor. Vorbei an der **Kirche St. Servulus**, vor der sich blühende Kastanienbäume erheben, biegen wir ein in die schmalen Gässchen, die hinauf zur **Kirche Sveta Marija** (15. Jahrhundert) führen. Der mächtige **freistehende Glockenturm** ist mit dem venezianischen Markuslöwen geschmückt. Ca. 400 m vom Zentrum entfernt gibt es einen praktischen Parkplatz auf drei Ebenen, teilweise mit schöner Aussicht über die grünen Hügel des Umlandes.

(010) WOMO-Stellplatz: Buje

GPS: N 45° 24' 28.1" E 13° 39' 26.4" **max. WOMOs:** 2-3
Ausstattung/Lage: Beleuchtung, Gaststätte in der Nähe, Spielplatz/Ortsrand.
Zufahrt: Am Ortsanfang gleich rechts (blaues Parkplatzschild), noch ca. 100 m.

Wir tauchen wieder ein in das intensive istrische Grün und peilen das 7 km südöstlich von BUJE gelegene **Künstlerdörfchen** GROŽNIJAN an. Erstmals erwähnt wurde es im Jahre 1103, im 14. Jahrhundert zogen die Venezianer ein und ernannten es zum Regierungssitz. **Stadtmauern** und **Wehrtürme** wurden erneuert sowie ein zusätzliches Tor geschaffen. Bis heute hat sich der Ort den Charakter einer Festungsanlage bewahrt, die Nutzung allerdings hat sich geändert. Maler, Töpfer und Bildhauer haben sich niedergelassen und arbeiten hier. Deren Werke können in etlichen **Galerien** und Geschäften bestaunt und natürlich erworben werden. In der Ortsmitte gibt es einen lauschigen Picknickplatz, der zur Rast einlädt und einen herrlichen Blick auf das Umland bietet. Wir stärken uns ein wenig und lassen uns dabei von sphärischen Klängen, die aus einer Künstlerwerkstatt herüberwehen, verzaubern. Für einen Rundgang durch die mittelalterlichen Gassen sei Ihnen unbedingt festes Schuhwerk angeraten. Die Steine sind fürchterlich buckelig verlegt und daher bestens geeignet, sich Knöchel zu verstauchen!

Bummel durch Grožnijan

Grožnijan: Geheimnisvolle Dame

Vor den trutzigen Mauern des Künstlerdorfes gibt es einen großen sonnigen Parkplatz neben dem Friedhof.

(011) WOMO-Wanderparkplatz: Grožnijan

GPS: N 45° 22' 52.5" E 13° 43' 25.9" **max. WOMOs:** 4-5

Ausstattung/Lage: Wasser im Friedhof, Beleuchtung, Spielplatz nahebei/im Ort.

Zufahrt: Den blauen Parkplatzschildern mit dem Symbolen Bus/WOMO folgen, vor dem Friedhof links.

WOMO-Wandertipp: Grožnijan, Oprtalj, Istarske Toplice

Gehzeit: 5 Std. **Schwierigkeit:** Leicht **Höhenunterschied:** 200 m

Strecke: Beim Parkplatz beginnend, zieht der Wanderweg durch schattige Wälder über die Hügelketten. Teilweise schöne Aussicht.

Wir wandern nur ein kurzes Stück auf der Strecke, und diese Etappe erscheint uns auch Mountainbike-tauglich. Ob das für den gesamten Weg zutrifft, wagen wir mangels Erfahrung nicht zu sagen.

Um die Rundfahrt von GROŽNIJAN aus mit dem Ziel nach MOTOVUN fortzusetzen, muss man wieder zur Hauptstraße zurückrollen. Die etwas kürzere Wegstrecke über PEROJ ist mittlerweile nur noch für PKWS freigegeben.
Unser nächstes Ziel ist das **Thermalbad** ISTARSKE TOBLICE. Dazu fahren wir zunächst ca. 15 km durch ein weites Tal in Großrichtung BUZET. Neben der Straße begleitet uns, friedlich plätschernd im begradigten Bett, das Flüsschen **Mirna**. Schon von weitem sehen wir rechter Hand das Städtchen MOTOVUN auf einem Hügel thronen, aber erstmal begnügen wir uns mit einem Blick aus der Ferne. Eine Hinweistafel „**Istarske Toblice Therme**" lässt uns links abbiegen. Die Stichstraße führt zu einer Hotelanlage, der die Therme angeschlossen ist. Das 33°C warme, schwefelhaltige und radioaktive Wasser kann man entweder im Hallenbad oder - in der wärmeren Jahreszeit - in einem Becken im Freien genießen. Es hilft gegen allerlei Zipperlein, doch es ist auch, wenn man zu den Begnadeten zählt, die vor Gesundheit strotzen, eine feine Sache. Freilich gibt es auch diverse Anwendungen wie Massagen, Fango, Gymnastik, Akupunktur und vieles mehr.
Der Eintritt beträgt für Erwachsene 6 Euro, die lieben Kleinen zahlen 3,5 Euro. Das Bad ist täglich von 10.00-20.00 Uhr geöffnet (Dienstagnachmittag nur bis 15.00 Uhr). Für Kurzweil sorgen auch Bocciabahnen und eine Minigolf-Anlage. Der schattige, ebene Parkplatz bietet sich zum Übernachten an.

(012) WOMO-Badeplatz: Istarske Toblice

GPS: N 45° 22' 41.9" E 13° 53' 06.4" **max. WOMOs:** > 5
Ausstattung/Lage: Thermalbad, Beleuchtung, Mülltonne, Gaststätte/außerorts.
Zufahrt: Von der Hauptstraße links nach Istarske Toblice abbiegen, noch 500 m.

Beim Thermalbad endet auch der Wanderweg, der in GROŽNIJAN beginnt.
Wir fahren 6 km zurück bis zu der Kreuzung, an der es links in Richtung MOTOVUN geht, jenes Bergstädtchen, das uns schon bei der Herfahrt so einladend vom Hügel herab angeschaut hat. Allerdings biegen wir erst einmal rechts nach OPRTALJ ab. Bereits 800 m später begrüßt uns LIVADE. Des kleinen Dorfes ganzer Stolz ist ein Fußballplatz am Ortsanfang rechts, dessen Parkplatz durchaus für eine schnelle Übernachtung dienen kann.
Nach der Ortschaft schraubt sich das Sträßchen über etliche Kurven und Kehren hinauf in luftige Bergeshöh`. Dabei ist die Steigung moderat und die Fahrbahnbreite so bemessen, dass man nicht ins Schwitzen kommt. Ab und zu erhält man wunderbare Blicke über die weiten grünen Kuppen der istrischen Landschaft. Rund 7 km später laufen wir im mittelalterlichen

OPRTALJ ein und freuen uns über den Parkplatz, den wir gleich am Ortsanfang entdecken.

(013) WOMO-Wanderparkplatz: Oprtalj
GPS: N 45° 22' 45.3" E 13° 49' 24.3" **max. WOMOs:** 2-3
Ausstattung/Lage: Beleuchtung, Gaststätte in der Nähe/Ortsrand.
Zufahrt: Am Ortanfang gleich links, 7,2 km nach der Abzweigung.

Die alte Stadtmauer zeigt sich gut erhalten. Nahe dem **Stadttor** befindet sich die **städtische Loggia**, die ein **Lapidarium** beherbergt. Über die wenigen Häuser des Dorfes wacht der freistehende **Glockenturm** der **Georgskirche** (Sv. Juraj). Jetzt wird es Zeit für MOTOVUN. Von zuvor genannter Kreuzung geht es in vielen Kehren und Kurven 2 km mit 10% Steigung bergauf, schließlich stehen wir vor den Toren der Stadt. Hier lädt einer der wenigen offiziellen Stellplätze Kroatiens zum Übernachten ein. Er präsentiert sich sehr gepflegt, vorwiegend sonnig und teils mit schöner Aussicht über das istrische Hügelland. Günstig ist er allerdings nicht gerade (je nach Saison von ca. 17 Euro bis 27 Euro pro WOMO).Kleiner Trost: Ab der zweiten Nacht gibt es Rabatt!

Offizieller Stellplatz in Motovun

(014) WOMO-Stellplatz: Motovun
GPS: N 45° 20' 07.7" E 13° 49' 31.0" **max. WOMOs:** > 5
Ausstattung/Lage: VE-Station, Dusche, Toilette, Strom, Mülltonnen, Gaststätte ca. 400 m/Ortsrand.
Zufahrt: Am Ortsanfang links, beschildert.

Das letzte Stück hinauf in die sog. weiße Stadt legen wir zu Fuß zurück. Durch ein **Renaissance-Tor**, an dem mehrere **Patrizierwappen** prangen, betreten wir die Altstadt. Die **Befestigungsmauern** aus dem 13. und 14. Jahrhundert sind erstaunlich gut erhalten. Vom äußeren Mauerring erhält man einen weiten Blick auf das **Mirnatal** und die angrenzenden

Motovun: An den Berghang gekuschelt

Wälder, die durch ihren Trüffelreichtum bekannt sind. Auf dem Hauptplatz erhebt sich die **Stephanuskirche** (16. Jht.), daneben ragt ein wuchtiger **Glockenturm** (13. Jht.) auf. Die Eingangstüre ist geöffnet, einer Erklimmung steht nichts im Wege. Wer allerdings nicht demütig sein Haupt senkt, wird einen schmerzhaften Verweis in Form einer Beule beziehen. Der Aufgang des ehrwürdigen Bauwerks ist eben auf die Größe der Menschen früher ausgerichtet - und die waren bekanntlich kleiner! Kommt man schließlich schnaufend oben an, erfolgt die Belohnung. War die Aussicht von der Stadtmauer schon herrlich, so wird sie hier noch übertroffen, bei klarer Sicht ist sie wahrhaft grandios! Öffnungszeiten sind keine angeschlagen, eine Eintrittsgebühr wird ebenso wenig erhoben. Langsam schlendern wir zurück zum WOMO und starten wieder durch. Die Hänge rund um das Städtchen sind überzogen mit Rebstöcken. Hier gedeihen die Trauben, die die Grundlage für edle Tropfen wie etwa den Pirot oder den Malvazija bilden. Zwischen die Weingärten sind bisweilen kleinere Obstplantagen eingestreut. Die Bäume stehen stramm und gesund, die sonnige Lage scheint ihnen sehr zu gefallen. So begeistert wie wir von der wunderbaren Gegend sind, so wenig angetan sind wir vom Straßenzustand. Bisher konnte man prima damit leben, von einzelnen Wellen einmal abgesehen. Auf dem nächsten Streckenabschnitt fürchten wir allerdings unsere teuren Plomben und Kronen zu verlieren. Die Fahrbahn zeigt sich holprig, und über einen Mangel an Schlaglöchern kann man wahrlich nicht klagen. In KANOJBA biegen wir rechts in Richtung POREČ ab, an der Buckelpiste ändert sich dadurch aber nicht viel. Einige Kilometer weiter überrascht uns an einer Straßenkreuzung ein Kunstwerk. Mehrere Stein-

Motovun, Stephanuskirche mit Glockenturm

blöcke stehen in einer Wiese. Sie sind mit Symbolen versehen, doch einen rechten Reim darauf können wir uns nicht machen. Ein Stück des Weges weiter erwartet uns bei einem Wäldchen ein weiteres interessantes Steinmonument. Bald erreichen wir den Flecken NOVA VAS, der mit einer Grotte wirbt. Die Landschaft gestaltet sich hier relativ flach, ein Umstand, der uns etwas skeptisch stimmt. Unweigerlich verbinden wir eine solche Höhle mit felsigen Erhebungen, die aber gänzlich fehlen. Neugierig geworden, folgen wir den Hinweisen, fahren ein Stückchen hinaus in den Karst und werden schon bald fündig. Mitten in der „Prärie“ treffen wir auf eine Imbiss-Gaststätte, daneben steht ein Kassenhäuschen. Ein großes Schild verkündet uns, dass wir die **Jama Grotta Beredine** erreicht haben. Doch wo ist sie? Des Rätsels Lösung liegt in einer Bodensenke, die wir nur mit einem flüchtigen Blick bedacht und für einen kleinen Tümpel oder Ähnliches gehalten haben. Einige Stufen führen ganz unspektakulär in eine Unterwelt, bestehend aus Stalagmiten und Stalaktiten, die durch die Kraft des Wassers über Jahrtausende gewachsen sind. Mit etwas Phantasie erkennt man Tropfsteingebilde wie etwa eine Muttergottesstatue, die Hirtin Milka (sie hat auch eine Schokoladenseite!), den schiefen Turm von Pisa und einen Schneemann, der eine Fackel trägt. Letzterer wurde zum Symbol der Höhle erkoren. In einer 40-minütigen Führung (auch in deutscher Sprache) kann man sich einen Eindruck

Ausstellungsstücke bei der Jama Grotta Beredine

von dieser unterirdischen Zauberwelt verschaffen. Hier leben eigenartige Grottenolme und kleine durchsichtige Krebse. Die Lufttemperatur beträgt 14°C. Erwachsene zahlen für das Vergnügen 8,5 Euro, Kinder 5 Euro. Die Führungen erfolgen tagsüber nach Bedarf. Neuerdings kann man auch auf einem Übungsgelände, das nur wenige Schritte vom Höhleneingang entfernt ist, das sogenannte Höhlenklettern erlernen. Nähere Informationen gibt es an der Kasse.
Der Wiesenparkplatz nahe dem Höhleneingang bietet sich für eine ruhige Übernachtung an. Er ist relativ eben und einige Bäume spenden etwas Schatten.

(015) WOMO-Picknickplatz: Jama Grotta

GPS: N 45° 16' 10.8" E 013° 39' 42.0" **max. WOMOs:** > 5

Ausstattung/Lage: Tische, Bänke, Imbiss-Gaststätte, Toilette (evtl. hier Wasser per Kanister)/außerorts.

Zufahrt: In Nova Vas rechts abbiegen, noch 1,3 km.

Als zusätzliches kleines Bonbon gibt es noch einige alte Landmaschinen und Holzkarren zu bewundern. Die Ausstellungsstücke stehen unter dem Schutz von Strohdächern frei zugänglich am Wiesenrand. Zudem wurde jetzt auch ein Traktorenmuseum eingerichtet. Wer die alten „Schätzchen" bestaunen und außerdem noch Wissenswertes über deren Geschichte erfahren möchte, wird die ca. 3 Euro Eintrittsgebühr bestimmt gerne berappen.

Poreč: Noch in morgendlicher Ruhe

Ausgeschlafen und fit für neue Taten bringen wir am nächsten Tag die letzten 8 km hinter uns und trudeln schließlich in POREČ ein. Je näher man dem Zentrum kommt, um so rarer werden die Parkplätze - zumindest jene, die für WOMOs erlaubt sind. Ein (neuer) sonniger WOMO-Stellplatz liegt hinter dem Mercator-Markt. Von hier aus erreicht man das Zentrum in ca. 10 bis 15 Minuten zu Fuß. Kostenpunkt: Für 24 Stunden 23 Euro, 12 Stunden kosten 14 Euro, bei stündlicher Abrechnung sind je ca. 3 Euro fällig.

(016) WOMO-Stellplatz: Poreč 1

GPS: N 45° 13' 34.9" E 13° 36' 14.8" **max. WOMOs:** > 5

Ausstattung/Lage: Beleuchtung, Video-Überwachung, Mülleimer, VE-Station in Planung/im Ort.

Zufahrt: Von der Umgehungsstraße nach Poreč sjever abbiegen, dem Verlauf der Hauptstraße in südlicher Richtung folgen. Noch vor dem Sportplatz (rechter Hand) rechts abzweigen, dann beim Mercator-Markt gleich wieder rechts (blaues Parkplatzschild).

Der nächste Platz (leider die einzige Alternative) folgt bald darauf. Es ist ein großes Areal mit unverschämter Preisgestaltung. Bis 24.00 Uhr muss man den Tagessatz von 17 Euro berappen, ab 00.00 Uhr wird entweder ein neuer Tagessatz fällig oder aber es erfolgt eine stündliche Abrechnung (ca. 3,5 Euro pro Stunde) bis zur Abfahrt. Man sollte sich also die Zeit, die man hier verbringen will, gut einteilen! Zu Fuß benötigt man ca. 20 bis 25 Minuten, um ins Zentrum zu gelangen.

(017) WOMO-Stellplatz: Poreč 2

GPS: N 45° 13' 17.2" E 13° 36' 24.3" **max. WOMOs:** > 5

Ausstattung/Lage: Geschäfte und Restaurant nahebei, Beleuchtung/im Ort.

Zufahrt: Von der Umgehungsstraße nach Poreč sjever abbiegen, dem Verlauf der Hauptstraße in südlicher Richtung folgen. Nach einem Sportplatz im Kreisverkehr links ausfahren, danach gleich rechts (Platz ist gut zu sehen).

Beide Plätze gewinnen keinen Schönheitspreis. Der große Vorteil ist die relative Altstadtnähe. Die Campingplätze liegen alle außerhalb der Stadt - sind daher für eine Stadtbesichtigung weniger praktisch.

Die Altstadt von POREČ liegt auf einer langgestreckten Landzunge, durch deren Mitte die Fußgängerzone mit ihren vielen Geschäften und Cafés verläuft. In Urlauberkreisen verbucht die lebhafte Stadt einen hohen Bekanntheitsgrad, der für ständigen Zustrom sorgt. Heute drängen sich noch ein paar Besucher mehr durch die mittelalterlichen Gassen, denn Feiern ist angesagt! Auf dem Hauptplatz (Trg Slobode) ist eine große Bühne aufgebaut. Eine Musikgruppe begrüßt gerade eine Abordnung von Trachtlern und eine bunte Kinderstaffel. Die Musiker brillieren eher durch Lautstärke als durch Können, und wir sind in Sorge um die ehrwürdige Bausubstanz. Wir dringen tiefer in das Halbinselchen ein und besuchen die am Nordrand gelegene dreischiffige **Euphrasiusbasilika**. Das wahrhaft prachtvolle Gotteshaus birgt reiche Kunstschätze. Außerordentlich glanzvoll präsentieren sich die Mosaiken in der halbrunden Apsis und am Triumphbogen, die aus Halbedelsteinen, Marmor und Perlmutt zusammengesetzt wurden. Vom stattlichen Glockenturm aus genießt man einen herrlichen Blick über Altstadt und Meer - sofern man zuvor einen Euro Eintritt gelöhnt hat! Wir spazieren weiter bis fast zur Spitze der Landzunge, zum **Marafor-Platz**. Hier finden wir die Reste eines ehemaligen **Neptun-Tempels** und die verbliebenen Säulen eines alten **Mars-Tempels**.

Mosaiken an der Euphrasiusbasilika

Südlich des Trg Marafor öffnet sich, nachdem wir ein kleines Gässchen durchschritten haben, der Hafen. Blickfang sind einige schöne hölzerne Schiffe, deren weiße Segel sich kontrastreich gegen das blaue Meer abheben. Alte Männer sitzen auf Bänken in der Sonne und halten ein Schwätzchen. Nahe der Kaimauer streiten drei Möwen um ein Stück Brot, und irgendwo draußen tuckert gemütlich der Motor eines Fischerbootes.

Neben all der Beschaulichkeit, die uns hier erwartet, „lauern" auch geschäftstüchtige Schiffskapitäne auf Kundschaft. Recht aufdringlich werben sie mit Ausflugsfahrten zu einsamen Inseln mit Seeräubergrotten oder zur kleinen Hafenrundfahrt. Weniger das Gebaren dieser Herren als das Sonntagswetter animiert uns, unter die Seefahrer zu gehen. Nach einem gründlichen Preis/Leistungsvergleich (lohnt sich!) schaukeln wir hinaus über die Wellen einer grünen Insel entgegen und freuen uns über den stilvollen Ausklang der ersten Tour.

Tour 2 (150 km / 6 Tage)

Poreč - Vrsar - Limski-Kanal - Bale - Rovinj - Kanfanar - Vodnjan - Barbariga - Fažana - Pula

Freies Übernachten:	Vrsar, Limski-Kanal, Bale, Peroj, Barbariga, Fažana, Pula.
Campingplätze:	„Koversada“ bei Vrsar, „P. Biondi“ in Rovinj, „Stoja“ in Pula.
Besichtigen:	Die jeweilige Altstadt von Vrsar, Rovinj und Pula (Arena!), den Limski-Kanal, Burgruine von Dvigrad, die Kirche St. Blasius in Vodnjan, Nationalpark Brijuni-Inseln.
Baden:	An vielen Stellen der Küste.

Die Sonne lacht von einem fast wolkenlosen Himmel, es ist nicht zu heiß, doch angenehm warm. Wenn das kein guter Anfang für unsere zweite Tour ist! Von POREČ geht es in gerader Linie südwärts. Das heißt aber nicht, wir müssten auf die fast obligatorische Kurverei verzichten. In FUNTANA empfängt ein **Dinosaurus-Park** direkt an der Hauptstraße seine Besucher. Kurz danach, vor den Toren des freundlichen Städtchens VRSAR, entdecken wir einen **Skulpturenpark**. Die Kunstwerke sind von lockerer Hand über das gepflegte Wiesengelände verstreut. Aus unerfindlichen Gründen sind aber heute (Mittwoch) die Pforten verschlossen. Ein Schild mit Infos über Öffnungszeiten und Eintrittspreise fehlt leider auch. Nachdem wir uns mit einem neugierigen Blick über den Zaun

Das schöne Städtchen Vrsar

begnügt haben, steuern wir VRSAR an. Die Häuser stehen eng beisammen und schmiegen sich dicht um einen Hügel herum. Zunächst biegen wir von der Hauptstraße in Richtung Zentrum ab, nach 200 m erreichen wir einen kostenfreien und ganz ordentlichen Parkplatz nahe an der Altstadt, der aber nur für kleinere WOMOs (5 bis 6 m) zu empfehlen ist.

(018) WOMO-Stellplatz: Vrsar Altstadt

GPS: N 45° 09' 08.7" E 13° 36' 34.5" **max. WOMOs:** 2-3
Ausstattung/Lage: Gaststätten und Geschäfte in der Nähe/im Ort.
Zufahrt: Von der Hauptstraße zum Zentrum abbiegen, dann noch 200 m, hier rechts.

Biegt man von der Hauptstraße nur ein kleines Stück weiter rechts in Richtung Hafen (porto) ab, landet man auf einem riesigen Parkplatz in ausgesprochen schöner Umgebung. Auf einem Schild erzählt man uns, dass dieser Platz gebührenpflichtig (7 Euro am Tag bzw. 1,5 Euro pro Stunde) ist, und damit keine Zweifel aufkommen, geschieht dies gleich in mehreren Sprachen. Das Kassenhäuschen ist jedoch verwaist. Ein Segen, der wahrscheinlich der Vorsaison zuzuschreiben ist. Zwei italienische WOMO-Fahrer berichten uns von einem mehrtägigen Aufenthalt, ohne zur Kasse gebeten worden zu sein. Das sonnige Plätzchen gestaltet sich in vieler Hinsicht angenehm. Mehrere Geschäfte und Restaurants sind in unmittelbarer Nähe, der hübsche Hafen ebenso, und für einen Rundgang hinauf zur Altstadt ist es ein prima Ausgangspunkt. Wer sich um das Hafenbecken herumbemüht, findet sogar im weiteren Verlauf der Küste verschiedene Möglichkeiten, sich in die kühlen Fluten zu stürzen.

Vrsar: Rundfahrt mit dem Kurbähnchen

(019) WOMO-Badeplatz: Vrsar

GPS: N 45° 08' 49.5" E 13° 36' 16.7" **max. WOMOs:** > 5
Ausstattung/Lage: Geschäfte, Restaurants, Wasser, WC, Beleuchtung/Ortsrand.
Zufahrt: Von der Hauptstraße rechts zum Hafen abbiegen, noch 1 km.

Natürlich gibt es auch mehrere Campingplätze am Ort und, etwas außerhalb gelegen, das FKK-Camp Koversada. Letzteres rühmt sich, das älteste des Landes zu sein, die Einrichtungen sind aber - der Tourist wird es danken - neueren Datums.

(020) WOMO-Campingplatz-Tipp: „Koversada“ in Vrsar

GPS: N 45° 08' 30.5" E 13° 36' 19.0" **Öffnungszeit:** 15.04.-15.10.
Ausstattung/Lage: Geschäft, Restaurant, Zentrum 1 km, teils Schatten/außerorts.
Zufahrt: In Vrsar beschildert.

Die Straße führt nun etwas vom Meer weg. Laub- und Kiefernwälder wechseln sich ab, und bisweilen entdecken wir ein Getreidefeld oder einen Weingarten in der frischen grünen Hügellandschaft. An so mancher Parkbucht haben Einheimische mit sonnengegerbten Gesichtern kleine Marktstände aufgebaut, um ihre selbst produzierten Waren an den Mann zu bringen. Das Angebot reicht von Olivenöl, Honig, Käse bis hin zum hausgebrannten Schnaps. Probieren Sie mal den Zitronengeist - schmeckt lecker! Zur Zeit gibt es auch frischen Wildspargel, der, entsprechend zubereitet, eine Delikatesse sein soll. Auffällig sind auch die zahlreichen Wirtschaften entlang der Strecke. Häufig stecken ganze Schweine am Spieß und drehen sich über dem offenen Feuer. Die Grilleinrichtungen sind alle so platziert, dass man von seinem Fahrersitz keine Chance hat, sie zu übersehen - man wird sozusagen gezwungen, sich ein Stück vom knusprigen Braten einzuverleiben.
Wir nähern uns dem **Limski-Kanal**. Dieses Naturphänomen zieht sich wie ein norwegischer Fjord weit ins Landesinnere hinein. Bevor sich die Straße zum tiefblauen Wasser hinunter absenkt, kann man von oben, an einem Parkplatz, einen herr-

Der Limksi-Fjord, Kroatiens nordische Seite

lichen Weitblick über den Kanal erhaschen. Die beste Aussicht bekommt man aber von dem kleinen Holzturm serviert, den man für eine geringe Gebühr erklimmen darf. Gemütlich rollen wir den Berg hinunter. Da, wo der auch kurz nur „Lim" genannte Fjord endet, zweigt rechts eine Stichstraße ab. An deren Ende finden wir zwei Gaststätten und natürlich die uns schon hinreichend bekannten Marktstände - hier in geballter Form. Es gibt auch einen Mini-Badestrand, der allerdings nur zum Sonnenbaden einlädt. Der so wunderbar ins Grüne eingebettete Kanal ist als **Naturschutzgebiet** ausgewiesen, Baden und Wassersport aus diesem Grund verboten. Berühmtheit erlangte der Lim durch seine **Austernzucht**, die besonders wohlschmeckende Exemplare hervorbringt. Wer sich für die Wabbeltierchen begeistern kann, sollte sich gleich in dem Restaurant eine Portion bestellen. Wir entscheiden uns für einen Teller Garnelen im „Viking". Das kommt unserer Vorstellung von einem guten Essen deutlich näher als besagte Schalentiere.

Im Limski-Fjord

Bei dieser Gelegenheit erkundigen wir uns beim Wirt, ob wir auf dem Parkplatz des Restaurants übernachten dürfen. Der gute Mann versichert uns sogleich, er habe nichts dagegen, und die „policija" (die evtl. Einwände haben könnte) komme nur sehr selten.

(021) WOMO-Stellplatz: Limski-Fjord/Viking

GPS: N 45° 07' 54.2" E 13° 44' 07.9" **max. WOMOs:** 4-5
Ausstattung/Lage: Restaurants, Einkaufsstände, Mülltonnen/außerorts.
Zufahrt: Nach 700 m am Ende der Stichstraße.

Am kleinen Bootsanleger dümpeln einige Ausflugsschiffe, deren Kapitäne lautstark um die Gunst der Kunden buhlen. Eine **Fjord-Rundfahrt** bietet prächtige Ausblicke und natürlich eine andere Perspektive als vom Land aus. Wanderwege, um die Schönheiten des Fjordes kennenzulernen, fehlen praktisch ganz.

Auch das gibt's im Fjord...

Wir tuckern weiter in Großrichtung PULA. Auf der recht anständigen Straße geht es zügig voran, und bald erreichen wir das Dörfchen BALE. Wer einen Übernachtungsplatz braucht, der findet einen recht brauchbaren in der Mitte des beschaulichen Ortes.

(022) WOMO-Stellplatz: Bale

GPS: N 45° 02' 24.8" E 13° 47' 05.5" **max. WOMOs:** 3-4

Ausstattung/Lage: Restaurants und Geschäfte in der Nähe, Mülltonne/im Ort.

Zufahrt: Von der Hauptstraße in Richtung Zentrum abbiegen, noch 600 m, dann rechts abzweigen.

Wir peilen jetzt ROVINJ an. Das Städtchen ist ein wahrer Touristenmagnet und nach nur 15 km ist die Peripherie erreicht. Leider stehen die Übernachtungsplätze am Hafen nicht mehr

Die Altstadt von Rovinj

zur Verfügung, da man sie inzwischen mit Höhenbalken versehen hat. Ersatzweise gibt es einen offiziellen WOMO-Stellplatz mit Ver- und Entsorgungsstation, von dem man das Zentrum in wenigen Minuten erreicht. Der Platz selbst ist akzeptabel, die Konditionen eher nicht. Die Aufenthaltsdauer ist auf maximal 12 Stunden begrenzt, die Stunde kostet ca. 3,5 Euro. Die Zeit von 23.00 Uhr bis 06.00 Uhr ist kostenfrei. Unverschämterweise fallen für die Entsorgungsstation zusätzlich Gebühren an! Es bleibt nur zu hoffen, dass die Stadtväter hier noch einmal nachbessern.

(023) WOMO-Stellplatz: Rovinj

GPS: N 45° 05' 19.4" E 13° 38' 43.7" **max. WOMOs:** > 5
Ausstattung/Lage: Ver- und Entsorgungsstation, Toilette, Beleuchtung, Mülltonne/im Ort.
Zufahrt: In Richtung „Centar" fahren, dann nach dem Kreisverkehr gleich rechts, beschildert.

Ansonsten bleibt nur der Campingplatz. Empfehlenswert ist der altstadtnahe „Porton Biondi".

(024) WOMO-Campingplatz-Tipp: „Porton Biondi" in Rovinj

GPS: N 45° 05' 42.1" E 13° 38' 30.2", Aleja Porton Biondi **Öffnungszeit:** 15.3.-31.10.
Ausstattung/Lage: Geschäft, Restaurant, Zentrum 1 km, schattig/Ortsrand.
Zufahrt: Beschildert (von der Altstadt/Hafen Richtung VALALTA fahren).

Die gewachsene Altstadt ist in greifbarer Nähe und wirkt auf uns, als hätte man ein Bilderbuch aufgeschlagen. Wieder einmal liegt der alte Ortskern auf einer Halbinsel und die Häuser bauen sich um einen Hügel herum auf. Die pittoresken Gemäuer, die schon viele Jahrhunderte gesehen haben, zeigen reichlich Patina und strahlen einen eigenartigen Charme aus. Am höchsten Punkt der Stadt erhebt sich die mächtige **Kirche Santa Euphemia**, noch weit überragt von ihrem gertenschlanken Kampanile. Wir bummeln vom Hafen, vorbei an einem Obst- und Gemüsemarkt, zu einem roten **Uhrturm**, den das Symbol des Markuslöwen schmückt. In einem weiteren Hafenbecken schaukeln unzählige Schiffe im Wasser, die man am besten bei einem Gläschen Wein von einem der zahlrei-

Na sauber, Waschtag in Rovinj

chen Cafés aus beobachtet. Durch das **venezianische Balbitor**, das die Pforte zur Altstadt bildet, tauchen wir ein in das Gewirr sehr enger und malerischer Gassen. Mit etwas Phantasie kann man sich gut vorstellen, dass hier früher einäugige Seeräuber mit langen Säbeln über das Pflaster gestiefelt sind. Aus dem ehemaligen Piratennest ist aber schon seit langem ein Touristenmagnet geworden. Allenfalls lassen sich in Anlehnung an alte Traditionen noch ein paar geschmuggelte Zigaretten erwerben. Schwitzend haben wir die vielen Treppen bewältigt, stehen jetzt auf dem Hof der Euphemia-Kirche und genießen den Blick über das glatte, blaue Meer und einige vorgelagerte Inseln.
Bevor wir durchstarten, kaufen wir am Markt noch etwas Gemüse ein - das Angebot ist zu verlockend. In Großrichtung PAZIN verlassen wir ROVINJ und passieren dabei ein **Franziskanerkloster**, das viele Kunstschätze beherbergt (Skulpturen, Gemälde, Ikonen usw.). Die Bebauung wird lockerer, und schon bald touren wir wieder durch die grüne Landschaft **Istriens**. So manches Macchia-Gewächs hat Blüten angesetzt, die roten und gelben Farbtöne sorgen für Abwechslung. Über BRAJKOVIĆI fahren wir in Richtung KANFANAR. Dieser Abschnitt gehört nicht gerade zu den Glanzleistungen der Straßenbaukunst, wir werden gehörig durchgeschüttelt. Kurz vor KANFANAR biegen wir links ab und folgen dem braunen Schild **Dvigrad**. Dieses lotst uns nach wenigen Kilometern zu einem sehenswerten **Ruinenkomplex**. Weite Teile des alten Burggemäuers sind gut erhalten. In den Ritzen hat sich der Efeu festgekrallt und mit langen Ranken die Steine überzogen. Das unterstreicht die wildromantische Note dieser ehrwürdigen Anlage. Ursprünglich befanden sich zwei Burgen in diesem idyllischen Tal, daher rührt der Name Dvigrad („Zweiburg"). Gegenüber der Ruine steht ein kleines **romanisches Kirchlein**, dessen Inneres Fresken eines heimischen Künstlers zieren. Die Burgruine ist frei zugänglich, Eintrittsgebühren werden keine erhoben.
Über KANFANAR laufen wir ŽMINJ an. Hier hat man uns eine weitere Befestigungsanlage versprochen. Wir finden eine massiv gebaute **Kirche** vor, einen **Rundturm**, zwei **alte Brunnen** und verschiedene **Mauersegmente**. Ohne sonderlich begeistert zu sein, besteigen wir wieder unser WOMO und düsen - jetzt wieder auf anständiger Straße - PULA entgegen. Unterwegs fallen uns etliche kleine **Steinhäuschen** (kažuni) auf, die an den Feldrainen stehen. Sie sind allesamt rund und ihr Durchmesser beträgt nur wenige Meter. Man erzählt zum einen, dies seien die Behausungen früherer Ureinwohner gewesen - zum anderen sagt man auch, Bauern haben hier Tie-

re eingestellt und Werkzeuge gelagert (was zum Teil heute noch geschieht).
Rund 24 km später laufen wir in VODNJAN ein und halten hier für eine Stippvisite. Schon von weitem ist der **Glockenturm** der kleinen 3000-Seelen-Stadt zu sehen. Er gehört zur mächtigen **Kirche Sveti Blaž** (St. Blasius) im Herzen des Ortes. Im Inneren des barocken Gotteshauses sind mehrere wertvolle Gemälde und eine „Mutter Gottes mit zwei Heiligen" zu bestaunen. Letztere gilt als ein Werk des venezianischen Künstlers Jacobello del Fiore. Die eigentliche Attraktion befindet sich aber in der **Schatzkammer** der Kirche. In einem vergoldeten Reliquienschrein aus dem 15. Jahrhundert ruhen mumifizierte Leichen. Es heißt, sie seien seinerzeit nicht einbalsamiert worden, und trotzdem konnten ihnen die langen Jahrhunderte nichts antun.
Weniger mysteriös und schön anzusehen sind die reich mit Blumen geschmückten Häuser mit ihren zierlichen Balkonen und den spitz zulaufenden Fenstern. Dicht gedrängt stehen sie um die St. Blasius Kirche und strahlen italienischen Flair aus. Noch heute leben viele italienische Bürger im Ort, und liebevoll haben sie einen Weg auf den treffenden Namen „Cappuccino-Gässchen" getauft.

Im Hafen von Peroj

In westlicher Richtung streben wir wieder der blauen Adria zu. Wir folgen den Hinweisen nach FAŽANA, laufen aber zunächst die winzige Gemeinde PEROJ an und nehmen hier Kurs auf BARBARIGA. Es folgt ein kurzer, enger, von Steinmauern gesäumter Straßenabschnitt, danach wird die Fahrbahn zusehends breiter. Nach ca. 800 m erreichen wir einen kleinen Hafen an einer Badebucht, den mittlerweile leider WOMO-Verbotsschilder „zieren". Doch noch vor diesem Hafen führt ein Feldweg hinein ins Grüne und letztendlich zu einem Haus. Entlang dem Weg gibt es immer wieder Buchten in der Macchia, in die ein WOMO passt. Halten Sie aber unbedingt die Zufahrt frei! Vielleicht möchte der Hausbesitzer (oder Andere) passieren.

(025) WOMO-Badeplatz: Peroj

GPS: N 44° 57' 18.9" E 13° 47' 08.5" **max. WOMOs:** 2-3
Ausstattung/Lage: Mülleimer, Gaststätte in der Nähe/außerorts.
Zufahrt: Vor dem Hafen links in den Feldweg einbiegen.

Auf den folgenden 2-3 Kilometern stehen links und rechts der Straße etliche Wohnwagen und Zelte in dichtem Buschwerk. In diesem Bereich scheinen die Einheimischen ihren Freizeitvergnügungen nachzugehen. So manch einer hat sich auch fest „installiert". Das eine oder andere Fleckchen, das die Macchia freigibt, wird dennoch von Durchreisenden eingenommen. Vielfach gibt es einen direkten Zugang zum Meer. Bisweilen können die Zufahrtswege aber recht eng sein, man tut gut daran, vorher zu Fuß die Lage zu sondieren.
Bald erreichen wir BARBARIGA. Der Touristenort bietet zwar keine umwerfenden Sehenswürdigkeiten, wohl aber einen schönen und ausladenden Badestrand.

(026) WOMO-Badeplatz: Barbariga

GPS: N 44° 59' 19.3" E 13° 45' 20.7"
max. WOMOs: 3-4
Ausstattung/Lage: Strandbar, Mülleimer, Gaststätten und Geschäfte in der Nähe/im Ort.
Zufahrt: 400 m nach dem Ortsanfang links abbiegen, noch 200 m (bei P. Tropicana).

Über PEROJ fahren wir zurück, um uns dann FAŽANA zuzuwenden. Der lebhafte Ort bietet nichts Außergewöhnliches, wird aber dennoch stark von Besuchern frequentiert. Das hat natürlich seinen Grund. Der Küste vorgelagert liegen hier die **Brijuni-Inseln**, ein Archipel, der 14 Inseln umfasst und im Jahre 1983 zum **Nationalpark** erklärt wurde. Im Rahmen eines Ausflugsprogrammes kann das größte Eiland - **Veli Brijun** - besichtigt werden. Die Sehenswürdigkeiten sind gar mannigfaltig. Das bedeutendste Bauwerk ist ein **viereckiger Wehrturm** aus dem 12. Jahrhundert. Daneben steht ein **Kastell**, welches ein **Heimatmuseum** mit kulturgeschichtlichen Exponaten beherbergt. Auf freiem Gelände sind ca. **70 Skulpturen**,

Am Strand von Barbariga

darunter auch ein **Gedenkbrunnen** für **Tito** aufgestellt. An der Ostküste in der **Verige-Bucht** wurden Reste eines großen **römischen Landsitzes** (Villa rustica) freigelegt. An der Westküste können die Ruinen eines **byzantinischen Castrums** besichtigt werden. Im nordöstlichen Teil der Insel erwartet den Besucher ein **Safaripark** mit exotischen Tieren wie etwa Zebras, Elefanten und Kamelen sowie heimischen Tieren (Pfauen, Mufflons, Hirsche usw.), die in freier Wildbahn leben.
Unsere kleine Aufzählung erhebt keinen Anspruch auf Vollständigkeit, sondern soll nur Appetit anregend sein. Übrigens befand sich **Titos Sommerresidenz** auf der **Insel Vanga**, ein kleines Eiland im westlichen Teil des Archipels. Vom Beginn der fünfziger Jahre bis hin zu seinem Tod im Jahre 1980 nutzte er diesen Ort für politische Gespräche und den Empfang illustrer Gäste, darunter beispielsweise Liz Taylor und Richard Burton.
Im Hafen von FAŽANA kann man die mehrstündige Schiffs-Exkursion nach **Brijuni** buchen. Die Überfahrt dauert ca. 15 Minuten, Fahrzeuge dürfen nicht mitgenommen werden, und die Anmeldung muss einen Tag zuvor erfolgen. Die Abfahrtszeiten erfragt man am besten vor Ort. Der Preis beträgt pro Person ca. 24 Euro und schließt eine Beförderung per Mini-Bahn auf der Insel ein. Auf dem großen (Bus)- Parkplatz, der an den Hafen von FAŽANA angrenzt, kann man sein WOMO

Das Strandbad von Fažana

für die Zeit des Ausflugs abstellen bzw. auch übernachten. Besonders der hintere, begrünte Teil eignet sich recht gut dafür und lädt zudem noch zu einem erfrischenden Bad ein.

(027) WOMO-Badeplatz: Fažana

GPS: N 44° 55' 46.0" E 13° 48' 07.7" **max. WOMOs:** > 5
Ausstattung/Lage: Zentrumsnähe, Dixi-Toilette, Mülltonnen/Ortsrand.
Zufahrt: Von der Hauptstraße rechts abbiegen, dem Hinweis Busparkplatz folgen, noch 100 m.

Bisher konnte der Platz kostenlos genutzt werden, doch jetzt werden Gebühren verlangt - und das heftig! Rund 29 Euro pro WOMO!
Wir sind nicht gewillt für den Platz so viel zu bezahlen und fahren weiter bis kurz vor das Ortsende. Hier zweigt rechts eine Stichstraße zum hübschen Badestrand der Ortschaft ab. Für den großzügig gestalteten Parkplatz werden in der Zeit von 06.00 bis 24.00 Uhr stündlich ca. 60 Cent fällig.

(028) WOMO-Badeplatz: Fažana Strandbad

GPS: N 44° 55' 20.3" E 13° 48' 09.0" **max. WOMOs:** > 5
Ausstattung/Lage: Strandbars, Dixi-Toilette, Liegewiese, Mülltonnen/Ortsrand.
Zufahrt: Kurz vor dem Ortsende rechts abbiegen, noch 300 m (blaue Parkplatzhinweise).

Nur ein kleines Stückchen weiter und zwar gleich nach dem Ortsende rechts, weist ein blaues Parkplatzschild (Zusatz: „free of charge") den Weg durch eine Allee hinein in ein lichtes weitläufiges Waldgelände. Es scheint sich hier um einen ehemaligen Campingplatz zu handeln. Man steht ruhig und kostenfrei, allerdings nicht so zentral.

(029) WOMO-Badeplatz: Fažana Wäldchen

GPS: N 44° 55' 13.3" E 13° 48' 15.6" **max. WOMOs:** > 5
Ausstattung/Lage: Strandbars und Badestrand in der Nähe/Ortsrand.
Zufahrt: Am Ortsende rechts in die Allee einbiegen, noch 200 m.

Nur noch rund 10 km sind es jetzt bis PULA, der quirligen und verkehrsreichen „Metropole" der Region. Sie liegt tief im Süden der **istrischen Halbinsel** und ist deren bedeutendste Stadt. Einst wurde sie von den Römern gegründet und war die wichtigste römische Besitzung an der nördlichen Adria. Zur Blütezeit strömten die Patrizier und die Aristokratie in den Ort, selbst die Kaiser und ihre Angehörigen gaben sich die Ehre. Wen wundert`s, dass PULA überreich an Sehenswürdigkeiten ist?
1-2 Tage sollte man sich schon Zeit nehmen, um das Gebotene gebührend zu bewundern. Wir nisten uns dazu auf dem

Über den Dächern von Pula

Campingplatz Stoja ein, der sehr gefällig auf einer Halbinsel liegt. Direkt vor dem Eingang hält der Linienbus, der zum Zentrum und zurück verkehrt. Tickets gibt es an der Rezeption.

(030) WOMO-Campingplatz-Tipp: „Stoja Camp" in Pula
GPS: N 44° 51' 34.2" E 13° 48' 53.8" **Öffnungszeit:** 1 Woche vor Ostern-01.11.
Ausstattung/Lage: Geschäft, Restaurant, Zentrum 3 km, viel Schatten/Ortsrand.
Zufahrt: Schon vor Ortsbeginn gut beschildert.

Das berühmteste und verwegenste Bauwerk PULAS ist die römische Arena, das **Amphitheater**. Drei Kaiser ließen daran bauen: Augustus, Claudius und schließlich Vespasian, unter dem das Werk vollendet wurde, das schon bei seiner Entstehung Hunderten von Sklaven das Leben kostete - von den Gladiatoren, die dann auf Tod oder Leben kämpfen mussten, ganz zu schweigen. Die eindrucksvolle Arena beschreibt die Form einer Ellipse (132 m x 105 m) und trägt auf dem Unterbau zwei Stockwerke mit Arkaden, die bis zu 45 m Höhe aufragen. Besichtigen kann man die viertgrößte der insgesamt noch 24 existierenden Arenen täglich von 08.00-21.00 Uhr. Der Eintrittspreis von 2,5 Euro für Erwachsene (Kinder 1,5 Euro) schließt den Besuch eines kleinen Museums mit ein. Spaziert man vom Amphitheater zum Altstadtkern, so gelangt man durch das **Doppeltor** (Porta Gemina) ins **Archäologische Museum Istriens**, das viele Steinfunde beherbergt (Montag bis Freitag 09.00-20.00 Uhr, Sonntag 10.00-15.00 Uhr - samstags geschlossen, der Eintrittspreis für Erwachsene beträgt 2 Euro, Kinder zahlen die Hälfte). Quasi nur um die Ecke befindet sich das **Kleine Römische Theater**, das zu Füßen eines **Kastells** liegt. Ist man erst einmal zu dieser Festung hinaufgestiegen, lässt sich zweierlei tun: Zum einen die schöne Aussicht genießen und - so man will - das **Historische Museum Istriens** besuchen, welches sich hinter den dicken Burgmauern verbirgt (geöffnet täglich von 09.00-19.00 Uhr, Eintritt 2 Euro, Kinder wiederum die Hälfte).

Pula, Kleines Römisches Theater

Wer dem äußeren Altstadtring entlang schlendert, wird auf weitere Sehenswürdigkeiten stoßen. Beginnt man seine Runde in der Straße rechts des Doppeltors, so trifft man in dieser verkehrsberuhigten Zone zunächst auf die **Kathedrale**, danach auf den **Stadtpalast** und den **Augustustempel**. Im weiteren Verlauf folgt die **Kapelle Maria Formosa** (in der Nähe ein Bodenmosaik) und ein mächtiger **Triumphbogen** - der Sergierbogen.

Wollen Sie in geschichtsträchtiger Umgebung nächtigen und Ihr Gläschen Wein abends im WOMO mit Blick auf das Amphitheater genießen? Der große Parkplatz (gebührenpflichtig) direkt unterhalb der Arena kann zu Ihrem Nachtquartier werden. Der nahe Hafen und die vorbeiführende Straße können evtl. für Lärmbelästigung sorgen.

Pula, das Amphitheater

(031) WOMO-Stellplatz: Arena Pula

GPS: N 44° 52' 24.4" E 13° 50' 55.4" **max. WOMOs:** > 5
Ausstattung/Lage: Kiosk, Geschäfte und Restaurants nahebei, Mülltonnen/im Ort.
Zufahrt: Den Schildern Amphitheater folgen, beim Hafen links einbiegen.

Tour 3 (238 km / 5 Tage)

Pula - Medulin - Šišan - Valtura - Marčana - Krnica - Labin - Pazin - Učka-Pass

Freies Übernachten:	Premantura, Šišan, Luca Krnica, Barban, Trget, Skitača, Labin, Učka-Pass.
Campingplätze:	„Medulin-Camp" in Medulin, „Marina" in Sveta Marina.
Besichtigen:	Kamenják Nationalpark, die jeweilige Altstadt vieler Orte - insbesondere Labin, die Burg in Pazin.
Wandern:	Rundwanderung bei Pazin, rund um den Planik.
Radfahren:	Bei Pazin.
Baden:	An vielen Stellen der Küste - insbesondere in Medulin.

Jetzt steht der südlichste Teil der istrischen Halbinsel auf dem Programm. Wir schwimmen mit im Verkehrsgewühl PULAS und entdecken bald die ersten Hinweise nach PREMANTURA. Langsam löst sich die Blechlawine in Wohlgefallen auf, und wir gleiten hinaus in die freie Natur. An einer idyllischen Meeresbucht, die durch einen Damm geteilt wird, gönnen wir uns eine Kaffeepause. Der schöne, durch hohe Pinien beschattete Parkplatz nahe besagtem Damm könnte auch als Übernachtungsplatz dienen. Ein Manko allerdings ist die relativ nahe vorbeiführende Straße. Zwei WOMO-Fahrer hat dies nicht abgeschreckt - der Verkehr halte sich in Grenzen - verkündeten beide unisono.

(032) WOMO-Badeplatz: Premantura

GPS: N 44° 48' 59.9" E 13° 53' 52.9"
max. WOMOs: 3-4
Ausstattung/Lage: Dixi-Toiletten, Strandbar, Mülltonnen, Bootsverleih/außerorts.
Zufahrt: In Richtung Premantura fahren, ca. 100 m nach dem Damm links.

Einen weiteren vorwiegend schattigen Parkplatz gibt es kurz danach am Ortsanfang von PREMANTURA rechts. Am nahen Friedhof kann man eventuell (mit dem Kanister) Wasser bunkern. Die Ortschaft selbst zeigt sich nett und ist auf Tourismus eingestellt. Im Zentrum erhebt sich ein freistehender Glockenturm. Passiert man diesen und fährt die Straße in gerader Richtung (nicht links) weiter, erreicht man bald die Maut-

Der Damm nahe Premantura

stelle (ca. 15 Euro pro WOMO) des **Kamenják Nationalparkes**. Von 08.00 bis 22.00 Uhr darf man den Park nach Herzenslust erforschen, die Aussicht genießen, aber auch grillen und natürlich im Meer baden. Dann allerdings heißt es Abschied nehmen. PREMANTURA bietet insgesamt drei Campingplätze - einer davon kann möglicherweise Ihr Nachtquartier werden!

Wir rollen zurück und umfahren dabei die gesamte große Bucht. Einige Surfer ziehen pfeilschnell über das Wasser und werden an Geschwindigkeit nur von den lustig über die Wellen hüpfenden Jet-Skis übertroffen. Wir sind rechts nach MEDULIN abgebogen - ebenfalls ein Ort, der den Touristen erlegen ist. Mehrere ausladende **Campingplätze** bieten auch größeren Heerscharen von Campern Raum für ihre Aktivitäten und allesamt werben sie zusätzlich mit Schildern „renoviert". Nicht weit vom Zentrum entfernt ist die Zufahrt zum „Medulin Camp". Der Platz liegt auf einer Halbinsel und durch einen kleinen Damm besteht eine Verbindung zu einem runden Eiland, das ebenfalls dazugehört. Familien mit jüngeren Kindern werden sich über einige flache Sandstrandabschnitte freuen.

(033) WOMO-Campingplatz-Tipp: „Medulin Camp"

GPS: N 44° 48' 51.5" E 13° 55' 57.8" **Öffnungszeit:** 01.04.-15.10.

Ausstattung/Lage: Geschäft, Restaurant, zum Zentrum 1,5 km, vorwiegend schattig/außerorts.

Zufahrt: Im Ort beschildert.

Nur ein kurzes Wegstück weiter empfängt der Resort Kažela seine Gäste - ebenfalls ein großer und gepflegter(u.U. auch lauter) Campingplatz.

Von MEDULIN nach LIŽNJAN und weiter nach ŠIŠAN sind es nur 7 km. Doch zunächst kurven wir in MEDULIN um ein paar enge Häuserecken und schrecken einen Hund auf, der sich auf dem warmen Teer zu einem Nickerchen niedergelassen hat. Schließlich fahren wir an der imposanten **Kirche** mit ihren zwei Türmen vorbei und hinaus in eine ländliche Gegend. In ŠIŠAN biegen wir die erstmögliche Straße rechts ab (100 m nach dem Ortsschild am Ortsanfang) und folgen dem Verlauf des Sträßchens bis zu einer Ferienkolonie. Jetzt stehen uns noch ca. 2 km Schotterstrecke bevor und nach insgesamt 3,5 km laufen wir in einer romantischen Bucht ein. Der Weg wird nur sporadisch gepflegt. Unter Umständen kann dessen Zustand daher sehr schlecht bzw. eingewachsen sein. Bitte sondieren Sie die Lage, bevor Sie hineinfahren. Eine Wendemöglichkeit gibt es erst am Ziel!
Die Wellen brechen sich an den Felsklippen und schäumen weiß auf. Der relativ ebene, von duftender Macchia umgebene Naturplatz lädt zum Verweilen ein. In der Umgebung verstreut liegen einige Kähne. Seefest erscheinen sie nicht mehr, als nette Dekoration taugen sie aber allemal.

(034) WOMO-Badeplatz: Šišan

GPS: N 44° 51' 05.7" E 13° 58' 51.4" **max. WOMOs:** > 5
Ausstattung/Lage: Bänke, tolle Gegend/außerorts.
Zufahrt: Im Ort die erstmögliche Straße rechts abbiegen, noch 3,5 km.

Nach einer geruhsamen Nacht, der wir ein „feudales" Frühstück folgen lassen, brechen wir auf und rumpeln zurück nach ŠIŠAN. Das ländliche Landschaftsbild bleibt uns auch auf der weiteren Strecke erhalten. In den Vorgärten der Häuser gedeihen Salatköpfe, Tomaten, Zucchini - kurzum alles, was der Selbstversorger eben so braucht. Die Straße präsentiert sich in erstaunlich gutem Zustand, und nach einigen Kilometern darf man sich entscheiden, ob das so bleiben soll oder nicht. Wählt man die erste Möglichkeit, so düst man weiter nach VALTURA (**Ausgrabungsstätte**), danach ein Stück in westlicher Richtung und orientiert sich anschließend an einer Kreuzung rechts nach MARČANO. Hier biegt man nochmals rechts ab in Richtung KRNICA. Das stellt nicht unbedingt den kürzesten Weg dar, wohl aber einen bequemen.

Möchte man sich das Leben etwas schwerer machen, greift man auf die zweite Variante zurück und nimmt die rechts abzweigende Schotterstraße nach KAVRAN. Diese verläuft zunächst relativ breit bis zu einer tief eingeschnittenen Bucht, die zur Fischzucht genutzt wird. Der Blick von oben auf die in der Sonne glitzernden Fluten und die umliegenden begrünten Berge lohnt das Geholper. Der zweite Streckenabschnitt bis KAVRAN gestaltet sich etwas enger. Ausweichen sind vorhanden, aber wegen des kaum vorhandenen Verkehrs brauchen wir sie nicht. Nach insgesamt 7 km endet die Naturpiste, und entlang überwachsener Steinmauern und dichtem Buschwerk, welches manchmal oben fast zusammenschlägt, geht es wieder auf solidem Teer KRNICA entgegen.
300 m nach dem Ortsanfang zweigt rechts eine Stichstraße nach LUCA KRNICA ab. Mit bis zu 15% Gefälle windet sie sich bis zu einem malerischen Fischereihafen hinab und endet hier nach 2,9 km auf einem Wiesenplatz, der zur Rast mit schönem Blick auf die kleine Kutterflotte und das Meer einlädt. Nebenan, im Restaurant „Al Pescatore", kann man den fangfrischen Fisch - köstlich zubereitet - auf den Teller bekommen. Im Garten seines Anwesens hat der geschäftstüchtige Wirt einen Stellplatz eingerichtet. Die Ausstattung kommt fast der eines Campingplatzes gleich - der Preis leider auch (satte 25 Euro, pauschal für ein WOMO). Seitlich des Hafens gibt es einen hübschen, allerdings nicht sehr großen Badestrand (Kies, Fels), der zu Fuß nach etwa 100 m erreicht ist.

Fischer im Hafen von Luca Krnica

(035) WOMO-Badeplatz: Luca Krnica

GPS: N 44° 57' 13.6" E 14° 02' 08.3" **max. WOMOs:** > 5
Ausstattung/Lage: Wasserstelle, WC, Dusche, Restaurant/im Ort.
Zufahrt: Vorbei am Friedhof, am Ende der Stichstraße (Hinweis Krnkici porat).

In nordöstlicher Richtung ziehen wir weiter. Der nächste größere Ort auf der Strecke ist BARBAN und gefällt mit einer mittelalterlichen Stadtanlage sowie einem schön gelegenen Stellplatz.

(036) WOMO-Stellplatz: Barban

GPS: N 45° 03' 53.1" E 14° 00' 56.2" **max. WOMOs:** 2-3
Ausstattung/Lage: Gaststätte in der Nähe, Mülltonne/Ortsrand.
Zufahrt: Von der Hauptstraße links abbiegen, noch 150 m (blaues Parkplatzschild).

Barban: Klein aber fein

Nach dieser Ortschaft senkt sich die Straße in etlichen Kurven und Serpentinen ab in ein weites Tal, dessen Grund eigenartig flach und eben ist. Es wird vom **Flüsschen Raša** durchquert, welches bald darauf in einen langgezogenen Fjord mündet. Die Gegend weist seltsame Charakterzüge auf. Überall begegnet man leerstehenden, halb verfallenen Fabrikgebäuden, die irgendwie bedrückend wirken. Wir unternehmen einen kleinen Abstecher auf der Stichstraße zum Fjord (Hinweis Stalije). Schon bald erspähen wir die wahrhaft riesigen verwaisten Hallen des „Freihafens von RIJEKA“. Adrett, aber auch recht beengt (Durchfahrt auf maximal 6 t zulässiges Gesamtgewicht beschränkt), präsentiert sich schließlich TRGET am Ende der Straße.

(037) WOMO-Badeplatz: Trget

GPS: N 45° 01' 12.9" E 14° 03' 27.9" **max. WOMOs:** 1-2
Ausstattung/Lage: Gaststätte, Mülltonne/im Ort.
Zufahrt: Von der Hauptstraße dem Hinweis Stalije folgen, noch 5,1 km.

Wir fahren zurück zur Hauptstraße und wenden uns dem Bergstädtchen LABIN zu. In sanften Schwüngen zieht die Straße das Bergland hinauf, und wir passieren die Ortschaft RAŠA - einmal mehr bewundern wir die gepflegten Gemüse-Vorgär-

ten. Kurz vor LABIN entschließen wir uns zu einer Sightseeing-Tour rund um die große vorgelagerte Halbinsel und biegen rechts in Richtung KOROMACNO ab. Die Straße verdient gute Noten, doch bei den Ausblicken auf den **Raški Zaljev-Fjord** müssen wegen des hohen Macchia-Bewuchses Abstriche gemacht werden. Ab und zu gibt es aber Lücken in diesem Gestrüpp, und dann sind die Fernblicke ein wahrer Augenschmaus. Bei DIMINIĆI muss man bergseitig links nach SKITAČA abbiegen. Tut man das nicht - so wie wir - steht man kurz darauf vor einem Zementwerk in der Sackgasse.
Das Sträßlein ist jetzt deutlich schmaler und führt hinauf in luftige Höhen. Neuerdings ist der Streckenabsschnitt auf max. 2 t. zulässiges Gesamtgewicht beschränkt, also eigentlich nur noch für kleinere Campingbusse erlaubt. Wir missachten das Verbot und haben bald die Bergkuppe erklettert. SKITAČA begrüßt uns. Kurz vor der Ortschaft wurden insgesamt drei neue Parkplätze geschaffen. Sie sind sehr sonnig und bieten eine ausgesprochen herrliche Aussicht über die Berge und das Meer.

(038) WOMO-Wanderparkplatz: Skitača 1

GPS: N 44° 58' 47.0" E 14° 08' 41.3"
max. WOMOs: > 5
Ausstattung/Lage: Tolle Aussicht/außerorts.
Zufahrt: Vor der Ortschaft rechts.

Wir wähnen uns eher in gälischen Gefilden denn in Kroatien. Steinmauern durchlaufen das ganze Gebiet. Zahlreiche Häuserruinen, teilweise mit bunten Fensterläden, empfangen uns und verstrahlen keltisches Flair. Nur noch wenige Menschen wohnen in den verbliebenen intakten Behausungen.
Wir halten bei der Kirche und finden neben einem abgedeckten Brunnen einen antiquarischen Pumpenschwengel vor, der doch tatsächlich nach einigen kräftigen körperlichen Bemühungen frisches Wasser spendet. 200 m nach dem Ortsende von SKITAČA öffnet sich rechts der Straße eine kleine Parkbucht. Von hier aus lässt sich ein naher Gipfel erstürmen und ein Wanderweg, dessen Verlauf wir aber nicht erkunden, durchmisst die Macchia. Die Aussicht ist grandios. Einige Segelboote flitzen durch die Fluten und sorgen mit ihren weißen Segeln für kontrastreiche Tupfer in der blauen Adria.

(039) WOMO-Wanderparkplatz: Skitača 2

GPS: N 44° 59' 13.7" E 14° 08' 46.6" **max. WOMOs:** 1-2
Ausstattung/Lage: Wasser in der Nähe (bei der Kirche im Ort)/Ortsrand.
Zufahrt: Ca. 200 m nach der Ortschaft rechts.

Im Bergdörfchen Skitača

Auf der nächsten Etappe bedarf es einiger Aufmerksamkeit. Obwohl wir den Abstieg nach RAVNI und weiter nach LABIN mit dem Wohnmobil bewältigt haben, raten wir Ihnen umzudrehen und auf der gleichen Strecke zurückzufahren. Die Straße wird sehr schmal und zieht sich in vielen Kurven den Berg hinunter. Das Gefälle ist auch nicht zu verachten und manchmal kratzen die langen jungen Triebe der Sträucher am Dach unseres WOMOs. Kommt Gegenverkehr wird es richtig ungemütlich! Doch ohne Blessuren erreichen wir den Fuß des Berges bei der Ortschaft RAVNI, und hier weitet sich auch die Fahrbahn wieder und verläuft kurvig in nördlicher Richtung. Wir spähen nach einem verschwiegenen Badeplatz, doch Fehlanzeige! Kein vernünftiger Weg führt hinab zur felsigen Küste. Wer eine Bleibe sucht, kann aber den Campingplatz in SV. MARINA anfahren. Dieser liegt landschaftlich sehr schön, macht aber einen etwas gammeligen Eindruck.

(040) WOMO-Campingplatz-Tipp: „Sv. Marina“

GPS: N 45° 02' 00.9" E 14° 09' 28.0" **Öffnungszeit:** 01.05.-30.09.
Ausstattung/Lage: Geschäft, Gaststätte, Zentrum 500 m, sonnig/außerorts.
Zufahrt: Vom Rundkurs um die Halbinsel rechts nach Sveti Marina abbiegen, dann noch 1,5 km.

Wir rauschen durch bis zum Bergstädtchen LABIN und beenden hier unsere gut 40 km lange Rundfahrt um die Halbinsel. Gleich am Ortsanfang links befindet sich ein Parkplatz, direkt darüber gibt es einen zweiten. Dieser Platz wirkt sehr gepflegt, weist eine dezente Schieflage auf und ist sonnig. Platziert man sein Fahrzeug entsprechend, so erhält man einen schönen

Der Marktplatz im Städtchen Labin

Blick auf die Altstadt (u.U. Übernachtungsverbot in der Hauptsaison und nur für WOMOs von 5 bis 6 m Länge geeignet).

(041) WOMO-Stellplatz: Labin

GPS: N 45° 05' 04.4" E 14° 07' 17.7" **max. WOMOs:** > 5
Ausstattung/Lage: Beleuchtung, Mülltonnen, Zentrumsnähe/Ortsrand.
Zufahrt: Am Ortsanfang links.

Fünf Minuten benötigen wir per pedes bis zum Hauptplatz (Crć) des hübschen Städtchens. Hier erhebt sich der **Stadtpalast**, unweit davon steht die flache **Stadtloggia**, die ein kleines **Lapidarium** beherbergt. Zwischen diesen Gebäuden führt der Weg hinauf zur trutzigen **Bastion**. Von einem kleinen Podest erhält man einen weiten Blick auf das Umland und den Ferienort RABAC. Übertroffen wird diese Aussicht bestimmt noch von einem 30 m hohen **venezianischen Turm**, der bei unserem Besuch leider geschlossen ist. Wir spazieren durch die mittelalterlichen Gassen, die sich durch eine ungewohnte Farbenfreude auszeichnen. An einer lang-

Trödelmarkt in Labin

Labin: Unterwegs in der Altstadt

gezogenen Treppe im Ortskern stoßen wir auf die **Kirche Mariä Geburt** aus dem 15. Jahrhundert mit einer kunstvollen Fensterrose. Einige Meter weiter treppauf steht ein leuchtend orangerotes **Barock-Palais** aus dem 18. Jahrhundert, das heute Sitz des **Volksmuseums** ist. Neben römischen Steinfundstücken, handwerklichen Gerätschaften, Trachten und vielem mehr gibt es auch Interessantes aus der Bergbaugeschichte der Stadt zu sehen. Ein kleiner Leckerbissen ist wohl der originalgetreue Nachbau eines Stollens (täglich außer Sa. von 07.00-15.00 Uhr, Eintritt 2,5 Euro).

Von künstlerischen Aktivitäten zeugen eine Bild-Galerie und zwei kleine Töpfer-Werkstätten. Einer gänzlich anderen Stilrichtung der Kunst bediente sich der Baumeister eines öffentlichen Pissoirs, das zwar denjenigen, der hier einem menschlichen Bedürfnis nachgibt, mit schmiedeeisernen Verzierungen beglückt, doch kaum vor den neugierigen Blicken Vorbeieilender schützt.

Ein kurzer Abstecher bringt uns jetzt ins ca. 6 km entfernte RABAC. Das ehemalige Fischerdorf, das tief unten in einer malerischen Bucht liegt, ist längst zu einem lebhaften Fremdenverkehrszentrum „avanciert“. Neben etlichen Hotelburgen und Pensionen gibt es auch einen **Campingplatz**. Bei unserem Kurzbesuch begehen wir den Fehler, ins Zentrum zu fahren. Wir landen mit unserem Dickschiff in der quirligen Flaniermeile und teilweise wird es verdammt eng. Die Blicke etlicher Touristen signalisieren auch nicht gerade Wohlwollen. Irgendwie entkommen wir aber dem Gewühl, ohne ein Messer im Rücken zu haben und sind froh, wieder den Berg hinauf nach LABIN turnen zu können. In Großrichtung RIJEKA verlassen wir die Stadt und bekommen jetzt auch die weniger idyllische Seite des Bergbauzentrums zu sehen. Triste Industrieanlagen und schäbige Wohnblocks, von denen die Farbe abblättert, säumen die Straße. Bald haben wir die letzten Häuser hinter uns gebracht. Durch das Landesinnere fahren wir bis zu einer Kreuzung und stellen Sie hier - wiedermal - vor eine Entscheidung.

Unsere dritte Tour führt uns im weiteren Verlauf noch einmal hinein in das Herz der **istrischen Halbinsel** nach PAZIN und hinauf zum **Učka-Pass**. Über OPATIJA rollen wir danach in südlicher Richtung die Küstenstraße entlang bis zum Fährhafen BRESTOVA. Hier setzen wir über zur **Insel Cres**. Möchten Sie ohne Umweg nach **Cres** schippern, nehmen Sie jetzt die Straße nach RIJEKA und fahren in direkter Linie BRESTOVA an (schöner Aussichtspunkt mit einem großen Parkplatz ca. 3 km nach der Ortschaft PLOMIN).

Wir schwenken also nach links und rollen durch eine liebliche Landschaft mit weiten Feldern und Weingärten. Die Straße zeigt sich erfreulich breit, wenn auch bisweilen wellige Abschnitte die Euphorie dämpfen. Trotzdem geht es flott voran. Bald erspähen wir rechter Hand auf einer kleinen Hügelkuppe das Dörfchen PIĆAN mit einer hübschen **Kirche**, zu der ein 48 m hoher **freistehender Glockenturm** gehört. Wir passieren GRAČIŠĆE, ein sehr gefälliges, altes Städtchen mit einer **Befestigungsanlage**, einer **Bischofskapelle** sowie dem **Palais Salamun**. 27 km nach dem Abzweig irren wir bereits durch das Zentrum von PAZIN - eifrig mit der Parkplatzsuche beschäftigt. Heute (Dienstag) ist Markt. Das bunte Treiben blockiert gleich mehrere Straßenzüge. Der verbleibende Parkraum erweist sich als nicht gerade üppig, doch direkt an der Fußgängerzone werden wir fündig. Wir mischen uns unter das pulsierende Leben. Die vielen Cafés sind gut besetzt, das schöne Wetter ist auch zu einladend für einen kühlen Drink. Wir bummeln die Flaniermeile entlang, entdekken die Touristeninformation und erfahren, dass die Burg,

Auf der Fähre zur Insel Cres

Kastell Pazin: Das Fenster zum Hof

nach der wir Ausschau halten, nur etwa 300 m entfernt ist. Trotzdem gehen wir erstmal falsch, da wir das **Kastell** oberhalb in der Altstadt vermuten. Es liegt aber auf dem Niveau der Fußgängerzone und präsentiert sich als wuchtiger Kasten, der uns zwar wehrhaft, doch eher geduckt als erhaben erscheint. Für rund 3 Euro pro Person gewährt man uns Einlass, und wir begutachten die Sammlungen des **Volkskundemuseums**. Neben dem **Franziskanerkloster** mit der **Pohodenja-Kirche** (15. Jahrhundert) ist auch die **Nikolaus-Kirche** (schöne Fresken) im südlichen Teil der Stadt sehenswert.
Die Hügel- und Bergketten der Umgebung, von deren höheren Erhebungen man einen weiten Blick über halb **Istrien** genießt, können mit dem Bike erforscht oder erwandert werden. Der folgende Tipp eignet sich für beides gleichermaßen.

WOMO-Wandertipp: Rundweg von Pazin

Gehzeit: 3 Std. **Schwierigkeit:** Leicht **Höhenunterschied:** 350 m
Strecke: In der Nähe der Touristeninformation beginnt der markierte Weg, der zunächst nach BERAM (Pfarrkirche mit sehenswerten Fresken) führt, danach durch schattige Wälder. Eine „Kažun" (Steinhütte) steht am Weg, später taucht in GRDOSELO (das einen kleinen Umweg bedeutet) ein Turm aus dem 12. Jahrhundert auf. Über BANI und DUŠANI kehrt man schließlich nach PAZIN zurück. Unterwegs gibt es zwar Einkehrmöglichkeiten, doch es wird empfohlen Trinkbares mitzunehmen - die „Durststrecken" sind groß. Eine kleine Wanderkarte ist gratis in der Tour-Inform erhältlich. Natürlich sind auch Teilstrecken (z.B. BERAM und zurück) der ca. 12 km langen Route möglich.

Mit dem Ziel **Učka-Pass** verlassen wir PAZIN in Großrichtung RIJEKA. Eine ungewohnt gute und schnelle Straße (kostenpflichtig) durchläuft die unendlich erscheinenden grünen Berge und führt in sanfter Steigung hinauf zum **Učka-Tunnel**. Die gebührenpflichtige Röhre (ca. 7,5 Euro pro WOMO) stellt die

bequemste Verbindung nach RIJEKA dar. Vor dem Tunnel biegen wir rechts ab auf die alte **Učka-Pass-Straße**. Auch diese präsentiert sich in einwandfreiem Zustand. Einzig die Steigung von 18% lässt unser WOMO ein bisschen schnaufen - aber wir kennen ja unsere 76 PS-Rakete! Je höher wir den Berg hinaufkrabbeln, um so herrlicher wird die Aussicht in die Weite der Landschaft.

Knapp vor der winzigen Ortschaft UČKA sprudelt links der Fahrbahn ein Brünnlein. Noch ein paar Kurven und die Passhöhe beim Lokal „Dopolavoro" ist erreicht. Ausblick gibt es hier wider Erwarten keinen, dafür aber leckeres Essen und feinen Cappuccino. Ein kurzes Stück des Weges weiter gelangen wir zum Restaurant/Pension Učka, von dessen Parkplatz man weit übers Meer bis hin nach RIJEKA blicken kann. Der Wirt spricht prima Deutsch. Bei Verzehr einer Mahlzeit (reichlich und wohlschmeckend) gestattet er auch die Übernachtung auf seinem Parkplatz. Seiner Bitte, nichts zu verschmutzen, tragen wir - selbstverständlich - Rechnung. An den Wochenenden (vor allem in der Saison) kann es passieren, dass man von Gästen und Ausflüglern gnadenlos zugeparkt wird. Wählen Sie Ihr Plätzchen also mit Bedacht!

Istrische Köstlichkeiten: Ein Genuss!

Mittlerweile wurden auf einem Teil der Parkfläche Tisch/Bank-Kombinationen und eine (gebührenpflichtige) Toilette errichtet. In einem ebenfalls neu gebauten Infostand lassen sich auch Souvenirs erstehen.

<u>Noch ein Tipp für Mountainbiker:</u> Hier am Platz kann man die Spuren von drei ausgewiesenen Radwegen aufnehmen.

(042) WOMO-Wanderparkplatz: Učka-Pass

GPS: N 45° 18' 28.9" E 14° 12' 57.1" **max. WOMOs:** 3-4
Ausstattung/Lage: Gaststätte, WC, Bänke, Tische, Mülltonnen/außerorts.
Zufahrt: Unterhalb der Passhöhe rechts.

WOMO-Wandertipp: Planik

Gehzeit: 3 Std. **Schwierigkeit:** Leicht **Höhenunterschied:** 300 m
Strecke: Nahe der Pension Učka beginnt der schöne Wanderweg durch schattige Wälder zum Gipfel des **Planik**. Er ist markiert mit roten Punkten. Herrliche Aussicht! Gleicher Weg zurück. Beachten Sie auch die Wandertafel am Parkplatz.

Opatija & Rijeka
20%
Brestova
Porozina
Beli
Krk
Valbiska
Vodice
Merag
43
Cres
44
Loznati
45
Valun
Lubenice
46
Orlec
47
Cres
Vranersee
48
Vrana
Martinšćica
Koromačina-Bucht
Belej
Ustrine
C
Osor
589 m
Nerezine
54
53
Sveti Jakov
Punta Križa
C
Unije
Ćunski
50
49
51
52
Mali Lošinj
Veli Lošinj
10 km
Lošinj

KARTE TOUR 4

Tour 4 (318 km / 6 - 7 Tage)

Učka-Pass - Opatija - Rijeka - Brestova - Insel Cres - Insel Lošinj

Freies Übernachten:	Loznati, Bellevue nahe Valun, in Valun, Lubenice, Orlec, bei Vrana, Čunski auf der Kurila-Halbinsel, Sv. Jakov.
Campingplätze:	„Kovačine“ in Cres, „Čikat-Kamp“ nahe Mali Lošinj.
Besichtigen:	Die jeweilige Altstadt vieler Orte - insbesondere Opatija, Valun, Lubenice, Osor, Mali Lošinj.
Wandern:	In Lubenice, zur Bucht von Koromačina, auf den Televrin bei Nerezine.
Radfahren:	Zur Bucht von Koromačina, von Osor nach Punta Kris̆ža.
Baden:	In Cres, Valun, Orlec, Osor, Sv. Jakov, Kurila-Halbinsel.

Der Abstieg vom **Učka-Pass** vollzieht sich angenehmer als die vorherige Bergfahrt. Mit 14% Gefälle senkt sich die Straße meerwärts ab, und entgegen unserer Informationen (enge Serpentinen u.U. mit Rangierarbeit) verläuft die Straße - problemlos befahrbar - den Hang hinunter. Ohne Kurbelarbeit am Steuer geht es natürlich nicht, doch nach rund 15 km laufen wir bereits in IČIĆI ein. Kurz bevor die Küstenstraße erreicht ist, biegt rechts ein Weg zum **Campingplatz Opatija** ab.
Obwohl unsere Zielrichtung, die **Insel Cres**, im Süden liegt, lockt uns erstmal OPATIJA - des Landes ältestes und wohl berühmtestes Seebad. Die Stadt wird gern als Nizza oder Monte Carlo Kroatiens bezeichnet, und soo übertrieben ist das auch gar nicht. An der Promenade reihen sich die Cafés und Restaurants aneinander, **Nobelhotels** verstecken sich in Park- und Gartenanlagen mit verschwenderischer exotischer Blütenpracht. Natürlich fehlt auch ein **Casino** nicht. Sie können Ihr Urlaubsdefizit also „spielend“ vervielfachen! Malerisch über den Berghang verteilt, stehen prächtige **Villen** zwischen hohen Palmen, die den Charme der K.u.K.-Zeit noch immer ausstrahlen.
Es ist ein hübscher Ort zum Flanieren und Spazieren. Sehr beliebt ist auch der kilometerlange Weg am Ufer entlang. Dabei hat man die Qual der Wahl, ob man nach RIJEKA schlendern oder lieber ins südlichere LOVRAN bummeln soll.
Die Zufahrt von der Küstenstraße ins Zentrum ist nur bis 5 t zulässiges Gesamtgewicht gestattet. Am Hafen gibt es einen (gebührenpflichtigen) Parkplatz, um eine Lücke zu finden, bedarf es allerdings der Hilfestellung Fortunas!

Obwohl OPATIJA und RIJEKA praktisch schon zusammengewachsen sind, verbleiben noch etwa 12 km, um zum Kern der Hafenmetropole zu gelangen. Mindestens die Hälfte davon genießen wir im Stau, der Verkehr scheint niemals zu versiegen. Die Krönung dieser Aktion ist anschließend die Parkplatzsuche. Nicht dass es keine gäbe - nur überall stehen Autos drauf! Es erscheint uns ein bisschen viel der Anstrengung, denn ein überaus prachtvolles Stadtbild darf man nicht gerade erwarten. Letztere Aussage wollen wir aber gleich korrigieren, denn unter Stress wird man schnell ungerecht. Die Fußgängerzone (Korzo) präsentiert sich stattlich mit ihren vielen Geschäften und Restaurants. An deren Ende erhebt sich der **Stadtturm** mit einem Relief des habsburgischen Doppeladlers und einer 300 Jahre alten Uhr. Nicht weit davon entdecken wir einen **Renaissancebau**, in dem das ehemalige Rathaus untergebracht war. Sehenswert sind auch das **Römische Tor** und etwas weiter westlich und erhöht gelegen der **schöne Park**, in dem man nach all dem Trubel seine „innere Mitte" wiederfinden kann.

Wir beenden unsere Sightseeing-Tour und düsen jetzt die Küstenstraße in südlicher Richtung hinunter, um schließlich auf die **Insel Cres** überzusetzen. Während der Fahrer das WOMO um die nicht wenigen Kurven der hoch oberhalb des Meeresspiegels verlaufenden Route dirigiert, verliest die Beifahrerin einige Eckdaten. **Cres** liegt im Nordwesten der **Kvarner Bucht**, ist rund 66 km lang und mit 407 km² die zweitgrößte Insel Kroatiens (KRK bietet 3 km² mehr und landet somit auf Platz 1). Nur etwa 3200 Menschen leben auf diesem Eiland.

Die Verkehrsführung zum Fährhafen BRESTOVA (Hinweis Trajekt Brestova) gestaltet sich gewöhnungsbedürftig. Von der Küstenstraße werden wir linksseitig an einen Steilabbruch mit 20% Gefälle herangeführt. Wir brummeln im zweiten Gang den Berg hinunter und mögen das starke Gefälle nicht recht glauben, es fühlt sich zumindest nicht so theatralisch an, wie uns das Schild vermitteln mag. Bald stehen wir am Kassenhäuschen, drücken rund 45 Euro (zwei Personen und WOMO bis 6 m Länge) ab und können sogleich die schon bereitstehende Fähre entern. Noch während wir auf dem Fahrzeugdeck einrangiert werden, legt sie auch schon ab. Glück

muss man haben! Das Wetter hat sich verschlechtert, es regnet und windet. Bäckermützen erscheinen auf der Wasseroberfläche - kleine weiße Schaumkronen. Unser Jadrolinjia-Dampfer müht sich redlich und stampft, dezent schaukelnd, durch die Wellen. Zwanzig Minuten später legen wir im winzigen Hafen POROZINA an, und flugs geht es von Bord. Stetig steigt die Straße an, und wir rollen vorbei an einer nicht enden wollenden Autoschlange - arme Menschen, die deutlich länger auf ihre Passage warten müssen, als ihnen lieb ist!

Das Landschaftsbild der Insel nimmt uns sofort gefangen. Die Hügelketten sind übersät mit grauen Steinen und Felsbrokken. Es erscheint verwunderlich, wie knorrige Bäume und grünes Macchia-Gestrüpp bei diesen Bedingungen überleben können. Die dürftigen Grasbüschel, die sich aus dem Gestein herauszwängen, werden begierig von Schafen gerupft. Unendliche Reihen von Steinmauern durchziehen das Gelände, einst von fleißigen Händen zum Schutz gegen die Erosion aufgeschichtet. Die **Insel Cres** wird regelmäßig von der Bora heimgesucht, jenem heftigen Wind, der auch das letzte Quäntchen Erde mit sich nehmen will.

Nach 12,7 km ist der Abzweig nach BELI erreicht. Eine schmale Straße mit Ausweichen führt zunächst einen Abhang entlang und bietet tolle Ausblicke. Danach verläuft sie durch lockeren Laubwald, vorwiegend mit Steineichenbewuchs und endet schließlich nach 7 km in BELI. Die Ortschaft zeigt sich urwüchsig mit engen Gassen und Treppen. Von einer kleinen Aussichtsterrasse hat man einen schönen Blick. Mit etwas Glück sieht man auch einen Gänsegeier in den Lüften kreisen, einige Vertreter dieser seltenen Vogelart leben hier.

Parken sollte man nur am Ortsanfang, danach wird es eng mit schlechter Wendemöglichkeit. Es ist ohnehin besser, diesen Abstecher mit einem „Beiboot“ (Roller, Moped o.a.) zu unternehmen. Kurz vor der Abzweigung nach BELI hat man der Straße einen Schutzwall gegen die heftigen Winde spendiert. Zur Rechten fällt der Geröllhang steil zum Meer hinunter ab und bietet dem Beifahrer eine gru-

Unterwegs auf dem „Insel-Highway“

selige Aussicht. Dichte Wolkenfetzen liegen auf dem Bergkamm auf und verbreiten eine unwirkliche Stimmung. Gleich nach dem Grat (14,4 km) öffnen sich links und rechts der Straße halbwegs ebene Parkflächen, die bei schönem Wetter zur Rast einladen und den Genuss eines herrlichen Fernblicks bieten. Bei der gerade herrschenden Wetterlage sucht man aber gern schnell das Weite. Bald gelangen wir nach VODICE, das nur aus ein paar Häusern besteht. Das Sträßchen ist mittlerweile etwas breiter geworden, und auch die ersten Sonnenstrahlen linsen wieder durch die Wolkendecke. Die Landschaft verändert sich, rötliche Felsen treten hervor, und ein Pinienwald sorgt für Abwechslung. Nach 25 km laufen wir in CRES, der „Hauptstadt" der **Insel Cres,** ein. 1900 der insgesamt 3200 Bewohner des Eilands leben hier. Rund um das Hafenbecken herrscht reges Treiben. Gleich nach dem Regen scheint es alle Leute aus ihren Behausungen zu treiben, entweder um einen Kaffee zu trinken oder einfach nur, um brandaktuelle Neuigkeiten auszutauschen.

Wir haben uns mit unserer Kamera bewaffnet und gehen auf Motivjagd. Sensationen gibt es allerdings keine. Von der ve-

Die Inselhauptstadt Cres

nezianischen **Stadtmauer** sind nur Segmente erhalten sowie **zwei Tore** und ein **Wehrturm**. Sehenswert ist ebenso die **Kirche Sv.Marija** (aus dem 15. Jahrhundert) mit ihrem **freistehenden Glockenturm**. Im **Palais Arsan** befindet sich das **Stadtmuseum**, wo archäologische Funde und kulturhistorische Sammlungen bewundert werden können (täglich von 09.00-11.00 Uhr und von 19.00-22.00 Uhr, Eintritt 2 Euro).
Etwas außerhalb der Stadt gibt es auch einen schönen Campingplatz (kleine, aber gute Pizzeria an dessen Ende), von dem man in einem 15-minütigen Spaziergang entlang dem Ufer das Zentrum erreicht. Gäste, die mindestens sieben Tage bleiben, bekommen eine Fährüberfahrt spendiert.

(043) WOMO-Campingplatz-Tipp: „Kovačine" in Cres
GPS: N 44° 57' 47.2" E 14° 23' 49.9", Melin **Öffnungszeit:** 01.04.-31.10.
Ausstattung/Lage: Geschäft, Gaststätte, Zentrum 1,7 km, Schatten/außerorts.
Zufahrt: An der Hauptstraße beschildert.

Ein Stück des Weges nach CRES zweigt links eine schmale, gut befahrbare Teerstraße nach LOZNATI ab. Das Dörfchen liegt zwar weder am Meer noch hat es sonst großartige Sensationen zu bieten - empfehlenswert ist es dennoch! Nachdem man sich durch die wenigen Häuser durchmanövriert hat, öffnet sich eine große, leicht geneigte Wiese mit einigen Bäumen. Seitlich grenzt ein kleiner Friedhof mit einer hübschen, alten Kapelle an. Gegenüber dem Gotteshaus erwartet ein

Idyllischer Stellplatz in Loznati

schnuckliges Gasthaus seine Besucher. Alles in allem ein idealer Ort, um sich mal vom Urlaub auszuruhen...

(044) WOMO-Stellplatz: Loznati

GPS: N 44° 55' 22.2" E 14° 26' 18.0" **max. WOMOs:** 3-4
Ausstattung/Lage: Gaststätte, Mülltonne/Ortsrand.
Zufahrt: Von der Inselhauptstraße links nach Loznati abbiegen, dann noch 1,2 km bis ans Ende der Stichstraße.

7,7 km nach CRES biegt rechts eine Straße ab, die nach VALUN führt. Nach 500 m stößt man rechts auf ein sonniges Wiesenplätzchen mit herrlicher Aussicht. Zuletzt war dieses Areal durch Steinbrocken abgesperrt und bot nur noch Parkraum für zwei WOMOs direkt an der Straße. Übernachten fällt dadurch flach, aber ein kurzer Zwischenstopp, um den wunderbaren Blick zu genießen, ist empfehlenswert.

Loznati: Hier kocht der Chef

Durch eine karstige Hügellandschaft geht es weiter, einmal mit 10% bergauf und gleich danach mit 11% bergab. Weite Flächen sind überzogen mit Wacholdern, zwischen denen gelbblühende Ginsterbüsche und niedrige rosablühende Bodendecker herausleuchten. 4,8 km nach der Abzweigung (nach VALUN) überrascht uns ein Wasserhahn direkt an der Straße. Bald darauf folgt ein etwas schiefer und wenig schattiger Parkplatz (Übernachtungsverbot in der Hauptsaison). Da die Kapazitäten des alten Platzes offenbar nicht ausreichten, wurde gegenüber ein zweiter Platz der Natur abgetrotzt. Bis dato ist die Fläche nur geschottert, bietet etwas Schatten und teils schöne Blicke übers Meer.

(045) WOMO-Badeplatz: Valun

GPS: N 44° 54' 16.7" E 14° 21' 31.9" **max. WOMOs:** > 5
Ausstattung/Lage: Geschäfte, Restaurants in der Nähe, Mülltonnen/Ortsrand.
Zufahrt: Am Ende der Stichstraße nach Valun.

Das letzte Stück zur Ortschaft und zu einem schönen Badestrand (ca. 250 m) muss zu Fuß bewältigt werden. Das kleine Fischerdorf ist autofrei und schmiegt sich mit seinen wenigen Häuschen an den Rand einer malerischen Bucht. Die Farbpalette des klaren Wassers reicht von dunkelblau bis hin zu fas-

Das Fischerdörfchen Valun

zinierenden Türkistönen. Den Mittelpunkt des Ortes bildet ein Kirchlein, von dem aus einige verwinkelte Gässchen abgehen. Seitlich des Gotteshauses sind oberhalb einer Terrasse Kopien von **altkirchenslawischen Inschriften** aus dem 11. Jahrhundert angebracht. Doch nicht nur wegen dieser sog. glagolitischen Schriften erlangte VALUN eine gewisse Berühmtheit, sondern auch als Filmkulisse für eine Fernsehserie (Der Sonne entgegen).

Valun, Nachbildung glagolitischer Schriften

6 km südlich von VALUN sitzt ein ehemaliges Piratennest namens LUBENICE hoch oben auf einem Felsplateau. Ein schmales Teersträßchen schlängelt sich zwischen grauen Steinmauern den Berg hinauf. Niedere und aufgeschossene Macchia wechselt sich ab mit Pinien und kleinen Feldern mit gelbblühenden Wolfsmilchgewächsen. Die Landschaft strahlt einen zauberhaften, herben Charme aus, dem man sich kaum zu entziehen vermag.

Nicht entziehen kann man sich auch dem zeitweilig auftauchenden Gegenverkehr, doch es findet sich immer wieder eine

Durch diese hohle Gasse muss er kommen...

Ausweichmöglichkeit. Menschen ängstlicherer Natur spenden wir vielleicht mit der Aussage Trost, dass sich auch Busse und der Müllwagen in diese Siedlung wagen, die auf 3500 Jahre Geschichte zurückblickt. Gleich zu Beginn des Ortes erstreckt sich unterhalb einer sehr **schlichten Kirche** ein etwas schiefer und sonniger Parkplatz, der (bisweilen) gebührenpflichtig ist. Die Aussicht auf eine tief unten liegende Bucht, von der das Wasser smaragdgrün heraufschimmert, ist traumhaft.

(046) WOMO-Wanderparkplatz: Lubenice

GPS: N 44° 53' 13.1" E 14° 19' 56.0" **max. WOMOs:** 4-5

Ausstattung/Lage: Wasserstelle (nach der Kirche), Imbiss-Restaurant/im Ort.

Zufahrt: Am Ortsanfang links.

Torbogen in Lubenice

In den eng aneinander gebauten Natursteinhäuschen wohnen nur noch wenige, meist ältere Leute. Wir spazieren über das glatte Pflaster, aus dem vereinzelt rosafarbene Blümchen sprießen und entdecken verschwiegene, heimelige Winkel. Am Dorfende durchschreiten wir ein **freistehendes steinernes Tor**, den Durchgang zur **Friedhofskapelle**. Etwas unterhalb breiten sich ein paar kleine Felder aus. Neben Getreide bauen die Einheimischen auch Wein an. Gekeltert wird selbst und die fertigen Produkte gern an Touristen verkauft.

WOMO-Wandertipp: Strand von Lubenice

Gehzeit: 2 Std. **Schwierigkeit:** Leicht/mittel **Höhenunterschied:** 350 m
Strecke: Direkt am Parkplatz beginnt der Weg und führt in vielen Windungen hinab zum weißen Kiesstrand der Bucht. Herrliche Aussicht! Nach ca. einer dreiviertel Stunde darf man ein erfrischendes Bad nehmen, um dann nach reichlich einer Stunde wieder verschwitzt zum Parkplatz zurückzukehren.

Wir kehren zur Hauptstraße zurück und dringen weiter in den Süden vor. Die Insel ändert ihr Gesicht, das Land wird flacher und breiter. Zudem wurde in den vergangenen Jahren mit einigem Aufwand die Straße saniert, die vorangegangene Holperei hat nun ein Ende. Es geht etwas flotter voran, 60 bis 70 km/h sind drin, verwegene WOMO-Piloten werden selbst die 80 km/h Grenze nicht scheuen!

Schon bald zweigt links eine Straße nach ORLEC ab. Hält man sich in der kleinen Ortschaft abermals links (Hinweisschilder Mali bok), erreicht man nach 1,8 km über einen schmalen Teerweg (mit Ausweichen) einen reichlich schiefen Parkplatz am Rande eines Vogelschutzgebietes. Das Meer glitzert verheißungsvoll. Bis man allerdings die kühlen Fluten genießen kann, muss man noch ein Stück den Hang hinab turnen.

(047) WOMO-Badeplatz: Orlec

GPS: N 44° 52' 33.2" E 14° 26' 35.9" **max. WOMOs:** 2-3
Ausstattung/Lage: Mülltonne/außerorts.
Zufahrt: Von der Hauptstraße zunächst nach Orlec abbiegen. Im Ort dem Hinweis Mali bok folgen, noch 1,8 km.

Wir kommen jetzt auf Höhe des **Vraner-Sees**, der tief in der Inselmitte in einem Kessel liegt. Der Zugang, aber vor allem Baden ist verwehrt, denn das milchigblaue, 5,5 km² große Gewässer stellt die **Trinkwasserversorgung** beider Inseln - also **Cres** und **Lošinj** - sicher. Die Wasseroberfläche befindet sich 13 m über dem Meeresspiegel, der Grund allerdings 75 m tiefer. Die harten Gesteinsschichten am Boden des Sees verhindern ein Vermischen von Meer- und Seewasser. Am Ortsanfang von VRANA lässt es sich bei der **Kapelle Sv. Roki** gut parken und einen Blick auf den Trinkwasserspeicher werfen. Sonntags um 09.30 Uhr wird die Messe zelebriert, zu diesem Zeitpunkt sollte man nicht stören.

(048) WOMO-Stellplatz: Vrana

GPS: N 44° 50' 25.5" E 14° 24' 43.6" **max. WOMOs:** 3-4

Ausstattung/Lage: Mülltonnen, ausgerechnet hier kein Wasser/Ortsrand.

Zufahrt: Von der Umfahrung zur Rokikapelle nach Vrana abbiegen (am Ortsbeginn).

Ein Stück nach VRANA zweigt rechts eine Straße ab, die über STIVAN und MIHOLAŠĆICA schließlich nach MARTINŠĆICA führt. Die gerade genannten Ortschaften bieten nichts Besonderes, doch am Ende dieses Seitenarms empfängt in einer schönen Bucht der **Campingplatz Slatina** seine Besucher. Das große Areal erstreckt sich über mehrere Etagen an einem Berghang. Falls Sie beabsichtigen, den 9-km-Abstecher (einfach) dahin zu unternehmen, probieren Sie nicht die Abkürzung über GRMOV aus, wenn Ihnen Ihr WOMO am Herzen liegt.

In BELEJ halten wir zu einem Zwischenstopp. „Gut essen kann man hier“, so der Tenor eines Urlaubers. Wir probieren es aus und können das Urteil bestätigen. Mit Leckerbissen geht es weiter, aber landschaftlicher Art. Westlich des Ortes liegt die **Bucht von Koromačina** in einem **Naturschutzgebiet**. 3,5 km mögen es bis dahin sein, es bietet sich an, mit dem Fahrrad dahin zu fahren. Der Weg ist in ganz passablem Zustand.

Wir gehen die Geschichte zu Fuß an, eine kleine Wanderung zur Verdauung tut gut. An der **Kirche** vorbei stiefeln wir zum „Zentrum“ von BELEJ und erfrischen uns kurz an dem Trinkbrunnen, bevor wir in die schattenlose Weite des Umlandes hinausziehen. Zwischen Steinmauern verläuft das Weglein - in deren Ritzen wohnen viele Eidechsen, die einen regen Querverkehr von der einen Seite auf die andere pflegen. Es ist heiß geworden, die trockenen Äste des Gesträuchs knacken in der Hitze der Sonne, und ein würziger herbsüßlicher Geruch steigt uns in die Nase.

Je näher wir der Küste kommen, um so großartiger wird die Aussicht. Vor unseren Augen öffnet sich eine kleine Bucht, in der stahlblaues Wasser gegen die Felsen schlägt. Die aufgewirbelte Gischt bildet einen hübschen weißen Rahmen dazu. Im Hintergrund schiebt sich eine lange und karstige, fast vegetationslose Landzunge ins Meer hinaus, und in der Ferne heben sich die hellen Felsen der **Insel Krk** vom Blau des Himmels ab. Der Asphaltweg senkt sich jetzt hinab zur See. Am Strand angekommen, setzen wir uns auf einen Steinblock und genießen die Ruhe, die allenfalls durch ein paar tolpatschig herumschwirrende Brummer gestört wird.

Die Wanderung dauert - hin und zurück - ca. 1,5 Stunden.

Naturschutzgebiet in der Bucht von Koromačina

Auf der Hauptstraße der **Insel Cres** rollen wir ein Stückchen weiter. 2,2 km nach BELEJ zweigt rechts eine Straße nach USTRINE ab, das an der gleichnamigen Bucht liegt. Wir hoffen auf ein nettes Plätzchen am Meer, werden aber enttäuscht. Der Weg hinunter ans Wasser ist gesperrt. Ein weiterer Fußmarsch ist uns jetzt zuviel des Guten, und so begnügen wir uns mit einer Rast auf dem winzigen Kirchplatz und lassen es mit dem „Fernsehprogramm" bewenden. Man kann die Strecke erheblich abkürzen, wenn man von USTRINE aus den Schotterweg in Richtung OSOR nimmt. Eine wirkliche Freude ist das aber nicht. Die Entscheidung, den gleichen Weg zur Hauptstraße zurückzufahren, erweist sich als vernünftiger. In südlicher Richtung biegen wir ab und entdecken nach 2,8 km rechts an der Straße einen prima anzufahrenden Wasserhahn (an dieser Stelle mündet auch der Schotterweg von USTRINE ein).

Plätzchen mit Aussicht in Ustrine

OSOR empfängt uns am Ortsbeginn mit einem Kreisverkehr. Eine Ausfahrt dieses Rundells führt in einen Parkplatz, der sich als günstig für eine Besichtigung des schnuckeligen Künstlerortes erweist. Übernachtungsplatz gibt es keinen mehr, wohl

Osor: Die Drehbrücke zwischen den Inseln Cres und Lošinj

aber einen gepflegten und günstigen **Campingplatz** (am Ortsende nach der Brücke rechts). Diese Drehbrücke trennt die **Insel Cres** von der **Nachbarinsel Lošinj**. Doch zunächst wollen wir erstmal das alte Städtchen mit seinen nur noch rund 100 Seelen begutachten. Vorbei am mächtigen **freistehenden Glockenturm** betreten wir den gepflasterten Hauptplatz. Daneben erhebt sich die dazugehörende **Marien-Kathedrale**, die den Besuchern der Messe einen ungewohnten Luxus bietet. Für jeden Christenmenschen steht ein gepolsterter (!) Stuhl bereit. Schräg gegenüber lockt ein kleines **archäologisches Museum** Interessierte mit alten Münzen, römischem Glas und Ähnlichem (geöffnet täglich von 10.00-12.00 Uhr).

Bronzeskulptur in Osor

Der Clou aber sind die im ganzen Ort verteilten **Bronzestatuen**. Sie stellen musizierende Frauen und Männer dar. Kunst und Kultur werden hier groß geschrieben - regelmäßig finden klassische Musikfestspiele statt.

Von OSOR zweigt eine Stichstraße (schmal mit Ausweichen) in den Süden der **Insel Cres** ab. Der Fahrbahnbelag ist nur am Anfang schlecht, danach wird er deutlich besser. Es ist ein Vergnügen, durch die frühsommerliche Macchialandschaft mit ihren bunten Farben und den betörenden Düften zu gleiten. Nach

11 km genussreicher Fahrt taucht die winzige Gemeinde PUNTA KRIŽA auf, und nach weiteren 3,5 km endet die Straße am Meer bei einem **Campingplatz.**
Dieser hübsche Streckenabschnitt eignet sich auch bestens für eine Fahrradtour.
Jetzt ist es soweit! Von der **Insel Cres** „hüpfen" wir zur **Insel Lošinj**. Die kleinere Schwester (75 km^2) präsentiert sich vegetationsreicher und milder. Es gedeihen Palmen, Agaven, Oleander, Mandarinenbäumchen und vieles mehr. Ein Umstand, der auf die fehlenden bzw. schwächeren kalten Winde zurückzuführen ist. NEREZINE ist die erste Ortschaft, die dem Reisenden begegnet. 400 der insgesamt 8000 Insulaner leben hier. Es gibt nichts Weltbewegendes hier, aber alles was man braucht: einen Hafen, Geschäfte, Bank und einen Dorfplatz mit Restaurants - sogar ein zentrumsnaher **Campingplatz** wurde eingerichtet. Ebenso zentral liegt ein Parkplatz mit zwei Etagen (siehe auch Seite 73), an dem man sein Mobil abstellen kann, um vielleicht folgende Wanderung zu unternehmen.

WOMO-Wandertipp: Televrin

Gehzeit: 4,5 Std. **Schwierigkeit:** Leicht/mittel **Höhenunterschied:** 550 m
Strecke: Der mit einem roten Kreis markierte Fußweg beginnt in NEREZINE. Nach ca. 2 Std. ist die **Sv. Nikola-Kapelle** erreicht, rund 30 Minuten später der Gipfel. Weite Rundumsicht auf **Lošinj** und kleinere vorgelagerte Inseln sowie bei klarem Wetter auf das **Velebit-Gebirge** am Festland. Gleicher Weg zurück.

Auf ordentlicher Straße rollen wir weiter über das alte Fischernest SV. JAKUV in Richtung MALI LOŠINJ. Die Insel beschreibt jetzt einen linksseitigen Bogen und offenbart dadurch ein herrliches Panorama. Die dunkle Macchia, belebt durch bunte Farbtupfer, und der kräftig gelbblühende Ginster verströmen einen schweren, süßen Duft. Das tiefblaue Meer umspült die Felsküste, grenzt sich mit weißen Schaumrändern ab. Kleinere Buchten zeigen bisweilen eine blaugrüne, manchmal auch eine smaragdgrüne Färbung. Das Wasser ist von bestechender Klarheit.
ČUNSKI kündet sich an. Die Häuser drängen sich dicht an einen Berghang und werden vom Kirchturm weit überragt. Von der Hauptachse zweigt rechts eine Stichstraße zum **Flughafen** ab, der auf der **Halbinsel Kurila** liegt. Für Wohnmobilisten

Das „etwas andere" Flughafenrestaurant

gibt es in diesem Bereich einige interessante Stellplätze. Nach 600 m geht linker Hand eine gute Schotterstraße zu einem Einstellhafen für Schiffe und Wohnwagen ab. Nach 1,1 km mündet diese in einen wenig schattigen Parkplatz beim Gasthaus „Oaza Artatore", das nur wenige Meter vom Strand liegt (Übernachtung nach Absprache mit dem Wirt, bei dem man sich natürlich auch ein Essen schmecken lassen sollte).

(049) WOMO-Badeplatz: Čunski/Oaza Artatore

GPS: N 44° 34' 31.1" E 14° 24' 18.9" **max. WOMOs:** 1-2
Ausstattung/Lage: Gasthaus, absolute Strandnähe/Ortsrand.
Zufahrt: Von der Hauptstraße zum Flughafen abbiegen, nach 600 m den Hinweisen zum Restaurant „Oaza Artatore" folgen, noch 1,1 km (nur für kleinere WOMOs von 5 bis 6 m Länge).

Hübscher Badestrand bei Čunski

Weitere Übernachtungsmöglichkeiten finden sich, wenn man die breite Teerstraße bis zum Ende, also **Flughafen**, fährt. Mehrere Naturwege (gut zugänglich) führen hier rechts in ein idyllisches Wiesengelände mit Macchia- und Pinienbewuchs. Die Gegend wird am Wochenende gern von Einheimischen zum Picknick benutzt.

(050) WOMO-Stellplatz: Kurila-Halbinsel

GPS: N 44° 34' 09.4" E 14° 23' 26.9" **max. WOMOs:** > 5
Ausstattung/Lage: Bar/Kiosk am Flughafen/außerorts.
Zufahrt: Am Ende der Straße zum Flughafen rechts.

Der Mini-Flughafen dürfte kaum ein Störfaktor sein, zur Zeit unseres Aufenthaltes war nicht eine einzige Flugbewegung zu verzeichnen. Dringt man auf einem der verschiedenen Wege tiefer in dieses Gebiet ein, so gelangt man nach ca. 1,5 km ans Meer und schöne Badestrände. Auch hier findet man schöne Stellplätze. Es empfiehlt sich, nicht blind mit dem WOMO in die Macchia hineinzuackern, sondern erst einmal zu Fuß oder mit dem Fahrrad die Lage zu sondieren. Manches Weglein, das anfangs recht passabel erscheint, wird bald zusehends enger und buckeliger. Zu unserem Erstaunen hat sich sogar ein dicker „Flair" bis an die brausende See durchgeschlagen.

(051) WOMO-Badeplatz: Kurila-Halbinsel

GPS: N 44° 34' 04.3" E 14° 23' 22.2" **max. WOMOs:** > 5
Ausstattung/Lage: Natur pur/außerorts.
Zufahrt: Vor dem Flughafen rechts.

Wir touren weiter zum Hauptort des Eilands, MALI LOŠINJ. Am Ende einer 5 km langen, tief eingeschnittenen Bucht überrascht uns ein lebhafter **Kurort** mit mondänen Zügen. Cafés

Mali Lošinj, gepflegt und einladend

und Restaurants reihen sich aneinander wie die Perlen am Rosenkranz. Mit ihren bunten Bänken und Sonnenschirmen, ausladenden Palmen und kitschigen Verkaufsständen versprüht die Ortschaft pure Lebensfreude - zu Saisonzeiten kann wohl der Rummel lästig werden. Die langgestreckte Promenade mündet in eine Piazza mit Blumenrabatten und ansprechenden Wasserspielen. Wohnmobilfreundlich zeigt sich das Städtchen, das auch als **Fährhafen** Bedeutung hat, aber nicht. Viele Parkplätze ziert ein Halteverbotschild für WOMOs von 00.00-24.00 Uhr. Allerdings dürfen Wohnmobile bis 3,5 t zulässiges Gesamtgewicht jetzt auch nahe der Altstadt (gebührenpflichtig) parken. Übernachtungsmöglichkeiten gibt es dabei freilich keine, doch einem Bummel ohne weiten Anweg steht somit nichts im Wege.

Deutlich ruhiger geht es etwas außerhalb am Stadtrand auf dem örtlichen Friedhof zu. In prunkvollen Gruften ruhen hier die Gebeine von Schiffskapitänen und -offizieren. Die Stein-Denkmäler weisen gänzlich andere Wesenszüge als in unseren Breiten auf.

Der Nachbarort VELI LOŠINJ war einst größte Stadt der Insel, zählt jetzt aber nur mehr 900 Bewohner. Diese leben zwar nicht unbedingt abgeschieden, doch ein wenig ruhiger als im Hauptort MALI geht es schon zu. Am kleinen Haupthafen - bei der Kirche - gibt es schöne Spazierwege.

Noch ein Tipp: Entlang der Küste, zwischen MALI LOŠINJ und VELI LOŠINJ, verläuft ein ca. 4 km langer, wunderschöner und schattiger Wanderpfad. Bummeln Sie zumindest ein Teilstück auf diesem herrlichen Weg!

Spazierweg nach Veli Lošinj

Wenn Sie eine Bleibe suchen, sei Ihnen der Campingplatz Čikat bzw. der Kredo Hotelcamping (gleiches Areal und ganzjährig geöffnet) auf der **Halbinsel Čikat** empfohlen. Allerdings wähnt man sich in der Saison eher wie auf einem Rummelplatz.

(052) WOMO-Campingplatz-Tipp: „Čikat-Kamp“ bei Mali Lošinj
GPS: N 44° 32' 09.2" E 14° 27' 04.3", Drazica **Öffnungszeit:** Ostern bis 15.10.
Ausstattung/Lage: Restaurant, Geschäft, Zentrum Mali 1 km, schattig/außerorts.
Zufahrt: Auf der Čikat Halbinsel, in Mali beschildert.

Wir treten den Rückweg an und entdecken bei der Ortschaft SV. JAKOV ein hübsches Wiesenplätzchen - eben und sonnig - das uns zuvor entgangen ist. Eine nette Badebucht ist ca. 250 m entfernt.

(053) WOMO-Badeplatz: Sv. Jakov

GPS: N 44° 38' 36.3" E 14° 23' 36.0" **max. WOMOs:** > 5
Ausstattung/Lage: Gaststätte in der Nähe (in Sv. Jakov)/außerorts.
Zufahrt: Von der Durchgangsstraße abbiegen und durch den Ort fahren, 150 m nach Sv. Jakov rechts ab, danach gleich wieder rechts.

Badebucht bei Sv. Jakov

Folgt man vom Badeplatz SV. JAKOV dem Verlauf der alten Straße, so gelangt man schnell nach NEREZINE (siehe auch Seite 69), das einen recht passablen, zentralen Übernachtungsplatz bietet. Der Ort ist auch von der Umgehungsstraße aus zu erreichen. Beachten Sie dazu die Hinweisschilder!

(054) WOMO-Stellplatz: Nerezine

GPS: N 44° 39' 35.7" E 14° 23' 49.2" **max. WOMOs:** 2-3
Ausstattung/Lage: Gaststätten und Geschäfte nahebei, Mülltonne/im Ort.
Zufahrt: Im Ort rechts abbiegen (Hinweise: blaues Parkplatzschild/Luka Hafen).

Auf der Hauptarterie geht es weiter, wir passieren jetzt die Schwenkbrücke nach **Cres** in umgekehrter Richtung und rollen gen Norden. Bald gelangen wir wieder in die Inselhauptstadt CRES. Die ersten Hinweise zur Fähre nach der **Insel Krk** tauchen auf (Car Ferry-Merag), und kurz darauf zweigt eine breite Stichstraße zum Hafen MERAG ab, der nach rund 10 km erreicht ist.
Unsere Erlebnisse auf der **Insel Krk** lesen Sie in Tour 5.

KARTE TOUR 5

Crikvenica
nach Rijeka
Silo
C
Voz
69
66
64
70
Rudine
Klimno
WC
63
Omišalj
WC
65
Soline
68
67
Dobrinj
61
WC
62
Vrbnik
Draga Bašćanska
Baška
60
59
Prvić
Kuka
56
57
Stara Baška
Punat
Malinska
Krk
58
Krk
55
Sveti Grgúr
Vrh
C
Glavotok
Valbiska
Plavnik
Cres
Merag
10 km
N

Tour 5 (175 km / 5 - 6 Tage)

Merag (Insel Cres) - Valbiska - Glavotok - Krk - Punat - Stara Baška - Baška - Vrbnik - Soline -Klimno - Rudine - Omišalj

Freies Übernachten:	Baška, Vrbnik, Soline, Klimno, Rudine, Omišalj und bei der Krker-Brücke.
Campingplätze:	„Autocamp Ježevac" in der Stadt Krk, Kamp „Pila" in Punat, „Škrila" bei Stara Baška, „Zablaće" in Baška.
Besichtigungen:	Franziskanerkloster in Glavotok, Stadtkern von Krk, die Landschaft auf dem Weg nach Stara Baška, den Ortskern von Baška, Vrbnik und Omišalj, die Höhle bei Rudine.
Wandern:	In der Umgebung von Baška.
Baden:	An vielen Stellen entlang der Küste.

Wieder sind ca. 45 Euro (zwei Personen und ein Wohnmobil bis 6 m Länge) zu berappen, und ein halbes Stündchen später sind wir auf „hoher See" - doch ehe wir es uns versehen, klettern wir auch schon wieder in VALBISKA an Land. Der große sonnige Hafenplatz bietet eine Gaststätte, ein öffentliches WC sowie eine Tankstelle. Übernachten ist mittlerweile nicht mehr gestattet.
Zunächst bietet sich ein Abstecher in den Westen an. Nach gut 3 km biegen wir an einer Kreuzung links in Richtung GLAVOTOK ab. Das graue Asphaltband zieht sich durch dichtes Macchiagestrüpp. Wir passieren einige verschlafene hübsche Nester mit teilweise engen Ortsdurchfahrten. In den Gärten blühen rote Oleanderbüsche, und die Äste so manchen Kirschbaumes biegen sich unter der Last unzähliger glänzender Früchte. Ab und zu eröffnen sich schöne Blicke auf die **Insel Cres**. Bald windet sich das Sträßchen hinab zum Meer und nach weiteren 7 km ist GLAVOTOK erreicht. Mehr als ein paar Häuschen und ein Restaurant gibt es hier nicht. Unterhalb des kleinen Weilers erhebt sich nahe eines idyllischen Hafenbekkens ein **Franziskanerkloster**. Zwar steht das Tor einladend offen, doch ein „Privat-Schild" soll wohl neugierige Touristen von einem Besuch abhalten, damit sich die Ordensbrüder ungestört ihren Meditationen hingeben können.
Von GLAVOTOK führt eine 600 m lange Stichstraße zum **Camp Glavotok** (teuer!), das ruhig und abgeschieden am Meer liegt. Wir rollen wieder auf der gleichen Strecke zurück und peilen anschließend die Hauptstadt der Insel an. Nach rund 15 km

Beim Franziskanerkloster in Glavotok

empfängt uns die „Metropole". Sie trägt den gleichen Namen wie dieses Eiland, mit dessen korrekter Aussprache sich unsere Zungen etwas schwer tun - KRK. Die Lage ist bestechend schön. Im Schutze einer weiten Bucht gruppieren sich die hübschen Häuser um das Hafenrund, und die vielen, im Wasser schaukelnden Boote und Schiffe bilden dazu eine malerische Vordergrundkulisse. Natürlich lockt das Städtchen zahlreiche Touristen und freilich auch Campingfreunde an. Letztere haben die Wahl unter vier Campingplätzen. Wir pikken uns den „Ježevac" heraus, der zwei Vorteile bietet. Zum einen gibt es eine erkleckliche Anzahl von Stellplätzen direkt am Meer und zum anderen erreicht man das Zentrum von KRK in nur wenigen Minuten zu Fuß.

(055) WOMO-Campingplatz-Tipp: „Autocamp Ježevac" in Krk

GPS: N 45° 01' 08.2" E 14° 33' 58.1" **Öffnungszeit:** 01.05.-15.10.

Ausstattung/Lage: Geschäfte, Restaurant, diverse Sporteinrichtungen, zum Zentrum ca. 400 m, teilweise schattig/im Ort.

Zufahrt: Im Ort beschildert.

Nicht vorenthalten wollen wir Ihnen auch den **Campingplatz „Bor"**. Der gepflegte und familiär geführte Platz (ganzjährig geöffnet) liegt in einer Feriensiedlung etwas abseits vom Getümmel. Ins Zentrum benötigt man etwa ein viertel Stündchen. Wir genießen die nachmittägliche Sonne, nehmen ein Bad in den gar nicht so kühlen Fluten und bummeln danach erfrischt hinein in die verwinkelten engen Gässchen der Altstadt. Der Weg führt meist am Ufer entlang und bietet schöne Blicke über den Hafen und die Stadt. An der Promenade reihen sich endlos Verkaufsstände aneinander. Jeder Händler versucht seine Waren an den Mann bzw. an die Frau zu bringen. Das Angebot reicht von kunstvollen Handarbeiten über Weine und Spirituosen bis hin zu fürchterlichem Kitsch und Ramsch. Wir

Hafen der Inselhauptstadt Krk

widerstehen allen „Versuchungen" und schlendern schließlich vorbei am alten **Wachtturm** ins mittelalterliche Herz der Ortschaft. Die Pflastersteine sind glatt und blank, sie wirken wie frisch gewienert, und wir fragen uns, wie viele Füße wohl zu diesem Ergebnis beigetragen haben. Historisches Highlight des Ortes ist zweifelsohne die **Basilika**, deren Ursprünge auf das 5. Jahrhundert zurückgehen. Das heutige Aussehen erhielt das Gotteshaus im 17. Jahrhundert. Über den dreischiffigen Bau erhebt sich ein stolzer Kampanile, dessen Zwiebelturm ein goldener Engel ziert. Das Innere wirkt eher düster, doch die vielen brennenden Opferkerzen verleihen der Kathedrale eine feierliche Atmosphäre. Für kaum mehr als einen Euro pro Person lassen sich nebenan im **Bischofspalast** Gemälde alter italienischer Meister sowie andere Exponate bewundern (geöffnet täglich von 09.30 - 13.00 Uhr).
Nur ein paar Schritte sind es bis zu einer großzügigen, mit edlen Marmorplatten ausgelegte Piazza, die zum Meer hin durch die alte **Stadtmauer** und einen **Rundturm** aus venezianischer Zeit abgegrenzt ist. Von diesem Platz gelangen wir kurz darauf wieder in den lebhaften Hafen und stürzen uns hier erneut ins quirlige Treiben.

Nachdem wir unseren Aufenthalt in KRK ausgiebig genossen haben, wenden wir uns dem ca. 8 km entfernten PUNAT zu. Mit 1700 Einwohnern trägt der Ort stolz den Status, die größte Stadt der Insel zu sein. Schon von weitem blinkt der silberne Mastenwald des **Jachthafens** und der Marina zu uns herüber. Wir möchten gerne ins Zentrum des Städtchens fahren, doch ein gestrenges Schild am Ortsanfang vereitelt dieses Unternehmen. Zufahrt für Wohnmobile verboten! Wer sich das Vergnügen eines Stadtbummels trotzdem gönnen will, der folge der Hauptstraße ein Stück des Weges in Richtung STARA BAŠKA und peile dann den Campingplatz „Pila" an. Dieser liegt schön im Grünen, verfügt über einen eigenen Strand und in wenigen Minuten gelangt man zu Fuß ins Herz von PUNAT. Stehen kann man entweder auf einer Wiese, die (weitgehend) WOMOs vorbehalten ist, aber natürlich auch an anderen Stellen des Platzes. Diese sonnige Wiese gilt als offizieller Stellplatz, maximal 2 Nächte darf man hier verbringen. Pro Wohnmobil und Nacht sind dafür 20 Euro fällig, zusätzlich Kurtaxe.

Pila: Die WOMO-Wiese

(056) WOMO-Badeplatz: Pila

GPS: N 45° 00' 59.9" E 14° 37' 41.6" **max. WOMOs:** > 5

Ausstattung/Lage: Strom, Beleuchtung, die Einrichtungen des Campingplatzes können mitbenutzt werden/im Ort.

Zufahrt: Vor dem Camping Pila rechts.

(057) WOMO-Campingplatz-Tipp: „Pila" in Punat

GPS: N 45° 00' 58.5" E 14° 37' 42.9" **Öffnungszeit:** 01.04.-15.10.

Ausstattung/Lage: Geschäft, Gaststätte, zum Zentrum ca. 400 m, teils Schatten/im Ort.

Zufahrt: In Richtung Stara Baška fahren, beschildert.

PUNAT hat sich fein herausgeputzt und präsentiert sich den Touristen adrett und gepflegt. Die lange Promenade lädt zum Flanieren ein ebenso wie die kleinen, angrenzenden Parkanlagen. Es gibt einen mit Betonplatten ausgegossenen Badestrand, dessen Kapazität allerdings begrenzt ist. Natürlich fehlen auch die fast obligatorischen Verkaufsstände nicht, und wem der Sinn nach einer Partie Minigolf steht, der kann hier seinen Ambitionen freien Lauf lassen. In der Saison verkehrt ein Kurbähnchen und schippert die Leute zu den sehenswerten Punkten. Sucht man nach weiterer Abwechslung, so kann man einen Ausflug mit dem Boot zur recht interessanten **Klosterinsel** unternehmen und dort die **Marienkirche** und das **Klostermuseum** besichtigen. Die Überfahrt zu der mitten in der Bucht gelegenen Insel dauert nur wenige Minuten und kostet pro Person rund 3 Euro.

Punat lädt zum Flanieren ein

Die Innenstadt weist keine Sensationen auf. Das älteste Gebäude ist eine **Ölmühle** aus dem 18. Jahrhundert, auch die **Dreifaltigkeitskirche** gestaltet sich ansehnlich, aber ansonsten wirken die Gassen eher etwas langweilig.

Wir fahren zurück zur Hauptstraße und folgen den Hinweisen nach STARA BAŠKA. Die Straße windet sich zunächst bergauf, dann wieder bergab, hinaus in die begrünten Bergrücken. Dieses schon gewohnte Bild ändert sich bald und gründlich. Wir tauchen ein in eine kahle Welt, deren Kuppen und Höhenzüge übersät sind mit einem Meer unzähliger scharfkantiger Gesteinsbrocken. Nur vereinzelt schieben sich vom Wind zerzauste Wacholder durch das Geröll, doch aus allen Ritzen wuchert silberblättriger Lavendel und verzaubert die Landschaft mit ihren blauen Blüten. Gelbblühender Ginster und einzelne Horste goldfarbener Stauden setzen kontrastreiche Akzente. Die Luft ist erfüllt mit Düften und Gerüchen, die kaum zu beschreiben sind - das ganze Spektrum von bittersüß bis würzigherb scheint abgedeckt. In weiten Schwüngen senkt sich die Straße zum Meer hinab und gibt den Blick frei auf eine malerische Bucht, in der das Wasser türkisblau leuchtet. Im

Auf dem Weg nach Stara Baška

Hintergrund ragen karstige Steinkuppen aus der dunkelblauen See, und einen Augenblick glauben wir, das verwunschene Atlantis entdeckt zu haben - wohlwissend allerdings, dass es „nur" die **Inseln Cres** und **Plavnik** sind.
Kurz vor STARA BAŠKA entdecken wir rechter Hand einen **Campingplatz**, der sich zwar in schöner Meereslage präsentiert, aber praktisch schattenlos ist und dadurch irgendwie nackt und bloß wirkt.

(058) WOMO-Campingplatz-Tipp: „Škrila" bei Stara Baška
GPS: N 44° 57' 59.8" E 14° 40' 26.8" **Öffnungszeit:** 1.5.-30.9.
Ausstattung/Lage: Geschäft, Restaurant, Zentrum 2 km, sonnig/außerorts.
Zufahrt: Von der Straße nach Stara Baška rechts abbiegen, der Campingplatz ist schon von weitem zu sehen.

Der winzige Hafen von Stara Baška

Für WOMO-Piloten ist hier die Reise erst einmal zu Ende, denn das letzte enge Straßenstück hinein in das Herz der kleinen Ortschaft ist seit einigen Jahren gesperrt. Die hübsche Gemeinde mit ihren über den Berghang verteilten Häusern, ihrem schnuckeligen Hafen und dem angrenzenden Kiesstrand, lässt sich aber vom Camp aus mit dem Fahrrad oder auf Schusters Rappen erobern. Sollte Sie dieser Ausflug hungrig gemacht haben, dann sei Ihnen das Restaurant Mariana (oberhalb des Hafens) empfohlen.
Zurückgekehrt nach PUNAT düsen wir nochmal ein Stückchen (1,2 km) um die Bucht herum bis zur Einmündung an der von KRK nach BAŠKA führenden Verbindungsstraße. Fährt man an dieser Kreuzung ca. 100 m links in Richtung KRK, so entdeckt man hier die **Kapelle Sv. Dunat.**

Kapelle Sv.Dunat

Der große angrenzende Parkplatz, der auch über einen Badestrand, Restaurants, Imbissbuden, Kinderspielplatz und eine Dixi-Toilette verfügt, ist leider mittlerweile für Wohnmobile tabu. Schade! Bis vor nicht allzulanger Zeit war dieses Areal als Stellplatz verwendbar. Für einen Zwischenstopp lässt sich aber auch der mit ei-

nigen Bäumen garnierte gegenüberliegende Platz benutzen, übernachten ist eher nicht zu empfehlen.
Wir begutachten die interessante **Natursteinkapelle** und ziehen ein Bad am kleinen Kiesstrand in Erwägung, doch unser Tatendrang überwiegt und wir ziehen weiter.
Wir nehmen die Strecke nach BAŠKA „unter die Räder" und klettern ein Steilstück durch die Macchia den Hang hinauf, um anschließend hinunter in ein weites Tal mit einzelnen Kieferwäldern und karstigen Bergrücken zu rollen. Nach ca. 14 km auf vorwiegend guter Straße (gut anfahrbarer Brunnen auf halber Strecke mit bestem Trinkwasser) erreichen wir BAŠKA und folgen am Ortsanfang den Hinweisen zum Campingplatz Zablaće. Nach den offensichtlich abgeschlossenen Umbaumaßnahmen, die lange Zeit genervt hatten, wirkt der Platz jetzt (wieder) aufgeräumt und recht gepflegt. Leider haben auch die Preise schmerzlich angezogen.

Baška, Strand des Campingplatzes Zablaće

Der lange und relativ breite Kiesstrand mit seinen Bast-Sonnenschirmen verbreitet Tahiti-Flair und fällt nur flach ab. Wer nicht gerade döst, kann die wunderbare Aussicht auf die umliegenden Berge genießen.

(059) WOMO-Campingplatz-Tipp: „Zablaće" in Baška
GPS: N 44°58'00.1"E14°44'42.9",Emila Geistlicha **Öffnungszeit:** 01.05.-30.09.
Ausstattung/Lage: Geschäft, Restaurant nahebei, Zentrum 400 m, sonnig/Ortsrand.
Zufahrt: Am Ortsanfang rechts, beschildert.

Kurz vor Ende der Bucht, nach dem Campingplatz, gibt es einen sonnigen und recht passablen Stellplatz nahe am Strand. Dieser bietet zwar keinen Service, dafür ist er aber mit gut 10 Euro weitaus günstiger als besagter Campingplatz.

(060) WOMO-Badeplatz: Baška

GPS: N 44° 57' 47.6" E 14° 44' 48.6" **max. WOMOs:** > 5
Ausstattung/Lage: Gaststätte und Geschäfte, Stranddusche, Mülltonne/im Ort.
Zufahrt: Vorbei am Camping Zablaće, an dessen Ende gleich links (nahe der großen Wasserrutsche).

Entweder dem Strand entlang oder auf der breiten Promenade gelangt man in kaum mehr als zehn Minuten ins Zentrum von BAŠKA. Es ist ein typischer Touristenort mit vielen Restaurants, Cafés und Geschäften. Es gibt aber auch stille Winkel und hübsche Häuschen, die sich mit prächtigen Blumen schmükken. Das **Heimatmuseum** vermittelt einen Eindruck über das ursprüngliche ländliche Leben. Auf relativ geringem Raum kann man alte Arbeitsgeräte, Geschirr, rustikale Möbel und vieles mehr bewundern (geöffnet täglich von 16.00-21.00 Uhr, am Montag von 10.00-15.00 Uhr). Oberhalb von BAŠKA wacht die **Kirche Sv. Ivan** mit ihrem ockerfarbenen **Glockenturm** über den Ort.

Da kauft man doch gerne ein...

Am Abend sitzen wir vor unserem Mobil und genießen die Aussicht auf die umliegenden Berge. Vom Städtchen schallt Live-Musik herüber. Die Künstler kompensieren mangelnde Qualität mit Lautstärke, und kurz vor Mitternacht haben wir bereits dreimal die Empfehlung gehört, dass man rote Lippen küssen soll. Immerhin zweimal erfahren wir, dass die „country roads“ nach Hause führen (leading home). An ihrem Repertoire müssen die aufstrebenden Musiker noch arbeiten, aber die Hoffnung stirbt zuletzt...

WOMO-Wandertipp: Baška - Stara Baška

Gehzeit: 7 Std. **Schwierigkeit:** Mittel **Höhenunterschied:** 350 m
Strecke: Beginnend hinter dem **Sportzentrum** beim **Campingplatz Zablaće** und weiter in nördlicher Richtung (Batomalj), dann hinauf zum Sattel Vratudih (tolle Aussicht auf die **Insel Rab** und **Cres**) und schließlich steiler Abstieg nach STARA BAŠKA (der Weg ist grün markiert).

WOMO-Wandertipp: Weg zum Mond

Gehzeit: 3 Std. **Schwierigkeit:** Leicht **Höhenunterschied:** 380 m
Strecke: Von BAŠKA über das Teersträßchen zur **Kapelle Sv. Ivan** (schöner Blick auf BAŠKA), danach durch ein Kiefernwäldchen zu einer kahlen Hochebene mit herrlicher Aussicht. Gleicher Weg zurück. Diese Wanderung ist blau markiert.

Noch ein Tipp: An der Rezeption des Campingplatzes Zablaće (sowie in der Touristeninfo) erhalten Sie gratis eine Wanderkarte mit verschiedenen Tourenvorschlägen.
Wir wenden uns VRBNIK zu. Die altehrwürdige Stadt liegt an der Ostküste und erhebt den Anspruch, die schönste der Insel zu sein. Vor den Toren des Ortes wachsen die Reben, aus denen der süffige Žlathina-Wein gekeltert wird. Nach 19 km parken wir unser WOMO auf einem sonnigen und teils schiefen Parkplatz hoch über dem Meer mit herrlichem Ausblick (gebührenpflichtig, Campingverbot in der Hauptsaison). Dorthin gelangt man, wenn man zunächst das Zentrum des Ortes anpeilt und dann dem Parkplatzhinweis (PKWs und Wohnmobile) nach rechts mit der Aufschrift 800 m (Hinweis Kupalište) folgt. Fahren Sie dem 600-m-Schild nach, werden Sie in

Am Badestrand von Vrbnik

die Innenstadt geleitet. Die Durchfahrtsbreite beträgt nur 2 m! Unterhalb dieses Platzes liegt eine schöne Badebucht mit betoniertem Strand.

(061) WOMO-Badeplatz: Vrbnik

GPS: N 45° 04' 33.1" E 14° 40' 48.1" **max. WOMOs:** > 5

Ausstattung/Lage: Restaurant in der Nähe, Mülltonnen/Ortsrand.

Zufahrt: Im Text beschrieben.

Zur Übernachtung empfiehlt sich ein privater Stellplatz, der zwar praktisch gelegen ist, aber leider nicht die herrliche Aussicht wie der zuvor genannte Platz bietet. Gegen eine Gebühr von ca. 7 Euro darf man hier nächtigen. Parken tagsüber schlägt mit etwa 3 Euro zu Buche. Der relativ große, naturbelassene Hofraum ist nicht nur Wohnmobilen vorbehalten, er wird auch von PKWs und Bussen benutzt. Der Platz wirkte bei unserer letzten Recherche deutlich gepflegter als zuvor. Allerdings teilte uns eine Leserin mit, dass sie trotz des bereits gezahlten Nachttarifes des Abends fortgeschickt wurde. Vage Begründung des Betreibers war ein Hinweis auf die „policija". Es sollte also gleich zu Anfang ein klares Wort mit dem „guten Mann" erfolgen, um Ärger aus dem Weg zu gehen.

(062) WOMO-Stellplatz: Vrbnik privat

GPS: N 45° 04' 31.9" E 14° 40' 22.2" **max. WOMOs:** > 5

Ausstattung/Lage: Gaststätten nahebei, Toilette, Wasser gegen Extragebühr, Mülltonne/im Ort.

Zufahrt: Den Hinweisen zum Busparkplatz folgen, daran vorbeifahren und nach ca. 100 m rechts einbiegen.

Von beiden Plätzen aus dauert der Spaziergang ins Zentrum des Städtchens nur wenige Minuten. Uns erwartet ein Labyrinth aus winkligen Gassen und Gässchen. Die Häuser haben bereits reichlich Patina angesetzt und wirken urig. Aus den Mauerritzen des Kirchturmes wuchern blaublühende Stauden. Sogar aus der Uhr sprießt das Grün und wird nicht durch einen emsig kreisenden Zeiger gestört. Wir sehen dies als Symbol - die Zeit scheint hier stehen geblieben zu sein. Einige gemütliche Weinkeller laden zur Verkostung der edlen Tropfen

Vrbnik, das schönste Städtchen der Insel

ein, und wo ein bisschen Raum vor den Eingängen verbleibt, gedeihen prächtige Hortensien, Oleander, bunte Sommerblumen oder auch einfach nur Salat und Gartenkräuter.
Als nächstes unternehmen wir einen Abstecher nach SILO. Die gefällige kleine Ortschaft bietet eine hübsche Uferpromenade mit etlichen Bademöglichkeiten. Stellplatz gibt es keinen, wohl aber einen günstig gelegenen Campingplatz. Übrigens: Das mit 18% angekündigte Gefälle wird bei der Rückfahrt nur mit 10% Steigung angezeigt! Zweitere Angabe dürfte wohl eher der Wahrheit näher kommen - also kein Grund zum Fürchten.

Silo: Zur Abwechslung mal ein Sandstrand

Wir orientieren uns jetzt in Richtung DOBRINJ, holpern das Sträßchen entlang und genießen die schönen Ausblicke auf das Festland. Unser nächstes Ziel ist SOLINE. Das kleine Nest wirkt recht verschlafen. Verlässt man den Ort in Richtung KLIMNO, so gelangt man zu einem idyllisch gelegenen Badeplatz mit einer gepflegten Liegewiese, und man staune - einem winzigen Sandstrand. Einige Badegäste vergnügen sich im sauberen, klaren Wasser, andere wiederum rösten ihren nackten Popo in der Sonne (Campingverbot in der Hauptsaison).

(063) WOMO-Badeplatz: Soline Waldbad

GPS: N 45° 09' 00.9' E 14° 36' 24.5" **max. WOMOs:** 2-3

Ausstattung/Lage: Kiosk, Bänke, Dixi-Toilette, Mülltonne/Ortsrand.

Zufahrt: Gleich nach dem Ortsschild von Soline in Richtung Klimno.

Das Waldbad bei Soline

Auf Grund der Baumaßnahmen in der Umgebung war es zuletzt oft unruhig. Inzwischen sind die Arbeiten praktisch abgeschlossen, was zu begrüßen ist. Allerdings sind dadurch auch ein paar Park- bzw. Stellplätze weggefallen. Eine Ausweich-

Klimno: Heimelig und freundlich

möglichkeit gibt es im angrenzenden kleinen Hafen (Parkplatz auf zwei Etagen).

Fährt man noch das letzte Stück bis KLIMNO weiter, so gelangt man zu einem hübschen Hafen. Der Bereich davor wurde komplett neu gestaltet, mit Blumenbeeten versehen und mit netten Accessoires - wie z. B. ein buntes Schiffchen - aufgepeppt. Im nahen Umfeld findet man einige ansprechende Lokale. Isst man hier zu Abend, bietet sich auch eine Übernachtung auf dem sonnigen Hafenparkplatz an.

(064) WOMO-Stellplatz: Klimno

GPS: N 45° 09' 18.3" E 14° 37' 11.8" **max. WOMOs:** 2-3
Ausstattung/Lage: Gaststätten, Mülltonne/im Ort.
Zufahrt: Am Hafen in Klimno.

Wir rollen zurück nach SOLINE und biegen rechts ab in Richtung RUDINE/Spilja-Höhle. Etwa 300 m nach dieser Kreuzung erreichen wir die **Solinebucht**. In früherer Zeit befanden sich hier die sog. **Salzgärten**, die aber schon lange nicht mehr genutzt werden. Geblieben ist ein riesiges Areal, dessen Boden sandig und salzverkrustet ist. Durch einige Rinnsale, die diese Flächen durchziehen, lagert sich Schlamm ab, dem man Heilwirkung zuspricht. Die Badegäste, denen ihre Gesundheit am Herzen zu liegen scheint, reiben sich gegenseitig mit dem Schmodder ein. Das erklärt die vielen vermeintlich dunkelhäutigen Menschen hier am Strand. Doch auch die Glücklichen,

Wer hat Angst vorm „schwarzen Mann“??

die frei von Gebrechen aller Art sind, finden ihr Vergnügen. Man kann sich sonnen, relaxen und in der seichten Bucht herumplantschen.

(065) WOMO-Badeplatz: Soline Salzgärten

GPS: N 45° 08' 58.0" E 14° 36' 01.4" **max. WOMOs:** > 5

Ausstattung/Lage: zwei Kioske, Dixi-Toilette, Bootsverleih, Restaurant in der Nähe /außerorts.

Zufahrt: 200 m nach dem Ortsschild von Soline in Richtung Rudine.

In Rudine, nahe der Spilja-Höhle

Wir kurven weiter um die Bucht herum, durchfahren ein Wäldchen und bummeln anschließend mit unserem WOMO durch eine herbe Landschaft, die von Geröllbrokken durchsetzt und mit Wacholdern bewachsen ist. Die mit weißer Farbe aufgetragenen Kilometerangaben auf der Straße lassen uns wissen, welche Entfernung noch bis zum Erreichen der **Spilja-Höhle** zu bewältigen ist. Unterwegs bieten sich immer wieder Gelegenheiten für eine Rast im Grünen oder auch eine schnelle Abkühlung im Meer. Kurz nach RUDINE, das nur aus einigen grauen Steinhäuschen besteht, mündet die Stichstraße in einen geschotterten Parkplatz. Ca. 20 km stehen nun nach VRBNIK mehr auf dem Tacho.

(066) WOMO-Stellplatz: Spilja-Höhle

GPS: N 45° 11' 10.0" E 14° 36' 37.3" **max. WOMOs:** 2-3

Ausstattung/Lage: keine/außerorts.

Zufahrt: Am Ende der Stichstraße, nahe der Höhle.

Die letzten 100 m bis zum Eingang der Tropfsteinhöhle legen wir zu Fuß zurück. Die Pforte zur Unterwelt mit Stalagmiten und Stalaktiten befindet sich ganz unspektakulär in einem winzigen Kiosk. Der Abstieg in den „Hades“ ist nur im Rahmen einer Führung möglich, und diese kostet pro Person 4 Euro, Kinder zahlen 2,5 Euro (Öffnungszeiten: Nebensaison: 10.15-14.45 Uhr, Hauptsaison: 09.15-17.45 Uhr). In der nur 12 m unter der Erdoberfläche verlaufenden Grotte soll sich ein Piratenschatz verbergen. Trotz intensiver Suche können wir diesen leider nicht entdecken, aber vielleicht gelingt es Ihnen, das Urlaubsbudget etwas aufzubessern...

Über DOBRINJ und KRAS folgen wir den Hinweisen nach MALINSKA und stoßen nahe letztgenannter Ortschaft auf die Hauptachse der Insel. Besondere Sensationen hat dieser Streckenabschnitt nicht zu bieten. Zügig geht es nun Richtung Norden. Doch bevor wir über die **Krker-Brücke** auf das Festland übersetzen, statten wir dem Städtchen OMIŠALJ einen Besuch ab. Es liegt erhaben auf einem Hügel über dem Meer und hat sich viel an Ursprünglichkeit bewahrt. Zentraler Punkt des alten Ortskerns ist die dreischiffige romanische **Basilika**, um die sich die Wohnhäuser gruppieren. Vom Rand der Altstadt erhält man einen schönen Blick auf die **Insel Cres** und hinüber nach RIJEKA. Leider trüben die Industrieanlagen der Umgebung etwas das stimmungsvolle Bild. Parkplätze gibt es reichlich in diesem Städtchen, so lässt sich durchaus eine Übernachtung in Betracht ziehen.

(067) WOMO-Stellplatz: Omišalj

GPS: N 45° 12' 44.9" E 14° 33' 22.0" **max. WOMOs:** 3-4
Ausstattung/Lage: Geschäfte und Gaststätten nahebei/im Ort.
Zufahrt: In der Ortsmitte links abbiegen (blaue Parkplatzschilder), noch 200 m, der letzte von drei Parkplätzen.

Der Badestrand von Omišalj

Fährt man ein kurzes Wegstück von der Ortsmitte weiter über den Kreisverkehr nach PESJA (Hinweis Uvala Pesja), so erreicht man über eine Stichstraße einen kleinen Hafen, der etliche Parkmöglichkeiten bietet. Danach folgt ein schöner Badestrand. In diesem Ambiente macht das Schwimmen wirklich Spaß!

(068) WOMO-Badeplatz: Omišalj
GPS: N 45° 12' 28.8" E 14° 33' 08.3" **max. WOMOs:** 3-4 **Ausstattung/Lage:** Toilette, Stranddusche, Mülleimer, Strandbar, Restaurant ca. 400 m/Ortsrand.
Zufahrt: Den Hinweisen Uvala Pesja folgen, vom Abzweig noch 1,5 km.

Zurückgekehrt auf die Hauptstraße, lassen wir uns noch zu einem letzten Abstecher hinreißen. Wir turnen hinunter nach VOZ. Die Stichstraße endet nach 3,5 km an einer Bucht. Gammelten früher hier noch einige Schiffswracks vor sich hin, so wirkt der Platz jetzt sauber und aufgeräumt. Dennoch ist der etwas morbide Charme dieses Ortes geblieben.

(069) WOMO-Badeplatz: Voz
GPS: N 45° 14' 05.7" E 14° 34' 44.2" **max. WOMOs:** > 5
Ausstattung/Lage: Mülltonnen/außerorts.
Zufahrt: Von der Hauptstraße rechts nach Voz abbiegen, noch 3,5 km.

Bezüglich dieses Platzes haben wir Rückmeldungen von etlichen zufriedenen Wohnmobilisten bekommen, allerdings berichteten auch zwei WOMO-Fahrer, dass das Campingverbot bei ihnen umgesetzt wurde. Man belegte sie mit Strafe und verwies sie des Ortes.
Der riesige Steinbruch im Hintergrund stellt keine Lärmbelästigung dar - zumindest war das nicht während unseres Aufenthaltes der Fall.

Die imposante Krker-Brücke

Von hier aus präsentiert sich die **Krker-Brücke** (Krički most) in ihrer ganzen Schönheit. In zwei Bögen mit insgesamt weit über 1300 m Länge überspannt sie einen Meeresarm und verbindet die nackten Karstfelsen von **Krk** mit den begrünten Bergen des Festlandes.

Schließlich legen wir die letzten Inselkilometer zurück. Die Macchia weicht zurück, und wir sind überrascht über die plötzlich so kahlen Felsrücken, von denen wir bereits unterhalb der Brücke einen ersten Eindruck gewannen. Für einen kleinen Moment denkt man wirklich, man bewegt sich auf einem anderen Stern.

Kurz vor der **Krker-Brücke** ist rechts die Einfahrt zu einem Parkplatz (ein Lesertipp!), der relativ geschützt liegt. Wer sich noch ein letztes Mal vor Verlassen der Insel aufs Ohr legen möchte, der kann das hier tun. Mit etwas Verkehrslärm ist aber zu rechnen.

(070) WOMO-Stellplatz: Krker-Brücke

GPS: N 45° 14' 20.1" E 14° 33' 38.6" **max. WOMOs:** 3-4
Ausstattung/Lage: Mülltonne/außerorts.
Zufahrt: Vor der Brücke rechts (eigene Abbiegespur).

Wir haben uns bis zu den Kassenhäuschen vorgearbeitet, die aber nicht besetzt sind. „Ungeschoren" können wir passieren. Allerdings läuft das nicht immer so. Doch welches System hier zum Tragen kommt, bleibt uns verschlossen.

Noch ein Tipp: Am Wochenende, besonders am Sonntagnachmittag und vor allem in der Saison, kann es zu Staus kommen. Vielleicht können Sie Ihre Passage auf einen anderen Termin legen, schließlich sollte man als Urlauber ein wenig flexibel sein!

KARTE TOUR 6
10 km
10 km
Korana
Korenica
Jezerce
Vrelo
Klanac
nach Otočac und Senj
Nationalpark Plitwitzer Seen
WC
79
81
80
82
78
N
Otočac
Nationalpark Plitwitzer Seen
77
Oltari
Sveti Jurai
Velebit Nationalpark
Botanischer Garten
Starigrad
83
Stinica
Mišnjak
84
85
Pudarica
Banjol
Rab
Sv.Euphemja
86
Kampor
Dunići
87
88
Lopar
S.Draga
C
Rab
Pag
Krk
Senj
74
75
76
Žirnovnica
Povile
73
Novi Vindolski
Selce
72
Crikvenica
Drivenik
71
Kraljevica
Omišalj
70

Tour 6 (395 km / 7 - 8 Tage)

Omišalj (Insel Krk) - Crikvenica - Selce - Novi Vindolski - Senj - Otočac - Plitwitzer Seen - Otočac - Oltari - Sv. Juraj - Stinica - Mišnjak (Insel Rab) - Rab - Lopar - Mišnjak

Freies Übernachten:	Drivenik, Senj, Otočac, nahe der Plitwitzer Seen, Stinica, Pudarica, in und bei Kampor, Dunići.
Campingplätze:	„Autocamp Selce" in Selce, „Punto Povile" in Povile, „Camp Korana" nahe der Plitwitzer Seen, „Camp Padova" in Rab.
Besichtigen:	Burg in Drivenik,Burg mit Museum in Senj, die Plitwitzer Seen, Velebit Nationalpark, den Stadtkern von Rab und das Franziskanerkloster Sv. Eufemija nahe Rab.
Wandern:	Im Gebiet um die Plitwitzer Seen, zum Berg Kamenjak auf der Insel Rab.
Radfahren:	Auf der Insel Rab.
Baden:	In Selce, Novi Vindolski, Senj und auf der Insel Rab.

Nach ein paar Kurven und einer moderaten Steigung haben wir uns hinaufgearbeitet zur **Adria magistrale**, jener berühmten Nord-Südverbindung, die sich der gesamten Küste entlangzieht. Die Straße verläuft meist etwas landeinwärts und erhöht, das ermöglicht oft grandiose Ausblicke auf das Meer und die vorgelagerten Inseln. Der Fahrbahnzustand ist gut, so

Der lebendige Ort Crikvenica

geht es flott in Richtung Süden voran. Bald ist der bekannte Ferienort CRIKVENICA erreicht.
Wer Zeit und Lust hat, kann die kurze Fahrt dorthin noch etwas erlebnisreicher gestalten, in dem er einen kleinen Umweg über die Berge wählt. Hierzu fährt man auf der Magistrale bis DVORI und biegt links in Richtung DRIVENIK ab. Im Dörfchen KRIŽIPIŽI, das bald auf einer guten Bergstraße erreicht ist, zweigt man dann scharf rechts ab (aufpassen - schlecht beschildert). Die Fahrt beläuft beschaulich durch kleine Dörfer. Die Ortschaft DRIVENIK präsentiert sich etwas größer und liegt im Schutze einer **Burg**. Der Burgparkplatz beziehungsweise der eines angrenzenden Friedhofes ist für eine ruhige Übernachtung geeignet.

(071) WOMO-Stellplatz: Drivenik

GPS: N 45° 14' 12.3" E 14° 38' 49.9" **max. WOMOs:** 1-2
Ausstattung/Lage: Wasser, Mülltonne / Ortsrand.
Zufahrt: Im Ort den Hinweisen zur Burg (Grad) folgen, noch 700 m.

Nach dem Ort folgt bald rechter Hand ein **Stausee**, der aber kaum zugänglich ist. Danach begleitet uns für eine Weile das Flüsschen Dubračina und schließlich senkt sich die Straße hinab durchs Grüne an die Küste nach CRKVENICA.
Das ehemalige Fischerdorf avancierte durch die Habsburger zu einem mondänen **Kurort** mit prunkvollen Hotels und prächtigen Villen. Es gibt einen schönen Sandstrand, und auf der Promenade flanieren heute nicht nur die „Schönen und Reichen". Die nächste Ortschaft an (oder besser neben) der Küstenstraße ist SELCE. Auch hier gibt es eine hübsche Promenade mit einigen Palmen und rotblühenden Oleanderbüschen sowie unzähligen Eisdielen, Restaurants und Souvenirbuden. Auf zahlreichen Bänken lässt es sich gut sitzen und das bunte Treiben des Hafens beobachten. Für einen Aufenthalt empfiehlt sich der größtenteils schiefe Campingplatz Selce (mittlerweile auch endlich Ver- und Entsorgung für WOMOs).

(072) WOMO-Campingplatz-Tipp: „Autocamp Selce" in Selce

GPS: N 45° 09' 14.2" E 14° 43' 30.5", Jesenova **Öffnungszeit:** 01.04.-15.10.
Ausstattung/Lage: Geschäft, Restaurants, Zentrum 400 m, ausreichend Schatten / Ortsrand.
Zufahrt: An der Adria magistrale, gut beschildert.

Ein paar Kilometer weiter erwartet uns das gefällige Städtchen NOVI VINDOLSKI. Bisher diente der Hafenparkplatz prima als Übernachtungsplatz oder als Parkmöglichkeit für einen Bummel durchs Städtchen. Jetzt ist die Einfahrt für Wohnmobile verboten. Bei der Suche nach einer Alternative stoßen wir auf ähnliche Verbote. Wir scheinen unerwünscht zu sein, also kehren wir NOVI VINDOLSKI den Rücken und wenden uns der nächsten Ortschaft - POVILE - zu. Viel hat das kleine Dorf nicht zu bieten, wohl aber einen naturbelassenen, preislich günstigen Campingplatz in schöner Meereslage. Der Strand zeigt sich zerklüftet mit einigen Kiesbuchten, aber auch (wenigen) betonierten Flächen.

Badefreuden auf dem Punto Povile

(073) WOMO-Campingplatz-Tipp: „Punto Povile“

GPS: N 45° 06' 55.3" E 14° 48' 56.3" **Öffnungszeit:** ca. 01.05.-30.09.
Ausstattung/Lage: Restaurants nahebei, zum Zentrum von Novigrad ca. 3 km, wenig Schatten / im Ort.
Zufahrt: An der Magistrale gut beschildert.

Rund 45 km (Route über DRIVENIK ca. 55 km) mehr zeigt der Tacho seit der Überfahrt der Krker-Brücke an, als wir SENJ erreichen. Wiederum am Ende des Hafens, nahe der Kaimauer, finden wir ein sonniges Plätzchen (gebührenpflichtig, ca. 1,4 Euro/Stunde, von 22.00-06.00 Uhr frei). Ein winziger Kiesstrand schließt an.

Im Hafen von Senj

(074) WOMO-Badeplatz: Senj Hafen

GPS: N 44° 59' 22.7" E 14° 54' 00.0" **max. WOMOs:** > 5
Ausstattung/Lage: Geschäfte und Restaurants in der Nähe, Mülltonnen / im Ort.
Zufahrt: Am Hafenende von der Adria magistrale rechts abbiegen, noch 200 m.

Senj: Essen und Schlafen in Kamp Škver

Möchte man es gern etwas luxuriöser, greift man am besten auf den direkt am Meer gelegenen, offiziellen Stellplatz „Kamp Škver" zurück. Die Hälfte der WOMOs kann, nur von einem Gehweg getrennt, in erster Reihe am Wasser stehen. Beim Speisen im dazugehörigen guten Lokal lassen sich schön die vorbeituckernden Schiffe beobachten, während im Hintergrund die Sonne langsam zum roten Ball mutiert und sich bis zum nächsten Tag verabschiedet.

(075) WOMO-Badeplatz / Minicamp: Senj Kamp Škver

GPS: N 44° 59' 39.0" E 14° 53' 59.2" **max. WOMOs:** > 5

Ausstattung/Lage: Wasser, Dusche, WC, Strom, Gaststätte, Geschäfte in der Nähe / im Ort.

Zufahrt: Noch vor dem Hafen von der Hauptstraße rechts abbiegen, beschildert.

Der gepflegte und vergleichsweise günstige Platz ist vom 01.04. - 31.10. geöffnet.

Das Zentrum selbst bietet nicht viel. Einige Lokale, ein **Kriegerdenkmal**, ein **Brunnen** und ein paar Gassen, deren Häuser schon bessere Zeiten gesehen haben. Das Schmuckkästchen und Wahrzeichen des Ortes thront auf einem Bergrücken, es ist die trutzige **Uskokenburg Nehaj**! Wenn man im **Burgmuseum** der Kultur gehuldigt hat und vielleicht dabei Hunger bekommen hat, so lässt sich im Burgrestaurant etwas dagegen unternehmen. Das Museum kostet gut ca. 3 Euro Eintritt, Kinder zahlen nur knapp die Hälfte. Geöffnet ist es täglich von 10.00-18.00 Uhr, im Juli und August von 10.00-

21.00 Uhr. Das schmucke Kastell ist entweder zu Fuß in einer viertel Stunde zu erreichen oder auch mit dem WOMO anzufahren.
Direkt bei der Burg gibt es einige etwas schiefe und vorwiegend sonnige Plätzchen mit schöner Aussicht.

(076) WOMO-Stellplatz: Senj Burg Nehaj

GPS: N 44° 59' 10.7" E 14° 54' 11.5" **max. WOMOs:** 3-4
Ausstattung/Lage: Restaurant, Mülltonne / außerorts.
Zufahrt: Am Ortsende links die Abfahrt nach Zagreb nehmen, gleich wieder links abbiegen - nur noch wenige hundert Meter.

Der nächste Ausflug führt uns in den **Nationalpark Plitwitzer Seen**. Wir folgen den Hinweisen **Plitvička Jezera/Otočac** und schwingen uns zunächst in Kurven und bald auch in Kehren auf guter Straße hinauf ins **Velebit-Gebirge**. Laub- und Kiefernwälder begleiten uns. Später öffnet sich ein weites Tal, und der Juni verwöhnt uns mit blühenden Wiesen, einzelne Flächen gehören allein dem rotleuchtenden Mohn. OTOČAC ist der einzige größere Ort auf der Strecke. Heute (Mittwoch) herrscht hier lebhaftes Markttreiben. Sucht man ein Plätzchen für eine Zwischenübernachtung, so wird man hier fündig. Man folgt dem Verlauf der Durchgangsstraße und biegt nach der ersten Ampel rechts ab. Nach ca. 150 m gelangt man zu einer kleinen Parkanlage, in deren Umfeld es einige Stellplätze gibt. In der Nähe befindet sich ein relativ großer Konsum.

Burg Nehaj in Senj

(077) WOMO-Stellplatz: Otočac

GPS: N 44° 52' 06.4" E 15° 14' 06.3" **max. WOMOs:** 2-3
Ausstattung/Lage: Geschäfte und Gaststätten nahebei / im Ort.
Zufahrt: Im Ort bis zur ersten Ampel fahren, hier rechts abzweigen, noch ca. 150 m.

Nach OTOČAC wird es wieder einsamer, und erstmals stoßen wir vereinzelt auf zerbombte Häuser - Zeugen des vergangenen Krieges! Die meisten dieser beschädigten Gebäude wurden mittlerweile aber abgerissen bzw. restauriert. Der Straßenzustand gab lange Zeit Anlass zur Klage. Auch hier ist inzwischen viel passiert, jetzt ist fast die ganze Strecke in Ordnung und problemlos zu befahren. Rosablühende Wildrosen

und die weißen Dolden des Holunders setzen erfrischende Akzente in der Landschaft.
Bei manchen Häusern locken Verkaufsstände, an denen selbstgemachter Honig und Käse angeboten werden. Der Erlös stellt ein wichtiges Zubrot für die nicht eben begüterten Menschen der Region dar.
Schließlich erreichen wir die **Hauptverbindungsstraße 1**. Biegt man hier rechts ab, so gelangt man zwar nicht zu den Plitwitzer Seen, doch schnell in die Ortschaft KORENICA. Nach nur 2,4 km ist die Gaststätte „Bistro Marina" erreicht. Wer hier speist, darf auf dem hauseigenen Parkplatz kostenlos übernachten. Dieses Plätzchen stellt eine praktische Alternative zu den Besucherparkplätzen bei den Plitwitzer Seen dar, denn dort ist das Übernachten mittlerweile untersagt.

(078) WOMO-Stellplatz: Korenica „Bistro Marina"

GPS: N 44° 44' 49.9" E 15° 42' 15.6" **max. WOMOs:** > 5
Ausstattung/Lage: Gaststätte, Geschäfte nahebei / im Ort.
Zufahrt: In Korenica gut beschildert (den WOMO-Symbolen folgen).

Wir rollen das kurze Wegstück bis zuvor genannter Kreuzung zurück und halten uns jetzt geradeaus. Nach einigen Kilometern flotter Fahrt erreichen wir JEZERCE, dessen wenige Anwesen verstreut an der Straße liegen. Achtet man auf den Hinweis „Jezerce 28" so findet man links oberhalb der Straße einen privaten WOMO-Stellplatz in nur ca. 2,7 km Entfernung der Plitwitzer Seen (Eingang 2). Das kleine Wiesengelände hinter einem Wohnhaus zeigt sich sehr adrett. Kostenpunkt: 10 Euro pro Person, Wohnmobil und Strom sind inklusive.

(079) WOMO-Stellplatz / Minicamp: Jezerce 28

GPS: N 44° 51' 48.9" E 15° 38' 24.6"
max. WOMOs: > 5
Ausstattung/Lage: Toilette, Dusche, Wasser, Strom / im Ort.
Zufahrt: In Jezerce beim Hinweis Jezerce 28 links abbiegen, noch 100 m.

Sandra, die nette Dame des Hauses, übernimmt auf Wunsch den Transfer (hin und zurück) zum Eingang des Naturparks - eine äußerst praktische wie bequeme Lösung!
Große Hinweistafeln schicken uns zum **Eingang 2**. Jetzt haben wir die **Plitwitzer Seen** vor unserer WOMO-Tür! Der dazugehörige (gebührenpflichtige) Parkplatz ist schön gelegen und praktisch, doch leider von 21.00-07.00 Uhr mit einem absoluten Halteverbot belegt. Nehmen Sie bitte dieses ernst - ab und zu wird kontrolliert!

(080) WOMO-Picknickplatz: Plitwitzer Seen / Eingang 2

GPS: N 44° 52' 59.8" E 15° 37' 28.9" **max. WOMOs:** > 5

Ausstattung/Lage: Geschäft, Imbiss, WC, Wasser, Tische, Bänke / außerorts.

Zufahrt: Von der Straße 1 den Hinweisen „Eingang 2" folgen.

Plitwitzer Seen: Mit dem Boot hinein in die Wasserwelt!

Rund 3 km weiter befindet sich die Einfahrt zum **Eingang 1**. Das ebenfalls vorwiegend schattige Areal verfügt über ähnliche Einrichtungen wie der zuvor beschriebene Platz. Zudem wartet ein uriges Lokal mit offener Feuerstelle auf seine Besucher. Das „Lićka Rućka" bietet als Spezialitäten Lamm, Schaf und Schwein vom Spieß an. Leider ist auch hier der gesamte Parkplatz mit einem nächtlichen Halteverbot belegt. Als Ausgangspunkt für eine Exkursion in die Wasserwelt halten wir ihn aber für sehr günstig. Ganz gleich durch welche Pforte man schreiten möchte, 17 Euro pro Erwachsener und 8,5 Euro pro Kind (unter 7 Jahren frei!) sind zu berappen. Es gibt jetzt wieder Ermäßigungen für die Gäste des Campingplatzes Korana. Bitte erkundigen Sie sich vor Ort, denn die Konditionen wechseln erfahrungsgemäß häufig. Der Eingang 1 ist täglich von 08.00-18.00 Uhr geöffnet, Eingang Nr. 2 sogar noch eine Stunde länger.

Bevor Sie nun aber eintauchen in diese faszinierende Wasserwelt, wollen wir Ihnen noch schnell ein paar grundsätzliche Infos zukommen lassen!

Im Jahre 1949 wurde das Gebiet um die **Plitwitzer Seen** zum

Nationalpark „Plitwitzer Seen“

Nationalpark erklärt, 1979 erfolgte die Aufnahme in das „Weltnaturerbe“- Register durch die Unesco. Viel Ehre für einen im Hinterland liegenden Karst - das mag wohl so manch einer denken - doch was Mutter Natur hier komponiert hat, sucht in Europa seinesgleichen! Rund 300 km² umfasst der Park, ein Großteil davon ist überzogen mit dichtem Urwald, der auch heute noch scheuen Bären, Wölfen und verschiedenen Wildkatzen einen weitgehend ungestörten Lebensraum bietet. Deutlich geringer fällt der Anteil der Wiesen und Weiden aus. Knapp 2,2 km² entfallen schließlich auf 16 Seen und etliche Wasserläufe. Die gesamte Höhendifferenz der Katarakte beträgt 156 m, die einzelnen Wasserfälle stürzen mit mäßigen 2 m bis hin zu äußerst eindrucksvollen 76 m in die Tiefe. Die Aufzählung dieser Eckdaten spiegelt aber nicht im mindesten die Faszination dieses Naturwun-

ders wider. Man muss das Territorium, das schon Winnetou, seinem Blutsbruder und den vielen guten sowie bösen Buben aus den Karl-May-Filmen als Traumkulisse diente, mit all seinen Sinnen erleben.
Beim Eingang Nr. 1 verlassen wir unseren Planeten und finden uns scheinbar in einer anderen Welt wieder. Wir tauchen ein in ein zauberhaftes Wasserparadies, das uns den Atem

raubt. Zunächst stapfen wir durch einen Buchenwald, dessen maigrünes Blätterdach von der Sonne durchflutet wird, bis hin zu einer tiefen Schlucht. Jetzt fällt der Blick auf in Laubwald eingebettete, blaugrüne Seen. Durch weißgischtende Wasserfälle sind sie miteinander verbunden. Mal rauschen die Wassermassen kraftvoll aus großer Höhe über helle Felsen und versprühen feine Nebelschleier - mal rinnen sie eher gemächlich über den Stein und ziehen lange Silberfäden, ehe sie sich in einem tiefer liegenden See vereinen. Das Spiel beginnt von neuem. Wieder sucht sich das Wasser seinen Weg durch das Kalkgestein, durchtränkt Moose, hüpft über kleine Stufen, um sich schließlich in das nächste geheimnisvoll leuchtende Auge zu ergießen. Die Krönung bildet der vom Fluss **Plitvica** gespeiste Wasserfall, majestätisch stürzt er sich über einen scharfen Felsabbruch in die Tiefe, und erst nach 76 m erfolgt die tosende Landung. Entlang der unteren Seen schlängelt sich - stets nahe am Ufer - ein herrlicher Pfad talauf zu den oberen Seen. Schließlich gelangen wir zum großen **Kozjak jezero** (Kozjak-See). Umweltfreundliche **Elektroboote** queren geräuschlos das kristallklare Gewässer. Wir genießen die angenehme Überfahrt und staunen über die Unterwasserwelt.

Das kühle Nass zeigt sich so blank und rein, dass uns kaum eine Einzelheit am tiefen Grunde entgeht. Die Wassergeister offenbaren uns ihr Wohnzimmer en detail!
Beim Bootsanleger beginnt ein weit verzweigtes Wegenetz. Pfade, hölzerne Stege und solide Bohlenwege führen hinein in ein einzigartiges Reich aus anmutigen Seen, glucksenden Bächen, schäumenden Kaskaden und urwüchsigen Wäldern, in deren schattigem Unterholz üppige Farne gedeihen. Aus breiten Schilfgürteln und sumpfigen Grasflächen erschallt ein vielkehliges Froschkonzert, bisweilen suchen aufgeschreckte, dünne Wassernattern (harmlos!) Schutz im Röhricht und verschwinden wieselflink darin. In wenig bewegten Weihern und Tümpeln hat sich teilweise weißer Kalkschlamm abgesetzt und abgestorbene Pflanzen- und Baumteile ummantelt. Mit etwas Phantasie kann man darin Gebilde wie etwa Krokodile, Schildkröten oder bizarre, gruselige Wassergespenster erkennen.

Das Gebiet lädt zu herrlichen, erholsamen Spaziergängen ein. Sollte man in der Euphorie seine Kräfte überschätzt haben, so kann man sich mit der sog. **Panoramabahn** zurück in die Nähe des Einganges bringen lassen.
Baden ist mittlerweile nicht mehr gestattet, und auch die Petrijünger dürfen nicht mehr ihrem Hobby frönen.

WOMO-Wandertipp: Plitwitzer Seen

Für längere Wanderungen, die auch in die urwaldähnlichen Wälder des Hinterlandes führen, wurden neue Wege erschlossen. Bei den Eingängen 1 und 2 erhalten Sie diesbezüglich Informationen sowie eine Wanderkarte. Von der Parkverwaltung werden auch geführte Wanderungen unter sachkundiger Leitung angeboten.

Die Entfernung von SENJ bis zum **Eingang 1** der **Plitwitzer Seen** beträgt 107 km. Nach weiteren 5,5 km erreicht man nahe der Gaststätte „Degenije“ den privaten Stellplatz „Bear camp“.

Wirklich ein hübscher, ebener und sonniger Wiesenplatz bei netten Leuten. Preis pro WOMO ca. 22 Euro inklusive Strom.

(081) WOMO-Stellplatz / Minicamp: Bear camp
GPS: N 44° 56' 53.3" E 15° 38' 11.0"
max. WOMOs: > 5
Ausstattung/Lage: Toilette, Dusche, Wasser, Strom, Beleuchtung, Gaststätte nahebei, Bäcker morgens / außerorts.
Zufahrt: Ca. 5,5 km nach dem Eingang 1, von der Hauptstraße links abzweigen, noch 100 m.

Für ca. 3 Euro pro Person und Fahrt besteht die Möglichkeit mit dem Bus die Seen anzusteuern (Abfahrt täglich 08.30 und 09.00 Uhr, Rückfahrt nachmittags).
Fährt man von diesem Plätzchen noch 1 km weiter, so gelangt man zu einem sehr gepflegten Campingplatz mit einem guten Restaurant inmitten einer lieblichen Hügellandschaft. Die in die Jahre gekommenen Sanitäranlagen sind jetzt überholt. Ein Wermutstropfen: Die Preise liegen leider etwas über dem üblichen Niveau.

(082) WOMO-Campingplatz-Tipp: „Autokamp Korana“
GPS: N 44° 57' 03.4" E 15° 38' 25.6", Catrnja **Öffnungszeit:** 01.04.-31.10.
Ausstattung/Lage: Geschäft, Restaurant, Café, teils Schatten / außerorts.
Zufahrt: 6,5 km nach dem Eingang 1 (Plitwitzer Seen) rechts abbiegen, dann noch 200 m, gut ausgeschildert.

Noch ein Tipp: Vom Campingplatz aus verkehrt ein Shuttlebus zu den Eingängen 1 und 2 bei den Plitwitzerseen. Der Fahrpreis beträgt ca. 3 Euro.
Auf der gleichen Route treten wir die Rückfahrt an, doch am Ortsrand von OTOČAC biegen wir links in Richtung ŠVICA ab. Die Gegend ist ländlich. In blitzsauberen Gemüsegärten gedeihen all die Dinge, die man in der Küche zu schätzen weiß. Einige Schafe weiden friedlich auf der Wiese, und eine Kuh mustert uns mit wenig intelligentem Gesichtsausdruck. Wir passieren einen sumpfigen Weiler, und allmählich schwingt sich das vorwiegend recht ordentliche Sträßchen in höhere Regionen empor - hinauf ins **Velebit-Gebirge**. Auf herrlich blühende Bergwiesen folgen Laub- und Nadelwälder, deren frische Austriebe hellgrün leuchten. Hier in diesen recht einsamen Regionen sollen noch Bären, Wölfe und Raubkatzen hausen. Mittlerweile ist der Sonnenschein einem kräftigen „Schnürlregen“ gewichen. Die Wolken liegen wie große Kissen auf den Bergrücken auf, und damit ist uns leider auch die schöne Aussicht versperrt. Wir durchfahren KRASSNO und laufen danach im **Velebit Nationalpark** ein. Kurz vor dem Örtchen OLTARI zweigt links eine 17 km lange Stichstraße ab, die zu einem

Botanischen Garten führt. Wanderfreunden stehen hier viele Möglichkeiten offen. Die geschotterte enge Straße eignet sich aber nur für nicht allzu wuchtige Wohnmobile. Wohl dem, der einen Roller oder Ähnliches dabei hat.
Wir streben der Küste zu, in vielen Kurven und Serpentinen nähern wir uns wieder der **Adria magistrale**. Der Blick auf die dem Festland vorgelagerten Inseln ist atemberaubend. Kahle, unnahbar wirkende Felskuppen ragen aus dem Meer, ein paar Sonnenstrahlen tauchen eine der Inseln in ein unnatürliches orangegelbes Licht, während die anderen Eilande fahlweiß in der dunkelblauen See ruhen. Durch die sich absenkende Straße verändern sich ständig die Blickwinkel und eröffnen neue faszinierende Perspektiven. Fast bedauern wir es ein wenig, als wir in SV. JURAJ das Niveau des Meeresspiegels erreichen. Wir schwenken in südlicher Richtung auf die Hauptader ein und kämpfen uns in Richtung **Insel Rab** vor. Der Wind bläst kräftig von vorn und teilt auch noch unangenehme Seitenhiebe aus. Leider muss man sich in diesen Gefilden mit solchen Ruppigkeiten öfter auseinandersetzen. Schon bald taucht das Schild „**Trajekt-Car Ferry**" auf, und wir kurven hinunter in Richtung STINICA (Hafen). JABLANAC, der bisherige Hafen, hat ausgedient, er war dem Andrang nicht mehr gewachsen. Kurz vor der Hafeneinfahrt liegt rechts ein verlassenes Fabrikgelände. Wer den maroden Charme mag, kann hier eine Übernachtung in Betracht ziehen.

Insel Rab, reger Fährbetrieb

(083) WOMO-Badeplatz: Alte Fabrik

GPS: N 44° 43' 14.5" E 14° 53' 30.6" **max. WOMOs:** 3-4
Ausstattung/Lage: Kiosk und Toilette im Hafen / außerorts.
Zufahrt: Vor dem Hafen rechts.

Schließlich legen wir das letzte Wegstück zum **Fährhafen** zurück.

Zur Zwischeninformation: Von den Plitwitzer Seen nach STINICA sind es ca. 150 km.

Meist stündlich verkehren die Fähren zwischen STINICA und MIŠNJAK. Sie stellen natürlich nicht nur die Verbindung der beiden Häfen dar, sondern bilden vor allem die „Brücke" zwischen dem Festland und der **Insel Rab** (Fahrdauer ca. 20 Minuten, Preis hin und zurück stolze 65 Euro für zwei Personen und ein WOMO bis 6 m Länge - wieder eine saftige Preiserhöhung im Vergleich zur letzten Recherche).

Der erste Eindruck, den uns das Eiland vermittelt, ist eher spröde und herb - kahle Felsrücken begrüßen uns. Freilich gibt es auch das andere Gesicht. Die Westseite gefällt mit Eichen- und Kiefernwäldern, mit Weinkulturen sowie - jetzt im Frühjahr - durch einen bunten Blütenteppich, der wirklich Laune macht. Mit 94 km² gehört **Rab** zwar nicht zu den größten Adriainseln, doch sie hat einen weitaus wichtigeren Superlativ zu bieten. Die Sonne verwöhnt die Urlauber hier rund 2500 Stunden pro Jahr.

Rab, Stadt der Türme

Sandstrände sind in Kroatien bekanntlich rar gesät, doch hier gibt es welche. Den ersten - wenn auch kleinen - hat PUDARICA (die ehemalige Anlegestelle), ca. 2,7 km nordwestlich des Fährhafens MIŠNJAK, zu bieten.

(084) WOMO-Badeplatz: Pudarica

GPS: N 44° 42' 26.1" E 14° 49' 53.8" **max. WOMOs:** 1-2
Ausstattung/Lage: Dixi-Toilette, Kiosk, Strandbar, Mülltonne / außerorts.
Zufahrt: 2,7 km nach Mišnjak links einbiegen, noch 500 m.

Am Wochenende und vor allem in der Hochsaison ist das Plätzchen bei den Einheimischen recht beliebt und dementsprechend überfüllt und lebhaft. Durch die Erweiterung der Strandbar (in der Saison kräftige Beschallung) ist der ohnehin schon geringe Parkraum nochmals geschrumpft. Der Badeplatz ist daher nur noch in der Nebensaison zu empfehlen.
Fährt man auf der Hauptstraße noch ein Stück weiter, gelangt man nach BANJOL. In der Feriensiedlung, die nicht weit von der „Hauptstadt" RAB entfernt liegt, gibt es einen ordentlichen Campingplatz - natürlich in feiner Meereslage!

(085) WOMO-Campingplatz-Tipp: „Autokamp Padova" in Banjol

GPS: N 44° 45' 09.0" E 14° 46' 26.9" **Öffnungszeit:** Ostern bis 10.10.
Ausstattung/Lage: Geschäft, Restaurant, teilweise schattig, zum Zentrum der Stadt Rab ca. 2 km / Ortsrand.
Zufahrt: Von der Hauptstraße in Banjol zum Meer abbiegen, beschildert.

Rab, Brunnen nahe des Hafens

Über den Strandweg kann man gemütlich in einer knappen halben Stunde nach RAB spazieren. Wir peilen jetzt die besagte Inselhauptstadt an. Der malerische Ort gilt als einer der schönsten der nördlichen Adria und liegt auf einer spitz zulaufenden Landzunge, die wie ein Schiff in den blauen Fluten zu ruhen scheint. Das Wahrzeichen des Städtchens sind die vier in den Himmel ragenden Kirchtürme. Den eindrucksvollsten Blick auf diese und das rote Ziegelmeer der Hausdächer erhält man von der **Burgmauer**. Bedeutendstes sakrales Bauwerk ist der **Dom Sv. Marija Velika** aus dem 11. Jahrhundert, der fast an der Spitze der Landzunge steht. Das prachtvollste weltliche Gebäude - der **Rektorenpalast** - erhebt sich am Hafenplatz. Der Balkon des Palazzo wird von steinernen Löwenköpfen getragen, im Innenhof finden wir ein kleines **Lapidarium** vor. Nahe der palmenumrahmten Hafenpiazza erwarten uns weitere Sehenswürdigkeiten wie beispielsweise das **alte Seetor**, die **venezianische Loggia** mit **Uhrturm** (15. Jht.) und die **Kapelle Sv. Nicola**. Nicht weit davon erheben sich prachtvolle **Patrizierpaläste** und **Residenzen**.

Franziskanerkloster Sv. Eufemija

Westlich der Stadt grenzt der **Komrčar-Park** an. Kiefern, Steineichen und Zypressen spenden in diesem 16-ha-Areal Schatten, es gibt eine hübsche Uferpromenade und einen Badestrand. Rafft man sich zu einem 5-km-Spaziergang auf (entweder durch den Park oder am Ufer entlang), so kann man dem **Franziskanerkloster Sv. Eufemija** einen Besuch abstatten, dessen Mauern auch ein kleines **Museum** beherbergen (geöffnet täglich von 10.00-12.00 Uhr und von 16.00-18.00 Uhr). Will man hingegen ausgiebig wandern, so kann man den 408 m hohen Berg Straža erstürmen. Es ist die höchste Erhebung der Insel - nicht zuletzt durch deren Schutz weist das Eiland sein mildes Klima auf.

WOMO-Wandertipp: Kamenjak, Berg Straža

Gehzeit: 4 Std. **Schwierigkeit:** Leicht **Höhenunterschied:** 400 m
Strecke: Von der Stadt RAB führt ein Wanderpfad in nordöstlicher Richtung hinauf in den Kamenjak-Höhenzug, dessen höchster Gipfel der Straža ist. Herrliche, weite Sicht über die **Insel Rab** und die **Kvarner Bucht**.

Wer seine Füße schonen möchte, bezwingt zwar nicht den Berg Straža, doch das Kloster lässt sich bequem mit dem WOMO anfahren. Parkplätze sind allerdings ziemlich rar. Etwa 400 m weiter gibt es aber reichlich Platz auf einer sonnigen Wiese an einer flachen Bucht.

In der Bucht von Sveti Eufemija

(086) WOMO-Badeplatz: Bucht Sv. Eufemija

GPS: N 44° 46' 10.6" E 14° 44' 09.4" **max. WOMOs:** 3-4
Ausstattung/Lage: Bänke, Spielplatz, Mülltonne / Ortsrand.
Zufahrt: Vom Kloster Sv. Eufemija ca. 400 m in Richtung Kampor fahren, hier links einbiegen.

KAMPOR ist bald erreicht. Das fein herausgeputzte Dörfchen verfügt über einen weitläufigen Sandstrand in einer herrlichen, sehr flachen Bucht. Bei einem ansprechendem Lokal gibt es einige Stellplätze. Das letzte kurze Zufahrtsstück ist etwas schmal mit Ausweichen.

(087) WOMO-Badeplatz / Minicamp: Planka

GPS: N 44° 47' 12.0" E 14° 42' 32.3" **max. WOMOs:** > 5
Ausstattung/Lage: Toilette, Dusche, Strom, Mülltonne, Restaurant / im Ort.
Zufahrt: In Kampor dem Straßenverlauf bis zum Meer folgen, hier links abbiegen, dann noch 400 m bis zum Restaurant Planka.

Der weiläufige Sandstrand von Kampor

Im Norden der Insel liegt der Ferienort LOPAR. Der Weg dahin führt durch eine reizvolle Landschaft. Jetzt im Juni blühen bunte Wiesenblumen und noch immer die goldgelben Ginsterbüsche. Bei der Ortschaft S. DRAGA beginnt eine langgezogene Bucht, in der sich malerisch ein paar winzige Inseln ver-

„Törnt" Sie das an...?

teilen. Es geht noch ein Stück durchs Landesinnere, danach schließlich wieder ans Meer.
LOPAR enttäuscht uns etwas. Es gibt keinen gewachsenen Ortskern, die Häuser liegen verstreut - scheinbar ohne System - am Rand einer weiten sandigen Bucht. Freizeiteinrichtungen jedweder Art, Lokale und die unvermeidlichen Souvenirbuden sind reichlich vorhanden, doch eine gediegene oder heimelige Atmosphäre vermissen wir gänzlich.
Der große schattige **Campingplatz** liegt direkt am flach abfallenden Sandstrand und erweist sich daher als sehr kinderfreundlich. Leider ist er aber schon in der Nebensaison stark frequentiert.

Der Sandstrand bei Lopar

Einen passablen Stellplatz finden wir, indem wir bei DRAGA ein Stückchen linksseitig der Bucht (Richtung DONJA) entlang fahren. Im nicht gerade perfekt aufgeräumt wirkenden Hafen von Dunići stellen wir unser WOMO ab und genießen die Ruhe.

(088) WOMO-Stellplatz: Dunići Hafen
GPS: N 44° 47' 53.9" E 14° 43' 26.6"
max. WOMOs: 2-3
Ausstattung/Lage: Gaststätte in der Nähe / im Ort.
Zufahrt: Von der Abzweigung Donja Supetar/Draga noch 700 m weit fahren, dann rechts ins Hafengelände einbiegen.

Es wird Zeit für uns, sich von der **Insel Rab** zu verabschieden. Wir steuern wieder den Fährhafen MIŠNJAK an und nüt-

zen die Wartezeit auf unseren „Dampfer", um am neuen, gepflegten Toilettenhäuschen noch etwas Wasser zu bunkern.
Sofern man will oder muss (falls einem die letzte Fähre durch die Lappen gegangen ist), lässt sich auf dem großen, geteerten Parkplatz auch eine Übernachtung in Betracht ziehen.
Für die gesamte Inselrundfahrt sind etwa 60 km zu veranschlagen - dann haben Sie annähernd alle Winkel und Ecken gesehen!
Es bietet sich auch eine Erkundung mit dem Drahtesel an. Die Entfernungen sind nicht eben riesig und die meisten Steigungen eher moderat - ebenso lassen auch Einkehrmöglichkeiten nicht lange auf sich warten!
Last but not least: Die Insel Rab rühmt sich Vorreiter in Sachen FKK gewesen zu sein. Hier entstand anno 1936 der erste Nacktbadestrand Kroatiens.
Pikanterweise lag und liegt er in der Eufemija-Bucht, an deren Ende sich das gleichnamige Kloster erhebt. Der britische König Eduard VIII. zählte zu den ersten Gästen, die sich an besagtem Strande hüllenlos vergnügten. Aus diesem Grund spricht man auch von der Englischen Bucht.
Die Bezeichnung FKK wird in „Meyers Großes Hand Lexikon" übrigens folgendermaßen definiert: Die Freikörperkultur (FKK) ist ein Lebensgestaltungsprinzip. Sie umfasst ein gemeinsames Freiluftleben sowie Wassersport beider Geschlechter ohne Bekleidung.
Dem ist eigentlich nichts hinzuzufügen...

KARTE TOUR 7
Rab
Stinica
Velebit-Gebirge
Prizna
Karlobag
Mažurani
Gospič
Trbanj
Šibuljana
Starigrad
Seline
Nationalpark Paklenica
Rovanjska
Novigrad
Posedarje
Ražanac
Murvica
Zadar
Sukošan
Vrsi
Grbe
Nin
Sv. Križ
Velo Blato
Dinjiška
Povljana
Pag
Metajna
Kustići
Časka
Kolan
Šimuni
Novalja
Stara Novalja
Lun
Tovarnele
10 km
WC
B
C
83
89
90
91
92
93
94
95
96
97
98
99
100
101
102
103
104
105
106
107
108
109
110

Tour 7 (Variante 1: 235 km / 7 Tage;

Variante 2: 165 km / 4 Tage)

Variante 1: Stinica - Prizna - Žigljen (Insel Pag) - Novalja - Lun - Pag - Povljana - Nin - Zadar

Variante 2: Stinica - Karlobag - Starigrad - Paklenica Nationalpark - Novigrad - Zadar

Freies Übernachten:	Metajna, Stara Novalja, Tovarnele, Novalja, Sv. Duh, Pag, Povljana, Most Fortica-Ruine, Nin bzw. Variante 2: Starigrad, Seline, Rovanjska, Posedarje.
Campingplätze:	„Straško" in Novalja, „Adria sol" in Novigrad, „Borik" in Zadar bzw. Variante 2: „Paklenica" und „Alan" in Starigrad.
Besichtigen:	Die wilde Natur der Insel Pag, das Städtchen Nin, Altstadt von Zadar bzw. Variante 2: die Kirche von Karlobag und den Paklenica Nationalpark.
Wandern:	Im Paklenica Nationalpark.
Radfahren:	Auf der Halbinsel Lun.
Baden:	An den meisten Anlaufpunkten dieser Tour.

Die Fähre hat uns bereits in STINICA „ausgespuckt". Wir kurven um das niedliche Hafenbecken herum und schrauben uns den Hang hinauf, um hier rechts auf die **Adria magistrale** ein-

Unterwegs auf der Insel Pag

zubiegen. Doch nur für rund 15 km bleiben wir der kurvenreichen Strecke treu, dann geht es schon wieder hinab zum Meer. Achten Sie nicht nur auf das mickrige Schild „**Car Ferry**“, sondern orientieren Sie sich in Richtung PRIZNA! Unaufmerksame Leute (so wie wir) fahren sonst nämlich ein paar Extrakilometer bis sie merken, dass sie über das Ziel hinausgeschossen sind! (Sollten Sie allerdings nicht über die **Insel Pag** weiterreisen wollen, sondern der Küstenstraße folgen, dann blättern Sie doch bitte zur Variante 2 gegen Ende dieser Tour weiter).

Nach diesem kleinen Ärgernis scheint Fortuna sich wieder bei uns einschmeicheln zu wollen. Die Fähre in PRIZNA (Fahrpreis ca. 35 Euro für zwei Personen und ein Wohnmobil bis 6 m Länge) ist bereits ablegebereit! Wir schaffen es gerade noch an Bord, die Klappen gehen hoch, und schon pflügt der „Luxusliner“ durch die brettebene See. Wüssten wir nicht, dass wir dem nackten, kahlen **Eiland Pag** entgegen schippern, so könnte es auch eine Reise zum Mond sein. Wenige Minuten später klettern wir im Fährhafen ŽIGLJEN an Land und sofort den von der Sonne verbrannten Geröllhang hinauf. Ganz so vegetationslos wie die **Insel Pag** aus der Ferne wirkt, ist sie dann doch nicht - zumindest nicht hier. Zwischen den rauhen Felsbrocken wachsen niedrige Stauden und allerlei Kräutlein. Die karstigen Felsrücken durchlaufen eine Unmenge von akkurat aufgeschichteten Steinmauern, die manchmal an geometrische Formen erinnern. Letzte Zweifel, wir könnten doch auf dem Mond gelandet sein, sind jetzt weggewischt - denn die viele Arbeit hätte der Mann im Mond nicht alleine bewältigt!

Bevor wir uns näher umsehen, noch schnell einige Informationen. Die **Insel Pag** misst in der Länge ca. 60 km, die Breite schwankt zwischen 2 km im Nordwesten und 10 km im Südosten. Nur ca. 7500 Seelen wohnen auf dem 285 km² großen Eiland, und diese leben vom Fischfang, der Viehzucht und natürlich vom Fremdenverkehr.

Das Dörfchen Metajna

Unser erster Anlaufpunkt auf **Pag** ist das auf einer Halbinsel gelegene METAJNA, das wir gut 10 km nach dem Abzweig erreichen. Die Fahrt durch diese kahle, seltsam anmutende Steinlandschaft bereitet Freude. Nach der Passage von einigen Feriendörfchen laufen wir im Hafen von METAJNA ein. Viel Platz bietet der quirlige Ort allerdings nicht.

(089) WOMO-Badeplatz: Metajna
GPS: N 44° 30' 28.8" E 15° 00' 37.9" **max. WOMOs:** 1-2 (kleinere)
Ausstattung/Lage: Gaststätten, Bänke, Geschäft nahebei / im Ort.
Zufahrt: Im Hafen von Metajna.

Noch ehe wir den Badeort NOVALJA besuchen, unternehmen wir einen Abstecher ins 6 km entfernte STARA NOVALJA. Der ehemalige Fähranleger wird nur noch im Ausnahmefall von den Jadrolinija-Schiffen angelaufen. Das geschieht immer dann, wenn die Bora zu wild bläst, denn dieser Hafen liegt geschützter als der jetzige. Gleich zu Beginn der Ortschaft erstreckt sich ein schöner Sandstrand entlang dem Ufer. Es ist sozusagen das **Freibad** von STARA NOVALJA. Neben zwei Umkleidekabinen sind auch zwei Toiletten vorhanden sowie ein Bootsverleih, ein Kiosk und eine Strandbar. Eintritt wird nicht erhoben. Auf der anderen Straßenseite dehnt sich ein sonniger Wiesenparkplatz (gebührenpflichtig, ca. 12 Euro/Tag) aus, der auch zum Übernachten taugt. Ein sich in der Nähe befindender Nachtclub ist geschlossen, stellt also keinen Störfaktor mehr dar. Das Gebäude zeigt sich mittlerweile halb verfallen, eine Neueröffnung scheint sehr unwahrscheinlich.

Meer Bier ?!

(090) WOMO-Badeplatz: Stara Novalja Strandbad
GPS: N 44° 34' 16.0" E 14° 53' 16.2" **max. WOMOs:** > 5
Ausstattung/Lage: Restaurant in der Nähe, Toilette, Kiosk, Mülltonne / Ortsrand.
Zufahrt: Direkt vor Stara Novalja rechts.

Fährt man die Stichstraße bis zum Ende ab, gelangt man zum früheren Fähranleger bzw. zur Konoba „Porat“. Der große, geteerte und sonnige Platz bietet sich ebenso zum Übernachten an. Mit ein paar Turnübungen schafft man es auch, über einen felsigen Ministrand ins Wasser zu kommen.

(091) WOMO-Badeplatz: Stara Novalja Hafen

GPS: N 44° 36' 13.4" E 14° 52' 22.2" **max. WOMOs:** 4-5
Ausstattung/Lage: Restaurant, Mülltonne / Ortsrand.
Zufahrt: Beim Hafen am Ende der Stichstraße.

Wir wenden uns NOVALJA zu. Kurz nach dem Ortsbeginn drehen sich in zwei Restaurants ein Schwein und ein Lamm am Spieß, und der Duft knusprigen Fleisches steigt uns in die Nase - ein Abendessen hier ist schon beschlossene Sache!
Doch zunächst stellen wir unser Mobil am gebührenpflichtigen Parkplatz im Hafen (3 Euro/Tag) ab.

(092) WOMO-Badeplatz: Novalja Hafen

GPS: N 44° 33' 33.9" E 14° 52' 28.6"
max. WOMOs: 3-4
Ausstattung/Lage: Bäckerei, Gaststätte, Beleuchtung, Mülltonne, zum Zentrum ca. 300 m / im Ort.
Zufahrt: Von der Durchgangsstraße die zweite (westliche) Abfahrt ins „Centar" nehmen, vom Kreisverkehr noch 1,4 km, dann rechts.

Einen weiteren, recht idyllischen Badeplatz finden wir bei der „Babe Beach Bar". Parken kann man hier noch zum Nulltarif, allerdings benötigt man einige Minuten mehr um zu Fuß ins Zentrum zu gelangen.

(093) WOMO-Badeplatz: Novalja „Babe Beach Bar"

GPS: N 44° 33' 59.1" E 14° 51' 53.7" **max. WOMOs:** 2-3
Ausstattung/Lage: Strandbar, Dixi-Toilette / außerorts.
Zufahrt: Wie beim Platz zuvor die zweite (westliche) Abfahrt zum Zentrum nehmen, vom Kreisverkehr 500 m fahren, hier rechts dem Hinweisschild Babe Beach Bar folgen, noch 600 m (teils schmal).

Wir schlendern entlang dem Strand in Richtung Stadtmitte. An prächtigen Blumenrabatten und einem munteren Springbrunnen merken wir, dass wir uns dem Zentrum nähern. Etliche Restaurants reihen sich aneinander und zeigen sich allesamt gepflegt und gemütlich. Zwei dunkelgekleidete alte Frauen haben auf einem Tischchen die berühmten **Pager Spitzen** ausgebreitet. Diese kunstvollen Handarbei-

Kroatische „Spitzenkünste"

ten sind sehr aufwendig genäht und vermutlich das Ergebnis langer, touristenloser Wintermonate. Die wenigen Gassen im Zentrum sind schnell abgeklappert. Interessant ist das **Ethnographische Museum** gegenüber dem **Rathaus**. Von hier aus gelangt man im Rahmen einer Führung in einen 200 m langen Stollen, der aus der Römerzeit stammt. Er diente seinerzeit als unterirdische Wasserleitung und verläuft zum Hafen (geöffnet täglich von 09.00-12.00 Uhr, Eintritt 2 Euro).
NOVALJA bietet einen hübschen Campingplatz, der über einen endlos langen, schmalen Kiesstrand verfügt. Der Platz wurde mit erheblichem Aufwand neugestaltet und die Sanitäranlagen komplett renoviert. Empfehlenswert, in der Saison jedoch stark frequentiert, ergo lebhaft und nicht gerade billig!

(094) WOMO-Campingplatz-Tipp: „Autokamp Straško" in Novalja
GPS: N 44° 32' 39.3" E 14° 52' 47.4", Trg Loža **Öffnungszeit:** 10.04.-01.10.
Ausstattung/Lage: Geschäfte, Restaurants, Pizzeria, Kioske, Freizeitzentrum, FKK-Teil, schattig, zum Zentrum ca. 2 km / außerorts.
Zufahrt: Von der Durchgangsstraße meerwärts abbiegen, noch 1,5 km.

Autokamp Straško, der ausladende Strand

Der nördliche Teil der **Insel Pag** wird von der schmalen, langgestreckten **Halbinsel Lun** eingenommen, die landschaftlich sehr reizvoll ist. Je weiter man auf der recht anständigen Straße in sie eindringt, um so grüner wird sie. Quälen sich anfangs nur Gräser und Disteln aus dem Geröll, so gesellen sich bald hartlaubiges Gesträuch, später auch Feigen- und kleinblättrige Olivenbäume dazu. Unermüdliche Hände haben auch hier endlose Steinmauern errichtet, zwischen denen Schafe ihre Freiheit genießen und friedlich weiden. Lässt man den Blick weiter in die Ferne schweifen, so sieht man zur Linken die **Insel Lošinj** und auch andere kleinere Felskuppen im tiefblauen Meer ruhen. Rechter Hand ragt jenseits der schönen Adria das gewaltige **Velebit-Massiv** auf. Wir passieren zwei kleine Tümpel, deren Ränder mit Schilf bestanden sind und erfreuen uns an der immer dichter werdenden Macchia mit ihren farbenfrohen Blüten.

Bald sehen wir den Hinweis zum „Kamp Drazica“, ein schlechter und schmaler ca. 900 m langer Zufahrtsweg führt zu diesem am Meer gelegenen Platz.

Wir touren weiter. Vor den Toren des verschlafenen Nestes LUN trotzen uralte Olivenbäume mit dicken, knorzigen Stämmen schon lange Wind und Wetter. Etwas Erhabenes strahlen diese Bäume aus!

Lun: Halbinsel mit herbem Charme

Von LUN führt eine Einbahnstraße nach TOVARNELE, dem letzten Ort an der Spitze der Halbinsel. Ein paar Häuschen gruppieren sich um einen winzigen Hafen, in dem eine Handvoll „Nussschalen“ im Wasser schaukeln. Bademöglichkeiten finden sich am felsigen Strand nach dem Hafenrund. Die Anzahl der Stellplätze für Wohnmobile ist (durch Verbotsschilder) begrenzt.

Wichtig: Ohnehin sollte man TOVARNELE nur mit einem VW-Bus oder Ähnlichem und nur in der Nebensaison anlaufen - es geht recht beengt zu. Alternativ lässt sich TOVARNELE auch mit dem Zweirad erkunden.

(095) WOMO-Badeplatz: Tovarnele

GPS: N 44° 41' 33.9" E 14° 44' 08.8" **max. WOMOs:** 2-3
Ausstattung/Lage: Geschäft, Imbiss, Restaurant / im Ort.
Zufahrt: Direkt am Hafen und entlang des weiteren Wegverlaufes.

Mit 20% Steigung kehrt die Einbahnstraße in einem Bogen nach LUN zurück. Das Steilstück braucht aber niemanden zu

„Kleine Auszeit“ in Tovarnele

schrecken, es ist nur sehr kurz. Die Entfernung von NOVALJA nach TOVARNELE beträgt (einfach) ca. 20 km.
Gerne wird diese Strecke auch von Fahrradfahrern genutzt. Die Steigungen sind nicht allzu gemein, und wem das ganze Stück zuviel erscheint, der kann sich ja auf eine kürzere Etappe beschränken.
Wir sind nun neugierig auf den Süden der Insel. Über NOVALJA geht es zurück. Wir entdecken am Ortsende einen großen Parkplatz, der kurz vor der Fertigstellung steht. Ca. 2 km nach dem Ort zweigt links ein Sträßchen zum Meer ab (**Uvala Zrće**). Nachdem man seine Parkgebühr entrichtet hat, darf man auf dem riesigen Parkareal sein Fahrzeug abstellen, am ebenen riesigen Sandstrand Badefreuden nachgehen oder in einem großen Restaurant speisen. Noch vor einigen Jahren galt dieses seinerzeit naturbelassene Gelände als Geheimtipp für lauschige Übernachtungen, jetzt wird dieses Ansinnen höflich, aber bestimmt abgeschlagen.
Unser neues Kursziel ist jetzt PAG-Stadt. Auf dem Weg dahin

empfiehlt sich noch ein Abstecher nach SV. DUH (prima Alternative zu gerade genanntem Platz). Hier findet man einen weitläufigen, naturbelassenen Strand mit reichlich Stellmöglichkeiten. Am östlichen Ende haben sich einige Wohnwagen fest etabliert. Mittlerweile ist diese Ansammlung zu einem richtigen Camp mutiert. Es gibt sogar ein Toilettenhäuschen, das aber während unserer letzten Visite durch einen Zaun unzugänglich war.

(096) WOMO-Badeplatz: Sv. Duh

GPS: N 44° 30' 56.6" E 14° 57' 15.8" **max. WOMOs:** > 5

Ausstattung/Lage: u.U. Toilette/außerorts.

Zufahrt: Nach Novalja aber noch vor Kolan links nach Sv. Duh abbiegen, dann noch ca. 800 m bis zum Meer fahren.

Der Weiler KOLAN, einziges Dörfchen der Insel, welches nicht am Meer liegt, breitet sich vor uns in einer Senke aus. Der Hang dahinter ist von unzähligen Steinmäuerchen durchlaufen, die wie mit dem Lineal gezogen scheinen. Schafe tummeln sich im Geröll und lassen sich die vom Salzwind verkrusteten Kräutlein schmecken, was dem aus ihrer Milch gewonnenen Käse eine besonders würzige Note verleiht. Auf einigen fruchtbareren Feldern gedeihen Rebstöcke, deren Trauben die Einheimischen selbst keltern. Einige Kurven weiter öffnet sich der Blick auf das malerisch am Meer gelegene Dörfchen ŠIMUNI mit seiner stattlichen **Marina** und einem hübsch gelegenen **Campingplatz** (ganzjährig geöffnet) Schließlich nähern wir uns PAG. Von einem Parkplatz am Berghang genießt man eine wunderbare Aussicht über die Inselmetropole, die kahlen Höhenzüge im Hintergrund und die weitläufigen **Salinen**, die an das Städtchen angrenzen. Diese Salzgewinnungsanlagen sind die bedeutendsten von ganz Kroatien.

Strandvergnügen in Pag

Zunächst bietet das Städtchen zwei große, günstig gelegene Parkplätze - günstig sowohl zum Baden als auch für eine Stadtbesichtigung. Der zweite Platz, nahe der großen Wasserrutsche, wirkt etwas einladender.

(097) WOMO-Badeplatz: Pag Plaza

GPS: N 44° 26' 26.9" E 15° 02' 49.5" **max. WOMOs:** > 5
Ausstattung/Lage: Bäckerei, Restaurant, Dixi-Toilette am Strand / Ortsrand.
Zufahrt: Von der Hauptstraße vor dem Damm links abbiegen, noch 800 m (blauer Parkplatzhinweis Plaza).

Der Wettergott ist uns nicht gewogen. Feiner Sprühregen setzt ein und ärgert uns bei der Stadtbesichtigung. Der dalmatinische **Baumeister Juraj Dalmatinac** plante einst den Ort im Schachbrettmuster - alle Gässchen im Zentrum verlaufen parallel - was ihm letztendlich auch ein schönes **Denkmal** am Marktplatz einbrachte. Hier erhebt sich auch die prachtvolle **Basilika** mit ihrer hübsch verzierten Fassade. An vielen Hauseingängen liegen die kunstvoll gefertigten Deckchen - die **Pager Spitzen** - zum Verkauf aus. Wieder sind es dunkel gekleidete alte Frauen, die aus fast zahnlosen Mündern ihre Waren anpreisen. Der Regen wird heftiger. Wir flüchten in unser WOMO und touren weiter südwärts - entlang der nicht enden wollenden Salinenbecken. Nach einigen Kilometern biegen wir rechts ab nach POVLJANA. Begleitete uns gerade noch meterhohes Schilf neben der Straße, so wird es jetzt karstiger und öder. Der Wind braust über das Land und stemmt sich gegen die dunklen Wolken an. In POVLJANA schaut die Welt schon wieder etwas freundlicher aus. Die kleine Gemeinde bietet keine Sensationen, wohl aber geschäftstüchtige Einwohner. Auf Tischchen oder einfach nur auf der Gartenmauer aus-

Povljana: Kleinod nahe dem Badestrand

Am Strand von Povljana

gebreitet, wird alles feil geboten, was ein paar Kuna einbringen könnte. Obst, Gemüse, Limonadenflaschen, Coladosen - es ist so anrührend, da kann man kaum widerstehen!
Nahe der **Kapelle Sv. Nicola** gibt es einen hübschen Wiesenplatz mit einem langen schmalen Sandstrand.

(098) WOMO-Badeplatz: Povljana

GPS: N 44° 20' 34.1" E 15° 06' 25.2"
max. WOMOs: 3-4
Ausstattung/Lage: Toilette, Dusche, Kiosk, Mülleimer / Ortsrand.
Zufahrt: Im Ort bis zur Kirche mit dem freistehenden Glockenturm fahren, hier den Hinweisen Perilo bzw. Sv. Nicola folgen (noch ca. 700 m).

Mit einem Salatkopf und einer Gurke mehr im Gepäck (aus dem „Privatshop") peilen wir jetzt DINJIŠKA an. Ein schmaler, kaum befahrener Teerweg verirrt sich hinaus in eine spröde Steinwüste, die nur von scheuen Schafen bewohnt ist. Der herbe Charme des Landstrichs zieht uns in seinen Bann. Bald erreichen wir den **Süßwassersee Velo Blato**, der je nach Jahreszeit zwischen ein und fünf Kilometer Länge erreicht. Ein Dutzend Lämmer, begleitet von den Muttertieren, kreuzt das Sträßchen. Die Jungen gebärden sich wie wild, wir bleiben vorsichtshalber erstmal stehen und gewähren Vorfahrt.

„Sansoschäfchen" sind das allerdings keine, sie wirken genauso zerzaust wie die Landschaft...
Eigentlich viel zu schnell erreichen wir wieder die Hauptstraße und gleich danach DINJIŠKA, das über eine schöne Promenade verfügt. Das Südende der Insel gestaltet sich sehr eindrucksvoll. Zwischen den nackten, hellen Felskuppen schneidet sich ein tiefblauer Fjord tief ins Gestein. Nur wenige Disteln, etwas niedriger Thymian sowie blaublühender Salbei überleben hier, und einige widerstandsfähige Sträuchlein dukken sich unter dem Wind und der gleißenden Sonne. Die **Brükke Paški most** schlägt mit rund 340 m Länge die Verbindung zum Festland (Gebühren werden keine erhoben). Ca. 200 m vor der Brücke zweigt rechts ein Sträßchen zur **Ruine Most Fortica** ab. Eine Beschilderung fehlt gänzlich. Doch auch wenn man schon glorreich an diesem Abzweig vorbeigedüst ist, sollte man unbedingt wenden und den kleinen Abstecher unternehmen. Die trutzige Burgruine thront erhaben auf dem Kamm eines fahlweißen Felsrückens und hat wohl schon viele Jahrhunderte gesehen. Die edlen Ritter sind längst den heutigen Bewohnern - einigen Schafen - gewichen. Direkt an diesem alten Gemäuer befindet sich ein ebener, geteerter Parkplatz. Eine Etage tiefer gibt es einen weiteren. Entweder über eine Leiter oder über kantige Felsen kann man in die Fluten steigen und ein erfrischendes Bad nehmen. Tagsüber verirren sich einige Touristen oder Angler an dieses Plätzchen, abends wird es sehr ruhig.

Parkplatz nahe der Burgruine Most Fortica

(099) WOMO-Badeplatz: Most Fortica

GPS: N 44° 19' 23.4" E 15° 15' 18.1" **max. WOMOs:** > 5
Ausstattung/Lage: Ringsum tolle Gegend / außerorts.
Zufahrt: 200 m vor der Paški-Brücke rechts abbiegen, noch 700 m.

Nach ungestörter Nachtruhe verlassen wir die **Insel Pag** und genießen noch einmal von der Brücke aus eine andere Perspektive auf die graue Steinruine. Die meisten Vorbeireisenden scheinen sich mit diesem Blick zu begnügen. Nach der Inselrundfahrt stehen nun ca. 135 km mehr auf dem Tacho-

Blick von der Brücke Paški most

meter. Der erste Anlaufpunkt auf dem Festland ist das etwas abseits gelegene beschauliche Städtchen NIN, das wir nach gut 30 km erreichen. Gleich am Ortsanfang gibt es einen netten Stellplatz bei einem Kanal, in dem etliche Boote dümpeln. Auf der anderen Seite erwartet uns das Meer mit einem recht ansehnlichen Sandstrand.

(100) WOMO-Badeplatz: Nin 1

GPS: N 44° 14' 48.0" E 15° 11' 49.1" **max. WOMOs:** 3-4
Ausstattung/Lage: Bank, Strandbar, Mülleimer / Ortsrand.
Zufahrt: Vom Ortsende Grbe weiter in Richtung Nin fahren, nach ca. 900 m vor einem Kanal rechts abbiegen, dann noch 400 m, hier links.

Gegenüber dem Platz besteht auch die Möglichkeit bei Privatleuten unterzukommen - für zwei oder drei WOMOs reicht der kleine Wiesenfleck.

(101) WOMO-Badeplatz/Minicamp: Nin Gärtchen

GPS: N 44° 14' 45.7" E 15° 11' 49.1" **max. WOMOs:** 1-2
Ausstattung/Lage: Toilette, Wasser, Dusche, Mülltonne, Strom / im Ort.
Zufahrt: Vom Ortsende Grbe weiter in Richtung Nin fahren, nach ca. 900 m vor einem Kanal rechts abbiegen, dann noch 400 m, hier rechts..

Fährt man auf der Hauptstraße noch ein Stückchen weiter (linker Hand Salzmuseum) und biegt die zweite Straße nach dem Kanal rechts ab, so bietet sich auf der linken Seite ein direkt am Meer gelegener Wiesenstreifen zum Übernachten an. Das Areal ist eben und sonnig. Allerdings ist dieser Platz wegen der relativen Zentrumsnähe teilweise gebührenpflichtig (tagsüber von 07.00 bis 19.00 Uhr und zwar in der Zeit vom 01. Juni bis 30. September).

(102) WOMO-Badeplatz: Nin 2

GPS: N 44° 14' 47.8" E 15° 11' 22.7" **max. WOMOs:** > 5
Ausstattung/Lage: Kleines Geschäft, Beleuchtung, Stranddusche / Ortsrand.
Zufahrt: Nach dem Kanal die zweite Straße rechts abbiegen (Hinweis Autocamp Dišpet), noch ca. 300 m.

Der Campingplatz Dišpet, dessen Einfahrt sich gleich nach dem „Mini-Market" rechts befindet, bietet viel Grün und reichlich Schatten. Eine gute Alternative für die ganz heißen Tage!

Sv. Križ, die kleinste Kathedrale der Welt

Wir rollen hinein in den Ort und nehmen den relativ großen, gebührenpflichtigen Parkplatz nahe der **Salinen** in Anspruch.

Das geschichtsträchtige Städtchen wird als Wiege des kroatischen Staates und seiner Kultur betrachtet. Der Ursprung reicht zurück auf das Jahr 621, als der südslawische Stamm der Kroaten Istrien und Dalmatien besiedelte. 846 gründete Fürst Trpimir die erste kroatische Herrscherdynastie, deren Residenz NIN war. Sein Nachfolger - Fürst Branimir - erklärte seine Treue zur Römischen Kirche. Im Gegenzug erkannte Papst Johannes VII den kroatischen Staat an.

Bischof Grgur Ninski

Nahe des winzigen Zentrums erhebt sich inmitten eines Ausgrabungsfeldes die **kleinste Kathedrale der Welt - Sv. Križ** (günstig gelegener Wasserhahn an der Grünanlage bei der Kirche). Gegenüber diesem Superlativ erinnert eine **Statue** an den mutigen **Bischof Grgur Ninski**, der in der kroatischen Kirche statt Latein das den Bürgern verständliche Glagoliza durchsetzte. In der Hauptzeile steht

die mehrfach umgebaute **Kirche Sv. Anzelmo** mit einem romanischen **Glockenturm** und einer sehenswerten **Schatzkammer**. Schlendert man die gepflasterte Gasse hinunter, so gelangt man durch das **Untere Tor** zu einer Hafenbucht.
Wir verlassen NIN in Richtung ZADAR. Nach dem Ort entdekken wir rechts in einer Wiese das **Wehrkirchlein Sv. Nikola** aus dem 11. Jahrhundert. Das auf einer Anhöhe über das Land wachende Gotteshaus gleicht eher einem Wehrturm als einer Kirche.
Knapp 20 Kilometer weiter begrüßt uns die bedeutende Hafenstadt ZADAR. Ein Fahrradweg der nahe NIN beginnt, begleitet in weiten Teilen diesen Streckenabschnitt.

Dom Sv. Stošija in Zadar

Die 80.000 Einwohner finden natürlich schon lange nicht mehr ihren Lebensraum in der Altstadt, die auf einer Landzunge liegt und daher nur begrenzte Flächen hat. Das Häusermeer zieht sich kilometerlang der Küste entlang, und zentrumsnahe Parkplätze sind Mangelware. Am Ortsrand bietet ZADAR einen recht hübschen, im lichten Wald gelegenen Campingplatz, der leicht zum Meer hin abfällt. Leider erweist sich der Pflegezustand als schlecht, die Sanitäranlagen sind veraltet - dafür ist der Preis unangemessen hoch. Einen weiteren Campingplatz sucht man in ZADAR vergebens.

(103) WOMO-Campingplatz-Tipp: „Borik" in Zadar

GPS: N 44°08'04.7"E15°12'58.0", Majstora Radovana **Öffnungszeit:** 15.05.-30.09.
Ausstattung/Lage: Geschäfte nahebei, Restaurant (nur Hochsaison), zum Zentrum 5 km, vorwiegend Schatten / im Ort.
Zufahrt: Vor Zadar rechts in Richtung Puntamika/Borik (Ortsteil von Zadar) abbiegen, beschildert.

Im Umfeld des Platzes gibt es einige ansprechende Restaurants. Wählt man eins in Meernähe, so kann man beim Speisen wunderschöne Sonnenuntergänge genießen.
Eine gute Alternative zum Campingplatz Borik stellt der große Parkplatz (gebührenpflichtig in der Saison) beim **Yachthafen/Segelclub** dar.

(104) WOMO-Badeplatz: Zadar Uskok

GPS: N 44° 07' 42.6" E 15° 12' 50.7" **max. WOMOs:** > 5

Ausstattung/Lage: Toilette, Gaststätte, Spielplatz, Mülltonnen / im Ort.

Zufahrt: Am Campingplatz Borik vorbei fahren und dem Straßenverlauf 1 km folgen, dann rechts einbiegen.

Direkt am Eingang des Campingplatzes sowie nahe dem Hafenparkplatz befinden sich **Bushaltestellen**. Die **Linien Nr. 5** und **8** bedienen alle zwanzig Minuten die Route in die Innenstadt. Die Haltestelle dort befindet sich nahe der breiten Fußgängerbrücke, die über einen Meeresarm zur Altstadt führt. Für die Rückfahrt greifen Sie auf die Busstation der gegenüber liegenden Straßenseite zurück.

Über besagte Brücke überqueren wir die Bucht und bewundern die vielen kleinen und großen Pötte, die hier vor Anker liegen. Durch ein steinernes Tor schreiten wir in die Innenstadt. In gerader Linie gelangen wir zum **Platz der Nation** (Narodni trg), wo sich die **Stadtwache**, die **Loggia** (dient als Ausstellungshalle) und das prachtvoll verzierte **Rathaus** befinden. Wir schlendern von diesem Platz rechts eine Gasse hinauf, entsagen (erstmal) einem Cappuccino und gelangen zu einem Ensemble von Sehenswürdigkeiten. Wir staunen über die zweigeschossige **Rundkirche Sv. Donat** mit dem **antiken Forum**. Die Kirche ist verbunden mit dem romanischen **Dom Sv. Stošija**, in dessen Apsis sich der **Sarkophag** der **Heiligen Anastasia** befindet (geöffnet täglich 08.00-12.00 Uhr und 18.00-20.00 Uhr). Nebenan lassen sich im **Archäologischen Museum** eine Vielfalt wertvoller Exponate bewundern, geöffnet täglich von 09.00-14.00 Uhr und von 17.00-21.00 Uhr (Eintritt ca. 3 Euro).

In nur wenigen Gehminuten erreicht man von hier das südwestliche Altstadtende und somit auch die Meeresorgel, angeblich die einzige auf der Welt! Auf einer Länge von 70 m sind Steintreppen verbaut, die von einem Rohrsystem durchzogen sind. Durch das Zusammenspiel der Wellen und der Luft, die den unterschiedlich starken Rohren entweicht, entstehen Töne. Wir setzen uns auf die Treppen und

Die Meeresorgel in Zadar

geben uns den mystischen Klängen hin - interessant!

Zadar: Der Gruß an die Sonne

Gleich neben der Meeresorgel erfreut ein weiteres Werk des selben Künstlers die Besucher: „Der Gruß an die Sonne!“ Auf dem Niveau der Uferpromenade sind in einem Kreis von 22 m Durchmesser ca. 300 Glasplatten eingelassen. Die Formgebung ist einem Amphitheater nachempfunden. Abends sorgen Lichteffekte für einen besonderen Reiz.

Ein paar Schritte weiter in nördlicher Richtung (ausgehend vom **Dom Sv. Stošija**) treffen wir auf die dreischiffige **Kirche Sv. Krševan**, deren Inneres alte Säulen mit korinthischen Kapitellen unterteilen. Jetzt stapfen wir in südöstlicher Richtung zum „Bunten Markt“, an dem unzählige, fest installierte Holzstände reichlich Platz für Obst und Gemüse bieten. Am Nachmittag sind allerdings die meisten Stände schon verwaist - das Gleiche gilt auch für den Fischmarkt. Der weitere Spaziergang führt uns vorbei an der **Sv. Šimun Kirche**, in der die Gebeine des Heiligen Simeon ruhen, und schließlich über den **5-Brunnen-Platz** in die schönen schattigen Parkanlagen.

Zadars berühmter 5-Brunnen-Platz

Von da aus kann man einen Blick auf das reich verzierte **Landtor** erhaschen. Hier beenden wir unsere kleine Exkursion und bummeln langsam zurück. Jetzt ist auch der Cappuccino fällig - einladende Cafés dafür gibt es wahrlich genug!

Für unseren Rundgang haben wir uns zuvor mit einem Stadt-

plan bewaffnet (Campingplatz oder eine der zahlreichen Touristeninfos). Das Altstadt-Areal ist zwar nicht allzu riesig, doch mit System klappt es einfach besser!
ZADAR vorgelagert sind die norddalmatinischen **Inseln Ugljan** und **Pašman**, die untereinander durch eine Brücke verbunden sind. Sie sind (in einer knappen halben Stunde) mit der Fähre erreichbar, ebenso wie die noch weiter im Meer draußen liegende **Insel Dugi Otok** (Lange Insel). Letzteres Eiland wird eher selten angelaufen, die Überfahrt dauert etwa 1,5 Stunden. Südlich von **Dugi Otok** schließt das **Inselarchipel** der **Kornaten** an, welches als **Nationalpark** ausgewiesen ist. Zwischen den großen Inseln ist eine Vielzahl von kleineren und winzigen Inseln eingestreut. Eine Erkundung mit dem Wohnmobil erscheint uns zu aufwendig. Wer einen Motorroller mit sich führt, kann mit diesem vielleicht den einen oder anderen Ausflug unternehmen. Es gibt aber noch eine Alternative! Fast täglich verkehren **Ausflugsboote** vom Hafen in ZADAR hinaus in die weite Inselwelt.
Besonders beliebt ist folgende Variation: Ca. um 08.30 Uhr verlässt man an Bord eines solchen Schiffes ZADAR und schippert durch die blaue Adria. Nach eventuellen Zwischenaufenthalten erreicht man den **Nationalpark** der **Kornaten**. Dieses Archipel mit seinen zahlreichen kahlen Inselkuppen übt einen besonderen Reiz aus und ist ein Dorado für Taucher - die Unterwasserwelt ist faszinierend! Das vorgeplante Programm sieht genug Zeit vor, um zu baden, spazieren zu gehen oder eben zu tauchen. Die Rückkehr erfolgt am gleichen Tag etwa um 18.00 Uhr. Im Preis von ca. 35-40 Euro ist die Verpflegung inbegriffen, ebenso wie der Eintritt in den Nationalpark. Erkundigen Sie sich vor Ort! Die Preise und Modalitäten schwanken, ein Vergleich hilft, für sich das Richtige zu finden und eventuell auch ein paar Euro zu sparen.

Tour 7: Variante 2

Falls nicht gerade ein hochsommerlicher Stau den Verkehrsfluss hindert, so ist die Küstenstraße der schnellere Weg, um nach ZADAR zu gelangen. Zwar gibt es reichlich Kurven, doch im Allgemeinen zeigt sich die **Magistrale** in einem anständigen Zustand, man kann also nicht klagen. Wir durchfahren etliche Nester, die kaum mit Sensationen aufwarten können, aber landschaftlich herrlich liegen. Geradezu spektakulär aber sind die Ausblicke auf die **Insel Pag**, deren nackte helle Felsen - scheinbar jeder Vegetation beraubt - aus dem stahlblauen Meer herauswachsen. Erste bedeutendere Ortschaft ist KARLOBAG. Früher liefen von hier die Fähren nach **Pag** aus

Interessante Kirche in Karlobag

und sorgten oft für chaotische Verhältnisse. Seit die Linie eingestellt ist, verläuft das Leben ruhiger. Am Ende des Ortes beschreibt die Straße einen ausgeprägten Linksbogen, und auf der Meerseite befindet sich ein relativ großer Parkplatz, der zu einem Zwischenstopp einlädt. Der angrenzende Badestrand mit betonierten Liegeflächen und seinem glasklaren Wasser zwingt fast dazu. Gegenüber auf der Bergseite erhebt sich ein markant und eigenwillig gestaltetes **Kirchlein**.

Weiter geht es auf der **Magistrale**, und man kann sich an der faszinierenden Landschaft kaum sattsehen. Nach rund 90 km (von STINICA gerechnet) heißen uns die ersten Werbetafeln von STARIGRAD willkommen. Dieses langgestreckte Städtchen ist der Ausgangspunkt für einen Ausflug in den **Paklenica-Nationalpark**, der bereits 1949 zum Naturschutzgebiet erklärt wurde.

Wir folgen den Hinweisen, die uns nach links schicken - direkt in die karstigen Felswände des **Velebit** hinein. Zunächst sehen wir aber noch die Hinweistafeln der **Privatcamps**, mit denen sie Urlauber in ihre Gärten locken wollen. Empfehlenswert ist das Anića Kuk.

(105) WOMO-Stellplatz/Minicamp: Anića Kuk

GPS: N 44° 17' 22.8" E 15° 27' 14.2" **max. WOMOs:** 3-4
Ausstattung/Lage: Wasser, Toilette, Dusche, Mülltonne / im Ort.
Zufahrt: Von der Hauptstraße zum Paklenica-Park abbiegen, nach 400 m links.

Ca. 800 m nach der Abzweigung plätschert links - direkt an der Straße - ein Wasserhahn. Es geht um ein paar enge Hausecken herum, und schon stehen wir am Eingang des Parks (GPS: N 44° 17' 36.3" E 15° 27' 26.8"). Übernachten ist nicht mehr gestattet, doch man kann entweder hier seine Wanderung beginnen oder nachdem man pro Nase ca. 7 Euro ge-

Eingang zum Paklenica-Nationalpark

löhnt hat (Kinder 3,5 Euro, bis 7 Jahre frei), ca. 2 km weiterfahren und dort sein Fahrzeug auf einem Parkplatz deponieren und von hier aus weiterstapfen. Auch das Übernachten innerhalb des Parkes ist ausdrücklich aus verständlichen Gründen untersagt. Jetzt geht es nurmehr zu Fuß weiter und bitte, nur mit festem Schuhwerk! Vor uns öffnet sich die **Velika Paklenica** - eine wilde tiefe Schlucht mit steil aufragenden weißgrauen Felsen. Die imposanten Wände sind eine Herausforderung für Freeclimber, die hier an ihre Grenzen gehen können, doch auch dem „herkömmlichen Wandervogel" steht ein weites Betätigungsfeld offen. Der Weg verläuft ein kurzes Stück eben, danach steigt er ordentlich an und verläuft über grobe Steine. Stets ist er aber befestigt. Ein Bächlein begleitet den Pfad. Das Wasser plätschert munter um große Findlinge herum, springt über felsige Stufen und sammelt sich bisweilen in kleinen Becken und Gumpen. Diese eignen sich vorzüglich zur Abkühlung geschundener Füße, manche auch für ein erfrischendes Bad - Badesachen bei warmen Temperaturen mitzunehmen, lohnt sich! Der steilere Anstieg endet nach etwa 45 Minuten, und danach geht es gemütlich auf ebenem Weg weiter (zuvor Trinkwasserstelle), wobei Hainbuchen angenehm Schatten spenden. Mit etwas Glück erspäht man einen Steinadler, der seine Kreise zieht, oder entdeckt sogar ein Exemplar der sehr selten gewordenen Gänsegeier. In den abgelegeneren Regionen leben auch noch Braunbären, Wölfe und Wildkatzen.

Indianer in der Velika-Paklenica-Schlucht

Übrigens war dieser Canyon, den das Wasser in jahrtausendlanger Arbeit in den Gebirgsstock gefressen hat, in den 1960er Jahren einer der Schauplätze für die Winnetou-Verfilmung von Karl May. Heute erinnert allerdings nichts mehr an Old Surehand, Sam Hawkins und Konsorten, und hinter den Felsen lauern keine Rothäute mehr.

WOMO-Wandertipp: Paklenica National Park

Gehzeit: 3,5 Std. **Schwierigkeit:** Leicht/mittel **Höhenunterschied:** 550 m
Strecke: Ein Stück Tour ist bereits im Text zuvor beschrieben. Knapp 2 Stunden benötigt man insgesamt, um vom Parkplatz bis zu einer Berghütte zu gelangen, gut 1,5 Stunden zurück (die Hütte ist nicht bewirtschaftet - Getränke und Brotzeiten gibt es zuvor im Forsthaus).

Von dieser Hütte aus sind weitere, teilweise auch sehr anspruchsvolle Wanderungen zu unternehmen, u.a. auch die Besteigung des **Vaganski vrh** - mit 1758 m die höchste Erhebung des Parks. Genauere Information und eine Wanderkarte (7 Euro) erhalten Sie in der Direktion des Nationalparks, die Sie in STARIGRAD an der Hauptstraße finden.

Im Rahmen einer Führung und nur zu bestimmten Zeiten kann auch eine **Tropfsteinhöhle** (Manita Peć) besichtigt werden. Die zweite, kleinere Schlucht - **Mala Paklenica** genannt - erreicht man von SELINE aus. Vor einigen Jahren noch war sie schlecht begehbar, auch brauchbare Wegmarkierungen fehlten. Das hat sich inzwischen geändert; erstaunlicherweise ohne riesige Touristenströme nach sich zu ziehen. Auf unsere Frage, ob denn in dieser Schlucht auch eine Gebühr zu entrichten ist, antwortete man uns in der Direktion folgendes: „Ein Kassenhäuschen mit entsprechendem Aufseher gibt es da nicht, aber man möge doch bitte vorher vorbeikommen und den Parkeintritt bezahlen“ - ob diese Rechnung wohl aufgeht?

Dolce Vita in Seline

Zu guter Letzt: Nahe der Hauptstraße in STARIGRAD sowie direkt am Meer liegen zwei ordentliche Campingplätze mit gutem Baumbestand und Kiesstrand.

(106) WOMO-Campingplatz-Tipp:
„Paklenica“ und „Alan“ in Starigrad

GPS: N 44°17'11.1"E15°26'46.2", Franje Tudmana **Öffnungszeit:** 01.05.-15.09.
Ausstattung/Lage: Geschäfte, Restaurants, Zentrum 300 m, viel Schatten/im Ort.
Zufahrt: Von der Küstenstraße im Ort beim Hotel Alan rechts abbiegen.

Auch in der folgenden Ortschaft - SELINE - lädt ein Campingplatz zum Übernachten ein. Das Autocamp Pisak (an der Hauptstraße beschildert) liegt direkt am Meer, erweist sich als sehr gepflegt und günstig. Der relativ weitläufige Kiesstrand fällt nur flach zum Meer hin ab.
Zudem gibt es die Möglichkeit, bei Privatleuten unterzukommen. Recht gemütlich erscheint uns folgender Platz:

(107) WOMO-Badeplatz/Minicamp: Seline Hafen

GPS: N 44° 16' 41.4" E 15° 28' 33.9" **max. WOMOs:** 4-5
Ausstattung/Lage: Toilette, Dusche, Wasser, Strom, Mülleimer, Restaurants und Geschäfte in der Nähe / im Ort.
Zufahrt: Gegenüber dem Hafen.

Nur wenige Kilometer weiter entdecken wir in der Ortschaft ROVANJSKA einen ausgesprochen hübschen Badeplatz, der einiges zu bieten vermag.

(108) WOMO-Badeplatz: Rovanjska

GPS: N 44° 14' 45.2" E 15° 32' 07.3"
max. WOMOs: 4-5
Ausstattung/Lage: Wasserstelle, Stranddusche, Mülltonne, Spielplatz, Boccia-Bahn, Sandstrand (!), zum Zentrum ca. 800 m / Ortsrand.
Zufahrt: Gut 400 m nach dem Ortsschild am Ortsanfang rechts abbiegen und weiter bis zum Meer (ca. 400 m) fahren, hier links abbiegen, dann nochmals 400 m.

Auf kurvenreicher und etwas welliger Straße umfahren wir in einem weiten Bogen den **Velebitski-Kanal** und überqueren eine wuchtige Brücke. Zur Linken breitet sich nun das **Novigradsko-Meer** aus.
Wir passieren die Ortschaft POSEDARJE und biegen nach dieser links ab in Richtung NOVIGRAD. Kurz darauf entdekken wir einen geschotterten, sonnigen Parkplatz an einer sehr seichten Bucht.
Auf einer mit Gras bewachsenen Halbinsel steht eine kleine **Kapelle**. Neuerdings führt ein Damm durch den Schlick, so kann man das Gotteshaus näher und trockenen Fußes in Augenschein nehmen. Der Platz liegt zwar unmittelbar an der Straße, die aber zumindest während unseres Aufenthalts kaum befahren war.

(109) WOMO-Badeplatz: Posedarje

GPS: N 44° 12' 19.9" E 15° 28' 14.1" **max. WOMOs:** > 5
Ausstattung/Lage: Strandbar, Dixi-Toilette, Mülltonne, Restaurant (an der Abzweigung) 1,2 km, schöner Blick auf Kapelle / außerorts.
Zufahrt: Am Ende von Posedarje nach Novigrad abbiegen noch 1,2 km, dann links.

Die Inselkapelle bei Posedarje

10 km sind es noch nach NOVIGRAD, und die Etappe um das **Novigradsko-Meer** herum stellt sich als landschaftlich sehr reizvoll heraus. Die Ausblicke sind herrlich. Naturbelassene Wiesenflächen wechseln ab mit schattigen Kiefernwäldchen. Es führen auch einige Wege in diese Idylle, die leider kaum (zumindest mit größeren Mobilen) befahrbar sind. Sollten Sie

Das verschlafene Städtchen Novigrad

es doch wagen, sondieren Sie unbedingt zu Fuß die Lage, um unliebsame Überraschungen zu vermeiden!
Schließlich senkt sich das Sträßchen ab und bringt uns in das an einem Meerarm schlafende Städtchen NOVIGRAD, über das eine **Burgruine** wacht. Im Hafen dümpeln einige Boote, alte Leute sitzen vor den Häusern und genießen ein Gläschen Wein, ein paar Fischer flicken ihre Netze - das Leben scheint hier sehr beschaulich zu verlaufen! An Zeit mangelt es hier wohl niemandem.
Am Ende der Ortschaft lädt ein kiesiger Badestrand zur Erfrischung ein, den sich nur wenige Nixen teilen. Danach folgt der „Adria sol“, ein Campingplatz unter österreichischer Leitung. Die Anlage erweist sich als gepflegt und sonnig, einzelne Plätze sind allerdings recht schief.

(110) WOMO-Campingplatz-Tipp: „Adria sol“ in Novigrad
GPS: N 44° 11' 24.4" E 15° 32' 53.3" **Öffnungszeit:** Ganzjährig
Ausstattung/Lage: Bistro, Bäckerei, Hotelrestaurant nahebei, zum Zentrum ca. 10 bis15 Gehminuten, kaum Schatten / Ortsrand.
Zufahrt: Schon vor Novigrad gut beschildert.

Auf der Rückfahrt sehen wir in der zerklüfteten Felsküste Höhlen und kleinere Strände, die uns zuvor verborgen geblieben sind. Vermutlich gestaltet sich die Unterwasserwelt recht interessant, denn einige Schnorchler ziehen in dem kristallklaren Wasser ihre Bahnen.
Nachdem wir unseren Abstecher absolviert haben, wenden wir uns wieder der **Adria magistrale** zu und düsen schließlich weiter nach ZADAR.

Typisch kroatisch - da läuft einem das Wasser im Munde zusammen...

Dugi otok
Ugljan
Pašman
Kornati
Nationalpark Kornati
Murter
Čiovo
Zadar
Sukošan
Sv.Petar
Turanj
Biograd
Vrana
Drage
Prosika
Betina
Murter
Tisno
Vodice
Čikola
Nationalpark Krka Wasserfälle
Krka
Skradin
Dubraviče
Šibenik
Brodarica
Primošten
Rogoznica
Marina
Vinišće
Trogir
Diokletians-Palast
Salona
Split
20 km
N
WC
103
104
111
B
112
113
114
116
117
118
119
115
C
120
123
124
125
126
121
122
127
128
129
131
132
133
130
134
135

KARTE TOUR 8

Tour 8 (270 km / 8 - 9 Tage)

Zadar - Biograd - Murter - Vodice - Šibenik - Krka-Nationalpark - Primošten - Marina - Trogir - Split

Freies Übernachten:	Sukošan, Drage, Prosika, auf der Insel Murter, Šibenik, bei den Krka-Wasserfällen, Brodarica, Primošten, Vinišće, Trogir und in Split.
Campingplätze:	„Crkvine“ am Vraner See, „Jezera Lovišća“ auf Murter, „Solaris“ bei Šibenik, „Adriatic“ nördlich von Primošten.
Besichtigen:	Die Insel Murter, den jeweiligen Stadtkern von Šibenik, Trogir und Split, den Krka-Nationalpark.
Wandern:	Im Gebiet um die Krka-Wasserfälle.
Baden:	An vielen Stellen entlang der Küste und bedingt im Krka-Nationalpark.

Die ZADAR-Erlebnisse liegen hinter uns, wir reisen weiter. Mit Hilfe der Hinweisschilder „SPLIT/ŠIBENIK“ entkommen wir wider Erwarten recht zügig dem Verkehrsgewirr ZADARS und gleiten schon bald auf der Küstenstraße südwärts. SUKOŠAN begrüßt uns mit zahlreichen blühenden Oleandern und einem großen Jachthafen am Ortsanfang. Wir biegen in Richtung „centar“ ab und entdecken entlang dem Straßenverlauf einige hübsche Stellplätzchen. Jetzt, in der Nebensaison, geht es hier recht ruhig zu und so lässt sich die Idylle in vollen Zügen genießen.

(111) WOMO-Badeplatz: Sukošan
GPS: N 44° 02' 56.6" E 15° 18' 31.8"
max. WOMOs: 4-5
Ausstattung/Lage: Beleuchtung, Mülleimer, Bänke, Gaststätten/Geschäfte nahebei / im Ort.
Zufahrt: Im Ort die erste Abfahrt Richtung centar/Hafen (nicht Jachthafen) fahren, dann noch ca. 400 m.

Südlich von SUKOŠAN bietet sich der schöne schmale Waldstreifen zwischen der **Magistrale** und dem Meer zum Rasten und Baden an. Tiefhängende Äste bzw. engstehende Bäume erlauben allerdings nicht überall die Zufahrt. Auch scheint sich leider niemand für die Müllentsorgung zuständig zu fühlen.
Im weiteren Straßenverlauf hängt an so manchem Privathaus ein Schild mit der Aufschrift „**Autocamp**“. Fährt man ein solches an, so darf man mit dem WOMO auf dem Hof oder der eigenen Wiese übernachten. Ausstattung ist keine großartige

zu erwarten, dafür gibt es manchmal Familienanschluss.
35 km nach ZADAR machen wir einen Zwischenstopp in BIOGRAD (großer, zentraler und gebührenpflichtiger Parkplatz). Der hübsche Ferienort bietet einige schmale Altstadtgassen und eine reich mit Blumen geschmückte Promenade mit Cafés und Restaurants. Bei einem kühlen Drink kann man von hier den Blick über den Hafen und die gegenüberliegende **Insel Pašman** schweifen lassen.

Badespaß in Biograd

Verspürt man trotz eitel Sonnenschein kulturelle Ambitionen, so sei der Besuch des **Museums** empfohlen. Neben Funden aus römischer Zeit, verschiedenen Schiffsmodellen und Bildern lässt sich auch ein Schiffswrack bestaunen (geöffnet von 09.00-12.00 Uhr und von 19.00-21.00 Uhr, Eintritt 2,5 Euro.)
Nur ein paar Kilometer sind es bis zum **Vransko jezero**. Der riesige **Binnensee** misst 13,5 km in der Länge und bis zu 2,5 km in der Breite. Das Ufer ist weitgehend verschilft und stellt so ein kleines Paradies für zahlreiche (Wasser) - Vogelarten dar. Berühmtheit erlangte das Gewässer durch seinen Fischreichtum. In den milchiggrünen Fluten tummeln sich Meeräschen, Aale, Welse und dicke Karpfen. Biegt man von der **Adria magistrale** zum See hin ab (Richtung VRANA), so erreicht man schnell einen gepflegten Campingplatz.

Der Vraner See, ein Anglerparadies

(112) WOMO-Campingplatz-Tipp: „Crkvine" bei Vrana

GPS: N 43° 55' 49.1" E 15° 30' 34.1" **Öffnungszeit:** 15.05.-15.10.
Ausstattung/Lage: Geschäft, Restaurant, Schatten, Seelage, zum Zentrum von Pakoštane (an der Küstenstraße) ca. 5 km / außerorts.
Zufahrt: Von der Küstenstraße nach Vrana abzweigen, beschildert.

Ganz klar, dass dieser Platz von hoffnungsvollen Petrijüngern angelaufen wird, die - nach dem Erwerb eines Angelscheines- - ihr Glück versuchen. Den potentiell kapitalen Fang kann man sich im Camping-Restaurant zubereiten lassen. Weniger erfolgreiche Angler greifen auf das Repertoire der Speisekarte zurück. Der anschließende nordwestliche Teil des Sees ist praktisch eine einzige Sumpffläche und als das **Vogelschutzgebiet „Prirode“** ausgewiesen.

Wieder rollen wir ein Stückchen auf der Küstenstraße weiter, aber bald verleitet uns der kleine Ort DRAGE zu einem Abstecher. Ein kleines Sträßchen schlängelt sich zum idyllischen Hafen hinunter. Gleich am Beginn gibt es eine Kaltwasserdusche mit einem Wasserhahn. Kurz danach entdecken wir linker Hand einen Privatcampingplatz. Am Ende des Hafenrunds empfängt uns ein nettes, teilweise schattiges Plätzchen mit bester Aussicht und einem Felsstrand mit glasklarem Wasser. Wer einen Sandstrand bevorzugt, wird kurz zuvor fündig. Nachts stört unter Umständen ein wenig die Geräuschkulisse der nahen **Magistrale**.

(113) WOMO-Badeplatz: Drage

GPS: N 43° 53' 17.3" E 15° 32' 02.6"
max. WOMOs: 1-2
Ausstattung/Lage: Beleuchtung, Mülltonne sowie Restaurant und Wasserstelle nahebei / Ortsrand.
Zufahrt: Von der Küstenstraße gleich am Ortsanfang rechts nach Drage (Dugovaza) abbiegen, noch 300 m.

Das nächste lauschige Plätzchen lässt nicht allzu lange auf sich warten. Wir folgen dem Schild PROSIKA, welches uns den Weg rechts in ein Dörfchen weist, das etwas abseits liegt und nur wenige Häuser aufweisen kann. Am Dorfanfang gibt es einen ganz passablen Campingplatz, der etwas von Leben erfüllt ist, was man vom Rest der Gemeinde nicht gerade behaupten kann.

Rechter Hand am Ortsende - direkt am Meer - spenden einige Zypressen und Olivenbäume Schatten und dazwischen passen doch glatt ein paar WOMOs. In der Ferne ruht ein kleines, begrüntes Eiland im türkisblauen Wasser, von dem gerade ein orangefarbenes Boot ablegt. Robinson und Freitag? Wohl eher Heinz und Hilde aus Wuppertal!

Es gibt einen flachen Kiesstrand und einen tollen Blick auf die **Insel Murter** mit deren Ortschaft BETINA.

Auch im weiteren Verlauf des nachts kaum befahrenen Nebensträßchens finden sich einige Stellplätze, die uns übernachtungstauglich erscheinen.

(114) WOMO-Badeplatz: Prosika

GPS: N 43° 50' 38.2" E 15° 37' 28.4" **max. WOMOs:** 4-5
Ausstattung/Lage: Geschäft in der Nähe / Ortsrand.
Zufahrt: Von der Küstenstraße rechts nach Prosika abbiegen, noch 300 m.

Der Strand von Prosika

Ein Stück des Weges weiter biegen wir rechts von der **Magistrale** ab, den Hinweisen zur **Insel Murter** folgend. Nach 1,7 km zweigt rechts ein 200 m langer Schotterweg zu einer Kapelle mit Ausgrabungsstätte ab. Es ist der erste von zwei Wegen, und er erweist sich als recht holprig. Sondieren Sie vorher die Lage! Als Belohnung für die kleine Tortur folgt ein lauschiger Stellplatz, der sonnig und nur für kleinere Wohnmobile geeignet ist.

(115) WOMO-Stellplatz: Kapelle Sv. Martina

GPS: N 43° 48' 01.2" E 15° 41' 05.2" **max. WOMOs**: 1-2
Ausstattung/Lage: Keine / außerorts.
Zufahrt: Von der Magistrale rechts zur Insel Murter abbiegen, nach 1,7 km erneut rechts abzweigen, noch 200 m.

Kapelle Sv. Martina

Die **Insel Murter** verfügt über 19 km² Fläche. Durch einen Kanal ist sie vom Festland getrennt. Ein Hindernis stellt das kaum dar, denn an Hand einer Schwenkbrücke lässt sich das Eiland leicht „entern“. Die Ortschaft TISNO übt sozusagen die Funktion als Portier aus und wirkt ein bisschen verschlafen und ruhig. Die Ansicht prägt der kantige Uhrturm, unter dem sich die Wohnhäuser aus Naturstein ducken. Ein paar Restaurants und Geschäfte, in der Nähe ein Campingplatz - das war´s! Nach TISNO windet sich die Straße einen Berg hinauf. Kurz danach ist der Kamm überschritten, und bei klarer Sicht erhält man einen grandiosen Blick über die Inselwelt bis hinüber zum Festland. Zur Linken schmeichelt die **Kosirina-Bucht** mit ihrem türkisfarbenen Wasser dem Auge. Einige edle Segelschiffe, die hier vor Anker liegen, runden das Bild ab. Schon zieht das Asphaltband wieder nach unten, und wir laufen in BETINA ein. Die grauen Steinhäuschen mit ihren bunten Fensterläden kuscheln sich unter dem erhabenen Kirchturm, der ein Zwiebeldach trägt, eng zusammen. Das Ergebnis sind schmale Gassen und verschwiegene Winkel, die eine heimelige Atmosphäre ausstrahlen.

Tisno, das Tor zur Insel Murter

Einen sonnigen Stellplatz (gebührenpflichtig in der Saison) mit besonders schöner Aussicht gibt es gleich nach dem Ortsanfang. Hier lässt es sich prima (Sonnen)baden, für das leibliche Wohl sorgt ein nettes Restaurant gegenüber dem Platz.

Murter: faszinierende Inselwelten

(116) WOMO- Badeplatz: Betina Central

GPS: N 43° 49' 11.7" E 15° 36' 17.5" **max. WOMOs**: 4-5
Ausstattung/Lage: Restaurant, Geschäfte nahebei, Spielplatz / im Ort.
Zufahrt: Vom Ortsschild am Ortsanfang noch 150 m fahren, rechts abbiegen, dann nach 300 m links.

Die Schokoladenseite von Betina

Im Norden des Dörfchens dehnt sich der große Jachthafen aus. Links davor gibt es einen sonnigen Stellplatz. Dieser gewinnt zwar keinen Schönheitswettbewerb, erweist sich aber für einen „Stadtbummel" als praktisch. Parken tagsüber kostet ca. 6 Euro, mit Übernachtung zahlt man ca. 12 Euro. Bezahlt wird mittlerweile am Automaten und nicht mehr beim Parkwächter!

(117) WOMO-Stellplatz: Betina Jachthafen

GPS: N 43° 49' 29.6" E 15° 35' 39.6" **max. WOMOs**: 3-4
Ausstattung/Lage: Restaurants und Geschäfte in der Nähe / im Ort.
Zufahrt: Vom Ortsschild am Ortsanfang ca. 1,3 km dem Straßenverlauf folgen, dann vor dem Jachthafen links einbiegen.

Fährt man am **Jachthafen** vorbei, gelangt man nach ca. 1 km zu einem **Friedhof**. In dessen Umfeld gibt es einige Stellplätze in abgeschiedener Lage.

(118) WOMO-Badeplatz: Betina Badebucht

GPS: N 43° 49' 50.1" E 15° 35' 30.8" **max. WOMOs**: 2-3
Ausstattung/Lage: Toilette, Wasser, Beleuchtung, Bänke, Mülltonne / außerorts.
Zufahrt: Vom Ortsschild am Ortsanfang dem Straßenverlauf bis zum Jachthafen folgen, rechts daran vorbeifahren, noch ca. 1 km.

BETINA ist längst mit dem Hauptort MURTER zusammengewachsen. An einer Tankstelle vorbei gelangt man zum Hafen (reichlich Parkplätze) und schließlich zum **Trg Rudina**, um den sich einige Lokale und Marktstände gruppieren. In der Hochsaison tobt hier das Leben, doch jetzt - Mitte Juni - geht es noch beschaulich zu. Ein paar Frauen tauschen lautstark (vermutlich) die letzten Neuigkeiten aus, und einige Touristen genießen ein Tässchen Espresso in der Sonne. Wir schlendern ein bisschen umher und schauen neugierig in die Seitengassen - schließlich soll uns ja nichts entgehen, was Sie interessieren könnte! In einem Büro erfahren wir, dass auch von hier die **Kornaten** angelaufen werden (siehe ZADAR), doch mangels Belegung finden derzeit die Ausflüge (noch) nicht statt. Auf dem Rückweg zum Festland inspizieren wir JEZERA. Diese freundliche Siedlung besteht aus einem lockeren Häuser-Arrangement. Die Gärten zeigen sich gepflegt und erblühen in stattlicher Pracht. Am großen Jachthafen, der an einer hufeisenförmigen Bucht liegt, buhlen etliche Fischrestaurants um die Gunst der Gäste.

Insel Murter: Die Kosirina-Bucht

Nach reichlich 20 km beenden wir unsere Inselrundfahrt. Zuletzt wollen wir Ihnen nicht vorenthalten, dass es insgesamt fünf **Campingplätze** gibt, für empfehlenswert halten wir den „Kosirina“, der eine malerische Bucht umarmt und - quasi nur ums Eck - den „Jezera“. Eine landschaftlich schöne Lage der Plätze versteht sich bei dieser Insel fast von selbst...

(119) WOMO-Campingplatz-Tipp: „Jezera Lovišća“ bei Jezera
GPS: N 43° 47' 32.4" E 15° 37' 37.8" **Öffnungszeit**: Ende April-01.10.
Ausstattung/Lage: Geschäft, Restaurant, Meerlage, reichlich Schatten / außerorts.
Zufahrt: Gut beschildert.

VODICE ist die nächste Perle an unserer Schnur. Der gefällige Ort mit der langen lebhaften Hafenpromenade und den vielen Eisdielen, Souvenirläden und Cafés liegt etwas unterhalb der Küstenstraße an einer hübschen Bucht. Vom ehemaligen Fischerdorf, das VODICE einst war, ist kaum etwas geblieben. Der Tourismus bringt mehr ein. Mehrere große Hotelkomplexe beherbergen ihre vielen Gäste und unterhalten sie auch. Das führt bisweilen dazu, dass die musikalischen Genüsse von drei Seiten an die Ohren herangetragen werden. Hämmernde Techno-Musik zur Jazz-Gymnastik von links, von rechts die einzigartigen Klänge einer Kapelle, die zum Tanztee aufspielt. „Einzigartig“ bezieht sich in diesem Fall sicherlich nicht auf die hohe Qualität der Darbietung! Schließlich trägt der Wind noch Fragmente von Spanish Eyes und Strangers in the Night zu uns herüber - und jetzt sind wir rundum glücklich! Sieht man diese Umstände allerdings nicht allzu verbissen, so wird man an dem gepflegten Kiesstrand und dem klaren, stahlblauen Wasser in dieser herrlichen Umgebung viel Freude haben.
Beim Hotel Imperial gibt es einen **Campingplatz** (GPS: N 43° 45' 18.9" E 15° 47' 17.8") gleichen Namens, der zum Haus gehört. Ansonsten findet man in Zentrumsnähe reichlich Parkplätze, die aber allesamt nicht zum Übernachten taugen.

Der Fluss Krka, kurz vor der Vereinigung mit dem Meer

6 Kilometer südlich von VODICE überspannt eine mächtige Brücke den **Fluss Krka** (großer Parkplatz rechts zuvor). Behäbig zieht das blaue Band des Gewässers meerwärts. Ein Schiff pflügt breit verlaufende Wellen in die Fluten und lässt sein Horn zur Begrüßung der Touristen, die am Geländer stehen, erdröhnen. Nach ein paar Minuten Fahrt zweigen wir nach ŠIBENIK ab, und wir finden problemlos einen zentrumsnahen Parkplatz. Diesen Umstand, der üblicherweise einem kleinen Lottogewinn gleichkommt, verdanken wir einem wichtigen Fußballspiel, das gerade stattfindet. Die Straßen sind wie leer gefegt - der ideale Start für eine Stadtbesichtigung! Wenn nicht gerade König Fußball regiert und Parkplätze Mangelware sind, kann man auf dem relativ großen und sonnigen Platz im Hafen sein Fahrzeug abstellen. Das ist leider - wie so oft - kein billiges Vergnügen. Die Stunde kostet annähernd 3 Euro, nur den Sonntag gibt es zum Nulltarif (günstiger ist der Parkplatz am Busbahnhof, aber sehr beengt und zudem laut).

(120) WOMO-Stellplatz: Šibenik Hafen

GPS: N 43° 43' 49.0" E 15° 53' 42.8" **max. WOMOs**: > 5
Ausstattung/Lage: Altstadtnähe / Ortsrand.
Zufahrt: Den Schildern Hafen/Busparkplatz folgen, am Hafenende vor dem Tunnel rechts einbiegen.

Wir spazieren in die Altstadt. Auf glatt polierten Platten betreten wir die engen Gassen. Die Häuserschluchten spenden reichlich Schatten - eine feine Sache bei sommerlicher Hitze. Der Altstadtkern zeigt sich sehr übersichtlich und damit äußerst besucherfreundlich. Beherrscht wird er vom **Dom Sv. Jakuv** mit seinem prachtvollen Vorplatz. Das Portal an seiner Längsseite wird von zwei gemeißelten Löwen flankiert, oberhalb davon zieren die steinernen Figuren von Adam und Eva in für kirchliche Verhältnisse recht freizügiger Manier die imposante Wand. Als besonders interessant erweisen sich die 74 Portraitköpfe, die ebenfalls an der Fassade prangen. Die Gesichter zeigen teilweise schmerzverzogene und gequälte Gesichtszüge, die speziell in der abendlichen Beleuchtung gar gruselig anzusehen sind. Was mögen die Armen wohl verbrochen haben? Der Kirche nicht den Zins be-

Der Dom zu Šibenik

Nachbildung der Portraitköpfe am Dom

zahlt? Auf jeden Fall waren sie Zeitgenossen des **Baumeisters Dalmatinac**, dem nahe der Kathedrale ein **Denkmal** gesetzt wurde. Die Vollendung seines Werkes erlebte der große Meister nicht mehr, denn bereits längst vor der Fertigstellung hauchte er sein Leben aus.
Gegenüber dem Gotteshaus erhebt sich das **Renaissance-Rathaus** mit seiner neunbogigen Vorhalle. Seitlich davon, nur ein paar Schritte entfernt, steht der **Rektorenpalast**, der heute das **Stadtmuseum** beherbergt (zur Zeit nur von 09.00-11.00 Uhr geöffnet, montags geschlossen). Der **Bischofspalast** mit

Am Hauptplatz in Šibenik

seinen kunstvoll gestalteten Portalen schließt südlich an. Er datiert - gleichwohl wie der Dom - auf das 15. Jahrhundert zurück. Durch das **Seetor** streben wir der Uferpromenade zu. Die Ausmaße sind nicht gerade gewaltig, doch mit ihren bunten Bänken, den blühenden Oleandern und Rosen sowie den dunkelgrünen Palmen vermittelt sie einen hübschen Eindruck. Bevor wir zum WOMO zurückkehren, streifen wir noch die **Nikolauskirche** und ein **Franziskanerkloster**.

Auf einem Hügel über der Stadt thront die **Festung Sv. Ana**. Wer den schweißtreibenden Weg über die vielen Stufen zu ihr hinauf in Kauf nimmt, wird mit einem herrlichen Blick auf die Stadt und das Umland belohnt.

Jetzt folgt ein richtiges Highlight dieser Tour - der Besuch des „**Nationalparks Krka-Wasserfälle**". Dieses Naturwunder liegt in ca. 13 km Entfernung von ŠIBENIK. Erst 1985 wurde das 111 km² umfassende Gebiet zum Nationalpark deklariert. Der **Fluss Krka** entspringt nahe des Städtchens KNIN und mündet nach insgesamt 70 km ins Meer. Auf diesem Weg stürzt er sich in zehn Wasserfällen über vier Kalkterrassen talwärts. Dazwischen bildet die **Krka** den großen **See Visovac** mit einem schönen Inselchen, auf dem ein **Franziskanerkloster** steht, welches auch ein **Museum** beherbergt. Als spektakulärste Fälle gelten der **Skradinski buk** nahe SKRADIN und der etwas tiefer im Hinterland gelegene **Roški slap**. In den türkisblauen Seen, zu denen sich der wilde Fluss oft verbreitert, wird auch nach Herzenslust gebadet, obwohl Schilder dies eigentlich untersagen. Auf keinen Fall darf man aber auf Grund der vorhandenen Strömungen und der damit verbundenen Soggefahr zu dicht an die Wasserfälle heranschwimmen. Noch eine schlechte Nachricht für Petrijünger - Fischen ist mittlerweile verboten!

Nähert man sich von ŠIBENIK her dem Nationalpark, so muss man an einer Straßengabelung eine Entscheidung fällen. Wählt man den rechten Weg, so gelangt man nach weniger als 2 km zum **Eingang 2**. Auf einem großen Parkplatz mit reichlich Baumbestand kann man gebührenpflichtig (nur Saison) sein Mobil parken und wird dann mit Zubringer-Bussen an die Wasserfälle herangefahren. In der Hauptsaison gilt ein Übernachtungsverbot.

(121) WOMO-Wanderparkplatz: Krka-Fälle / Eingang 2

GPS: N 43° 47' 41.3" E 15° 58' 04.6" **max. WOMOs:** > 5
Ausstattung/Lage: Restaurant, Kiosk, Toilette, Wasser, Mülltonnen / außerorts.
Zufahrt: Ausgeschildert mit einem braunen Schild mit einer Busabbildung.

Will oder muss man ausweichen, so bietet sich ein einfacher und sonniger mit Natursteinmauern umgebener privater Stellplatz (ca. 13 Euro pro Tag) an, der sich ungefähr 500 m vom Eingang in die Wasserwelt befindet.

(122) WOMO-Stellplatz: Minicamp Lozovac / Steinkral
GPS: N 43° 47' 31.1" E 15° 58' 13.5" **max. WOMOs**: > 5
Ausstattung/Lage: Wasser, Toilette, Dusche, Restaurant 500 m / außerorts.
Zufahrt: Kurz vor dem Parkplatz „Eingang 2" rechts abfahren, noch 300 m (guter Schotterweg).

Entscheidet man sich an oben genannter Gabelung für die linke Straße, so erreicht man nach 8,5 km (unterwegs zwei **Campingplätze**: **„Marina"** und **„Krka"**) das hübsche Dörfchen SKRADIN, das idyllisch am **Prukljan-See** liegt (braunes Schild mit Schiffsymbol). Am Ortsanfang links erstreckt sich ein weitflächiger, ebener Parkplatz. Einige Bäume spenden Schatten. Tagsüber erfolgt eine stündliche Abrechnung der Gebühren (ca. 1 Euro pro Stunde). Übernachten ist verboten.

(123) WOMO-Wanderparkplatz: Krka-Fälle / Eingang 1
GPS: N 43° 49' 04.2" E 15° 55' 29.6" **max. WOMOs:** > 5
Ausstattung/Lage: Restaurants und Geschäfte in der Nähe, Kinderspielplatz, kleiner Park, Mülltonnen / Ortsrand.
Zufahrt: Am Ortsanfang von Skradin links.

Skradin: Das Tor zur Wasserwelt

Entlang der Dorfstraße gibt es auch etliche kostenfreie Parkmöglichkeiten, teils mit Schatten, z.B. bei der Gaststätte „Visovac". Wer im Lokal speist (Menü 10 Euro), darf hier gratis parken. Nach Rücksprache mit der Chefin, darf man u.U. auf dem Wiesenplatz auch übernachten.

(124) WOMO-Stellplatz: Gaststätte Visovac/Skradin

GPS: N 43° 49' 10.0" E 15° 55' 27.5" **max. WOMOs:** > 5

Ausstattung/Lage: Restaurant, Geschäfte nahebei / im Ort.

Zufahrt: Im Ort am großen gebührenpflichtigen Parkplatz vorbeifahren, noch ca. 200 m, hier rechts.

Wer möchte, kann auch auf den ca. 1 km außerhalb von SKRADIN gelegenen Campingplatz Skorići ausweichen.

Praktisch nur ums Eck ist der **Bootsanleger** für die Schiffchen, die jeweils zur vollen Stunde die Touristen zum Parkeingang schippern. Die Fahrt über den See und ein Stückchen die **Krka** hinauf dauert eine knappe halbe Stunde. In der wunderschönen Umgebung ist das das pure Vergnügen und zudem kostenfrei! Wer aus welchen Gründen auch immer den Parkeingang per pedes ansteuern möchte, kann dies im Rahmen einer kleinen Wanderung (ca. 45 Minuten) tun. Nach dem Kassenhäuschen geht es noch zweimal um die Kurve und schon kündigt sich die Wasserwunderwelt mit kräftigem Rauschen an. Wir spazieren an einem Restaurant und einer Liegewiese vorbei und dringen zu einer Holzbrücke vor, die einen smaragdgrünen See überspannt. Im kristallklaren Wasser ziehen einige Schwimmer ihre Bahnen. Eine einzigartige Hintergrundkulisse dazu bietet der **Skrdinski buk**. Über siebzehn kleinere und größere Kalkterrassen stürzt sich die **Krka** in die Tiefe. Bedingt durch die unterschiedliche Höhe der verschiedenen Stufen donnert das Wasser entweder kraftvoll und entschlossen über die Felsen, oder eher verspielt und zögerlich in einzelnen Perlen und Schnüren. Zwischen der weiß gischtenden Milch la-

Das Linienschiff zu den Wasserfällen

Naturparadies Krka-Wasserfälle

gern grüne Inseln aus Moos und Schilf und bilden ruhende Pole in den ungestümen Fluten. Ab und zu trägt der Wind den feinen Sprühnebel zu uns herüber, und wir freuen uns über diese zarte Abkühlung. Ein schattiger Waldweg begleitet den Fluss und eröffnet immer wieder neue grandiose Ausblicke auf die in vielen Kaskaden herabrauschenden Wassermassen. Nach einer kurzweiligen Wanderung erreichen wir eine **alte Mühle**, die tatsächlich noch am rauschenden Bach klappert. Im dusteren Inneren sehen wir zwei Hämmer arbeiten, und ein sich drehender Mühlstein verwandelt Getreidekörner in Mehl - durch die Kraft des Wassers versteht sich! In einer Nebenkammer entdecken wir eine originelle und praktische „Waschmaschine“. In einen runden Steinkranz schießt auf einer Seite Wasser ein, kreist in diesem Behältnis und wirbelt die darin befindliche Wäsche ordentlich durch. Über den Rand des Troges wird die Schmutzbrühe dann gleich entsorgt. In einem anderen Gelände sind Gerätschaften und Mobiliar aus längst vergangenen Tagen ausgestellt. Ein paar kroatische Jungfrauen mit hübscher Tracht halten Wache, damit böse Buben nichts entwenden. Um das malerische Bild zu vervollständigen, hat man in den angren-

Museumsmühle im Krka-Nationalpark

Badefreuden im Krka-Nationalpark

zenden Stall noch zwei Esel gestellt. Die „Foto-Sessions“ und Streicheleinheiten der Touristen nehmen die Tiere mit einer wahren Eselsgeduld hin!
Nahe der verschiedenen Mühlenhäuschen führt ein Weg in den urwaldähnlichen Wald und lockt mit kleinen Seen und winzigen Tümpeln, die alle irgendwie miteinander verbunden zu sein scheinen. Von den Bäumen hängen Lianen, und die durch das Blätterdach fallenden Sonnenstrahlen verzaubern diese Urwelt mit ihrem Licht. Überall rauscht, tropft und blubbert es. Durch die Lüfte schwirren prächtige Schmetterlinge mit intensiv metallisch-blauen Flügeln, und es scheint, als nutzte so manches Falterpärchen diese atemberaubende Umgebung zum Liebesspiel. Langsam senkt sich der Pfad, der oft über hölzerne Bohlen führt, talwärts ab. Jetzt können wir den großen Wasserfall **Skrdinski buk** von der anderen Seite bewundern, und schließlich kehren wir wieder zu unserem Ausgangspunkt zurück.
Längeren Wanderungen durch den **Nationalpark** steht natürlich nichts im Wege, höchstens die eigene Kondition. Möglich sind auch mehrstündige Bootsausflüge bis zum **Visovac-See** mit einem Besuch des **Franziskanerklosters** (erneut Eintrittspreis zu zahlen!). Das **Touristenbüro** in SKRADIN berät Sie und nimmt auch Buchungen vor.
Der **Visovac-See** kann auch mit dem WOMO angefahren werden - dazu gleich mehr!
Der **Krker-Wasserfälle-Park** hat täglich geöffnet von 09.00 bis 20.00 Uhr (in der Nebensaison Abweichungen möglich). Der Eintrittspreis für Erwachsene beträgt knapp 15 Euro, Kinder bis 14 Jahre zahlen ca. 10 Euro. Die ganz Kleinen unter 7 Jahren dürfen umsonst hinein!
Die Entfernung von der Brücke am Südende der **Insel Pag** bis zu den **Krka-Wasserfällen** beträgt (inklusive aller Abstecher) ca. 200 km.
Wie versprochen, kommen wir nochmal auf den **Visovac-See** zurück. In SKRADIN, ca. 200 m nach der Gaststätte „Viskovac“, zweigt rechts eine gute Bergstraße zu diesem See ab. An dessen Ufer gibt es einen herrlich lauschigen Stellplatz mit wunderbarer Aussicht. Die Lage ist idyllisch und ruhig.

(125) WOMO-Badeplatz: Visovac-See

GPS: N 43° 51' 52.0" E 15° 57' 39.6" **max. WOMOs:** 4-5
Ausstattung/Lage: Tische, Bänke, Mülltonne / außerorts.
Zufahrt: In Skradin den Hinweisen nach Visovac folgen, nach 7,5 km rechts abbiegen, noch 1,0 km, hier links (Übernachtung verboten).

Folgt man dem Straßenverlauf noch ca. 800 m so gelangt man zu einem Bootsanleger. Hier besteht die Möglichkeit zu einem

Der Badeplatz am Visovac-See

Franziskanerkloster überzusetzen, welches auf einem Eiland im See residiert. An der Bootsanlegestelle gibt es kaum Parkplätze und keine Wendemöglichkeit! Letzte Park- und Wendemöglichkeit ist ca. 600 m nach oben genanntem Badeplatz (rechte Seite).

Wir rollen wieder ŠIBENIK entgegen und vertrauen den Hinweisen mit der Großrichtung SPLIT. Unser Vertrauen wird nicht enttäuscht - bei der kroatischen Beschilderung ist das keineswegs so sicher - und die Küstenstraße hat uns wieder. Ein Stück des Weges südlich von ŠIBENIK zweigt rechts ein Sträßlein meerwärts ab zum Hotelkomplex Solaris, zu dem auch ein relativ großer Campingplatz gehört. Der Badestrand ist vorwiegend betoniert, an einigen Stellen gibt es auch kleine Kiesstrände. Freizeiteinrichtungen sind reichlich vorhanden, ebenso wie eine Marina.

(126) WOMO-Campingplatz-Tipp: „Solaris" nahe Šibenik

GPS: N 43° 41' 58.8" E 15° 52' 47.8" **Öffnungszeit:** 01.05.-31.10.
Ausstattung/Lage: Geschäfte, Restaurants, zum Zentrum von Šibenik ca. 7 km, vorwiegend schattig / außerorts.
Zufahrt: Von der Küstenstraße rechts abbiegen, riesige Hinweistafeln.

Der folgende Abschnitt der **Adria magistrale** gestaltet sich landschaftlich sehr reizvoll und ist deutlich kurvenreicher als die vorhergehende Etappe. Wir umrunden einige kleine Buchten, in denen bunte Boote dümpeln, und man kann sogar vom Fahrzeug aus durch das kristallklare Wasser den Grund erkennen. Bald laufen wir im langgezogenen Dorf BRODARICA ein, das zwar keine nennenswerten Sehenswürdigkeiten bietet, aber einen riesigen geschotterten Stellplatz direkt am Meer. Von einigen ganz wenigen Bäumen abgesehen, ist dieser schattenlos und ziemlich eben.

(127) WOMO-Badeplatz: Brodarica

GPS: N 43° 41' 37.4" E 15° 54' 11.1" **max. WOMOs:** > 5

Ausstattung/Lage: Geschäfte und Restaurants nahebei, Toilette, Stranddusche / Ortsrand.

Zufahrt: Vom Ortsschild am Ortsanfang noch 400 m fahren, dann rechts abbiegen.

Ein Leser berichtete allerdings, dass er von einem gemeindlichen Ordnungshüter unter Androhung von Strafe dieses Platzes verwiesen wurde. Alternativ kann man auch auf das **Mini-Camp „Edda"** (GPS: N 43° 41' 21.4" E 15° 54' 20.6) zurückgreifen. Der kleine Platz verfügt über eine einfache aber saubere Sanitärausstattung. Gutes Restaurant mit Meerblick um die Ecke!

Brodarica: Speisen mit Aussicht

Am Ende der Ortschaft nach einer Brücke öffnet sich rechts ein großer Parkplatz mit „Dixi-Toilette", einem Verkaufsstand für Obst und Gemüse und - zumindest vom vorderen Teil - einer herrlichen Aussicht. Zum Übernachten taugt der Platz wegen seiner Straßennähe nicht, wohl aber für eine Rast.
Weiter geht es der Küste entlang. Wir passieren winzige Ortschaften, in denen Bougainvilleen blühen und Oleanderbüsche ihre volle Pracht entfaltet haben. Es ist ein wahrer Farbenrausch in Weiß, Rosa und Rot. Der Blick fällt auf die der Küste vorgelagerten Inseln, die im Meer zu schwimmen scheinen. Mit dem zunehmenden Tag wird es etwas diesiger, und die weiter in der See draußen liegenden „Felsglatzen" verlieren ihre Konturen und bilden eine Einheit mit dem Himmel und dem Meer. Ein großer Dreimaster zieht in der Ferne durch den Dunst und strahlt etwas fast Gespenstisches aus. Ob es wohl der ruhelose „Fliegende Holländer" ist?
Allmählich nähern wir uns der Adriaperle PRIMOŠTEN. Nördlich davon wirbt ein schöngelegener Campingplatz mit großen Schildern um Gäste. Der Felsstrand ist zwar wunderbar, doch recht zerklüftet. Bevor man in die karibischblauen Fluten steigen kann, sind an den meisten Stellen erstmal ein paar Verrenkungen angesagt. Es gibt so manches lauschiges Stell-

plätzchen. Wegen tiefhängender Äste sind leider nicht alle mit dem WOMO anfahrbar. Ein Fußweg nach Primošten fehlt!

(128) WOMO-Campingplatz-Tipp: „Adriatica" nahe Primošten
GPS: N 43° 36' 23.3" E 15° 55' 20.4", Huljerat **Öffnungszeit:** 01.05.-01.09.
Ausstattung/Lage: Geschäft, Restaurant, Zentrum ca. 3 km, Schatten / außerorts.
Zufahrt: Ca. 3 km nördlich von Primošten, ausgeschildert.

Leider haben im Zuge etlicher Sanierungsarbeiten auch die Preise kräftig angezogen.
Jetzt widmen wir uns dem Postkarten-Motiv PRIMOŠTEN, das auch schon so mancher Maler auf die Leinwand gebannt hat. Das Städtchen gehört zu den schönsten Ortschaften Kroatiens. Der alte Teil dieser Stadt liegt pittoresk auf einer Landzunge, die ins Meer hineinragt. Übersetzt man den Namen, so heißt das „über die Brücke". Denn früher, als noch kein Damm aufgeschüttet war, verband nur eine Brücke das Festland mit der Insel. Die Häuser verteilen sich alle um einen kegelförmigen Hügel herum und werden nur vom Kirchturm überragt. Aus der Zeit der Türkenkriege stammen die voluminösen Reste der **Befestigungsanlage**.
An der kleinen Promenade warten die üblichen gastronomischen Einrichtungen auf Gäste, und ein Fels- und Kiesstrand lädt zum Baden ein. Besondere Sehenswürdigkeiten sind ansonsten Fehlanzeige, der Ort lebt vom Charme seiner herrlichen Lage.

Städtchen mit Charme: Primošten

(129) WOMO-Stellplatz: PRIMOŠTEN

GPS: N 43° 35' 19.0" E 15° 55' 36.4" **max. WOMOs:** > 5
Ausstattung/Lage: Beleuchtung, Gaststätten und Geschäfte nahebei / im Ort.
Zufahrt: Im Ort vor der INA-Tankstelle rechts abbiegen, danach gleich rechts.

Der gerade genannte Platz (gebührenpflichtig, ca. 1,4 Euro pro Stunde) ist für eine Besichtigung sehr praktisch, kann aber u. U. etwas laut sein. Fahren Sie bitte nicht weiter in die Ortschaft hinein! Die Parkplätze am Hafen sind mit einem WOMO-Verbot belegt und auch sonst geht es recht beengt zu - das macht keinen Spaß!

In den Weinhängen der Umgebung reifen die Trauben für einen dalmatinischen Spitzenwein - Babić heißt das süffige Tröpfchen. Die Rebstöcke gedeihen auf kleinen Terrassen und scheinen direkt aus dem Gestein zu wachsen.

Auf einer Halbinsel an einer tief eingeschnittenen Bucht liegt ROGOZNICA. Der Ort ist in Skipper-Kreisen ein Begriff, da er über eine große, gutausgestattete **Marina** verfügt. Badelustige sind weniger begeistert, denn die Felsen am Strand sind äußerst scharfkantig.

Nach der ausladenden Bucht verlässt die Straße für eine Zeitlang die Küste und zieht durch die Hügel des Hinterlandes. Bisweilen durchlaufen Steinmauern die Hänge und bieten dem Wind paroli, der sonst das letzte Quentchen Erde mit sich nehmen würde. Olivenbäume mit dicken, verdrehten Stämmen und eher dunkelgrünen denn silbernen Blättern stehen in schönem Kontrast mit gelbblühendem Ginster. An anderer Stelle sind weite Flächen verbrannt. In der sommerlichen Trockenheit hat das Feuer leichtes Spiel. Die verkohlten Gerippe der Sträucher und Bäume strecken ihre schwarzen Äste wie mahnende Finger in das Blau des Himmels. Doch die Natur regeneriert sich schnell.

Aus der dunkelgrauen Asche sprießen bereits die ersten zarten grünen Halme.

Die kleine, aber recht hübsche Ortschaft MARINA kündigt sich an und gefällt mit einem markanten, wuchtigen **Wehrturm** am Hafen. Es gibt einige Restaurants und

Der dominierende Turm von Marina

Geschäfte und im hinteren Bereich einen langen Kiesstrand, der leider nicht mehr angefahren werden darf. Einen alternativen Stellplatz findet man im 6 km entfernten VINIŠĆE. Dazu muss man sich allerdings auf relativ schmaler Teerstraße (5 t zulässiges Gesamtgewicht) über den Berg bemühen. Stellmöglichkeiten gibt es an verschiedenen Punkten der Bucht. Aufpassen: Teilweise „böse" Schwellen im Ort!

(130) WOMO-Badeplatz: Vinišće

GPS: N 43° 29' 20.8" E 16° 06' 44.3" **max. WOMOs**: 3-4
Ausstattung/Lage: Geschäfte, Restaurants, Mülleimer / im Ort.
Zufahrt: Im Ort entlang der Bucht.

Am Abend unternehmen wir einen kleinen Spaziergang. Währenddessen ist die Sonne damit beschäftigt, unterzugehen und der Mond übernimmt die nächtliche Beleuchtung. Es ist einer jener Abende, von denen man sich wünschte, sie würden ewig (oder wenigstens ein bisschen länger) dauern. Das Licht der Mondsichel fällt auf die leicht bewegte Wasseroberfläche und bildet einen hellen Kegel, in dem unzählige Sternchen blitzen. Der Vergleich mit einem Christbaum, auf dem Wunderkerzen ihre glitzernden Funken versprühen, liegt nahe. Ja, ist denn schon Weihnachten?
Rund 21 km beträgt die Wegstrecke nach TROGIR. Dieses Schatzkästchen birgt viele Sehenswürdigkeiten und hat sein mittelalterliches Stadtbild fast perfekt bewahrt - neben DU-

Trogir - ein Schmuckkästchen!

BROVNIK als einzige Stadt Dalmatiens. Man muss ein wenig von der **Adria magistrale** abfahren, um zum Ortskern zu gelangen. Wir folgen den Schildern „centar" und werden auf einen sehr nahe am Geschehen liegenden Parkplatz gelotst. Pro Stunde knöpft man WOMO-Fahrern unverschämte 5 Euro ab, Pkw-Lenker zahlen nur 1 Euro!
Fährt man an diesem Parkplatz vorbei und biegt danach in die Straße zwischen dem Markt und dem Busbahnhof rechts ab, gelangt man zur Altstadt. Jenseits des Kanals gibt es einen großen und sonnigen Parkplatz, der vergleichsweise günstig ist (1,4 Euro/Std.). Dieser Platz eignet sich gut als Ausgangspunkt für einen Stadtbummel.

(131) WOMO-Stellplatz: Trogir Jachthafen (ACI-Marina)

GPS: N 43° 30' 46.9" E 16° 14' 50.7 **max. WOMOs**: > 5

Ausstattung/Lage: Gaststätte, Altstadtnähe / im Ort.

Zufahrt: Zwischen Markt und Busbahnhof rechts zur Altstadt abbiegen, links an dieser vorbeifahren, dann den Kanal auf der Brücke überqueren und an deren Ende gleich rechts abzweigen, noch ca. 300 m.

Doppelt so teuer (2,8 Euro/Std.), doch noch näher an der Altstadt und direkt am Meer gelegen, zeigt sich der folgende Platz:

(132) WOMO-Stellplatz: Trogir Busbahnhof

GPS: N 43° 31' 05.7" E 16° 15' 12.5"

max. WOMOs: > 5

Ausstattung/Lage: Altstadtnähe, Mülleimer / im Ort.

Zufahrt: Gleich nach dem Busbahnhof rechts zum Meer abbiegen (blauer Parkplatzhinweis).

Aller guten Dinge sind drei! Fährt man noch ein Stückchen weiter Richtung SPLIT, so empfängt hier ein weiterer Platz seine Besucher. Das neu geschaffene Areal zeigt sich adrett und bietet sogar einen ganz passablen Badestrand. Die Konditionen sind allerdings genauso heftig wie am Platz zuvor (2,8 Euro/Std.), und der Weg zu den Sehenswürdigkeiten ist einen Tick länger.

(133) WOMO-Badeplatz: Trogir Strand

GPS: N 43° 31' 13.2" E 16° 15' 31.7" **max. WOMOs**: > 5

Ausstattung/Lage: Toilette, Mülleimer, Beleuchtung, Strandbar / Ortsrand.

Zufahrt: Noch ca. 300 m nach zuvor genannten Platz in Richtung Split fahren, dann rechts abbiegen.

Vor den Toren der Altstadt, die auf einer Insel liegt, herrscht lebhaftes Markttreiben. Obst, Gemüse, Brot, Blumen, Kräuter und natürlich Souvenirs werden feilgeboten. Die Menschen

Markttreiben in Trogir

sind fröhlich und lautstark. Auf einer Brücke überschreiten wir den **Foša-Kanal** und beginnen mit der Passage des **Landtors** unsere Zeit-Reise ins Mittelalter. Wir wenden uns nach links und biegen die zweite Gasse rechts ab, und schon erhebt sich vor uns die **Kathedrale Sv. Lovro**. 400 Jahre vergingen vom Beginn des Baus bis zur Fertigstellung (ca. 12.-16. Jahrhundert). Das romanische Portal ist ein Meisterwerk von Radovan, geschützt von einer Vorhalle mit einem kunstvollen Kreuzrippengewölbe. Zur Linken in dieser Vorhalle befindet sich eine Taufkapelle mit schöner Kassettendecke. Besteigt man den **Glockenturm** dieses kunstgeschichtlich äußerst bedeutenden Gotteshauses, erhält man einen weiten Blick über TROGIR. Die Kathedrale und der Turm sind täglich von 09.00-12.00 Uhr und von 17.00-19.00 Uhr geöffnet, Eintritt 2,5 Euro. Um diese imposante Kirche gruppieren sich weitere eindrucksvolle Bauwerke wie etwa der **Fürstenpalast**, der heute das **Rathaus** beherbergt, und der edle **Palast Ćipiko** mit drei spätgotischen Fenstern, der einst von einer reichen Händlerfamilie errichtet wurde. In den Mauern des Palastes befindet sich jetzt das **Stadt-** und **Heimatmuseum** (geöffnet täglich von 09.00-12.00 Uhr und von 18.00-21.00 Uhr, sonntags nur von 09.00-12.00 Uhr, Eintritt ca. 2,5 Euro). Auf der Südseite grenzt ein **Uhrturm** an eine **Loggia**. Letztere diente vor allem als Gerichtssaal. Für leichtere Vergehen wurden des Mittelalters böse Buben an den Uhrturm

Trogir: Uhrturm mit Loggia

gekettet. Die Bevölkerung durfte dann der Fantasie freien Lauf lassen und die Verurteilten bespucken, mit Kot bewerfen oder ähnlich nette Dinge tun. Die Ketten sind noch heute zu sehen. Ein paar Schritte weiter in der Kohl-Genschera-Gasse steht das **Nikolauskloster** mit einem **sakralen Museum**. Wertvollstes Exponat ist ein Steinrelief, das den Gott Kairos zeigt. Der geflügelte Jüngling trägt eine lange Stirnlocke auf einem ansonsten kahlen Haupte. Er ist der „Gott des günstigen Augenblicks“. Die Gelegenheit beim Schopfe packen - eine allgemein geläufige Redewendung rührt daher (geöffnet täglich von 08.00-12.00 Uhr und von 15.00-19.00 Uhr, Eintritt ca. 2,5 Euro). Sollten Sie gerade über die **Kohl-Genschera-Gasse** gestolpert sein - die gibt es wirklich! Besonders der frühere Außenminister Genscher aber auch Ex-Kanzler Kohl werden von den Kroaten als Väter der nationalen Unabhängigkeit verehrt, und das ging soweit, dass sie „Genschman“ und „Birne“ ein kleines Denkmal setzten.

Wir schlendern weiter durch die engen Gassen mit ihren alten Häusern und Kirchen, entdecken malerische Winkel mit Holztischchen und heraushängender Wäsche, in der die Zeit stehen geblieben zu sein scheint. Doch nur um ein oder zwei Ecken herum pulsiert das Leben - Eisdielen, kleine Bars, Geschäfte. Durch das **Seetor** gelangen wir hinaus an die pal-

Die Seepromenade in Trogir

menbestandene Promenade und spazieren an einem **Franziskanerkloster** vorbei zur **Festung Kamerlengo**, deren Re-

Trogir: Festung Kamerlengo

novierungsarbeiten jetzt abgeschlossen sind. Einer Besichtigung steht also nichts mehr im Wege.

Schön ist auch der Blick von der Promenade über die vielen Holzschiffe zur **Insel Čiovo**, die über eine Klappbrücke angesteuert werden kann. Das 30 km² große Eiland besitzt eine stattliche **Marina** und ein ungebremster Bauboom lässt ein Haus nach dem anderen entstehen. Badebuchten oder -strände sind Mangelware, zudem donnern ständig Flugzeuge darüber hinweg. **Čiovo** liegt in der Einflugschneise des Flughafens SPLIT - einen längeren Aufenthalt muss man sich nicht unbedingt antun.

Rund 25 km trennen uns noch vom Herzen der dalmatinischen Metropole SPLIT, und es bieten sich zwei Möglichkeiten, diese anzufahren. Entweder man tut dies relativ bequem auf der erhöht verlaufenden **Magistrale**, von der man eine gute Übersicht hat, oder man nimmt die „**Kaštela**", die Straße der Kastelle. Diese Route verläuft in Küstennähe und - um es vorweg zu nehmen - sie hält nicht das, was sie verspricht. Im 16. Jahrhundert hielten Kirche und Adel ihren Landbesitz für gefährdet und ließen daher mehrere Kastelle entlang der Küste bauen. Den Schutz der Burgen suchten auch Bauern und Leibeigene und errichteten ihre Wohnhäuser in unmittelbarer Nähe. Heute sind die Dörfer um die Kastelle praktisch zusammengewachsen und von der „**Straße der Kastelle**" kann man beim bloßen Durchfahren keines davon erblicken. Dazu muss man sich jeweils in das Zentrum der einzelnen Ortschaften bemühen - kolossale prachtvolle Gemäuer braucht man sich aber nicht zu erwarten. Fazit: Eine Alternative, die sich kaum lohnt! 200.000 Menschen wohnen in SPLIT, und es ist das wichtigste Wirtschafts- und Handelszentrum Dalmatiens. Nähert man sich der Peripherie, wird man erstmal abgeschreckt von vielen hässlichen Industrieeinrichtungen, Zementwerken, Werften und Ähnlichem. Inmitten dieser wenig ansehnlichen Anlagen ist heute der Ursprung von SPLIT zu finden. Nahe SALONA ließ sich einst Kaiser Diokletian einen prunkvollen Alterssitz errichten. Noch jetzt lassen die Ruinen (Tempel, Thermen und ein Amphitheater) die einstige Größe erahnen. Das **Ausgrabungsgelände** kann besichtigt werden (Ausfahrt SOLIN). Auf breiten Einfallstraßen rücken wir zum Zentrum vor und haben tatsächlich das Glück, auf Anhieb einen Parkplatz zu finden. Durch die Fußgängerzone spazieren wir meerwärts - neugierig der Dinge, die hier unser harren. Nach wenigen Minuten erreichen wir die Strandpromenade, an der ausladende Palmen Schatten spenden. Von hier aus lassen sich gut die ein- und auslaufenden Schiffe bei einem Espresso in einem der zahlreichen Restaurants beobachten. Es ist ein faszinierendes Bild, wie sich die meist weißen Pötte gegen das helle Blau des Himmels und das dunkle Stahlblau des Meeres abzeichnen - und zur Garnierung gibt es noch ein paar schwarze Rauchwolken dazu! Freilich bietet aber eine solch altehrwürdige Stadt viel mehr als nur eine schöne Promenade und einen geschäftigen Hafen.

Split, der Platz der Republik

Wir beginnen unsere Besichtigung am westlichen Rand des Ortskerns auf dem **Trg Republike** - dem Platz der Republik.

Von drei Seiten ist dieser große Platz mit prächtigen Gebäuden eingefasst, deren Ursprung unverkennbar venezianisch ist. Vorbei am Markt bzw. an der **Markthalle,** gelangen wir durch ein paar Gässchen zum **Narodni Trg**, an dem sich Bauwerke verschiedener Epochen erheben. Im **Rathaus** (15. Jahrhundert), das das **Ethnographische Museum** (geöffnet von 09.00-12.00 Uhr Samstag bis Montag, von Dienstag bis Freitag zusätzlich von 18.00-21.00 Uhr, Eintritt ca. 2,5 Euro) beherbergt, lassen sich Trachten, Stickereien und verschiedene Schmuckwaren bestaunen. Ein **Renaissance-Palast** (Karapić) schließt an, und an der Ostseite des Volksplatzes steht ein romanisches Haus mit Rundbogenfenstern und einer Antoniusfigur (14. Jahrhundert). Ein weiteres romanisches Gebäude, das wie ein **Wehrturm** anmutet, informiert die Bürger mittels einer großen Uhr, welche Stunde ihnen geschlagen hat.

Jetzt dringen wir zum altehrwürdigen Kernstück, dem **Diokletian-Palast** vor. Der Kaiser Diokletian ließ in den Jahren 295-305 nach Christus eine wahrhaft gigantische Festung erbauen, die mit einem Grundriss von 215 m auf 180 m Akzente setzt. Das Mauerwerk war 2 m dick, und nicht weniger als 16 Türme gehörten zu dem Bauwerk. Mittlerweile wurde eine Stadt mit Häusern, Geschäften und Cafés innerhalb dieser antiken römischen Mauern errichtet. Im tiefsten Herzen des Palastes - im **Peristyl** - einem von Säulengängen eingerahmten Hof, kann man heutzutage ganz ungeniert ein Häppchen essen und einen Vino oder Espresso genießen. Das **Café Luxor** ist genau da etabliert, wo einstmals Volk und Adel dem Kai-

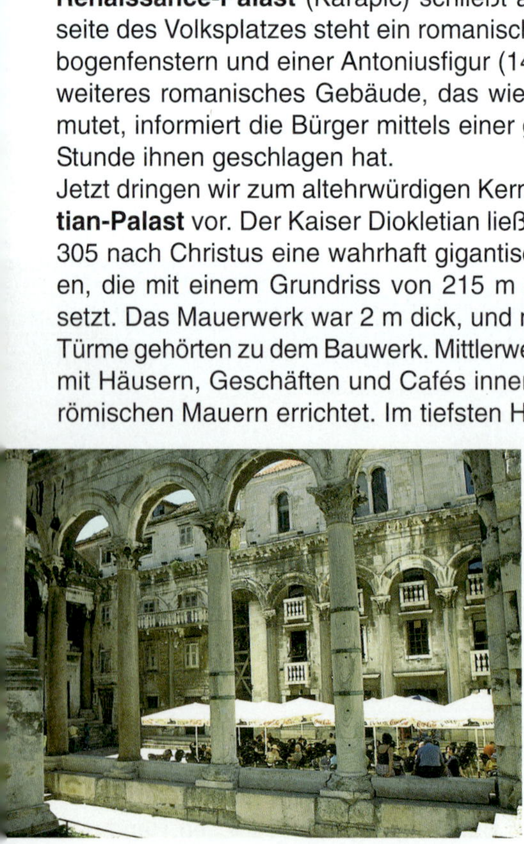

Der Diokletian-Palast mit dem Peristyl

ser huldigten. Daneben erhebt sich die **Kathedrale Sv. Duje**, das umgebaute Mausoleum Diokletians. Die Eingangstüre zieren 28 kunstvoll gearbeitete Holzreliefs, im Innern raubt der Anblick der **Schatzkammer** dem Betrachter den Atem. Vom Turm des Gotteshauses erhält man einen weiten Blick über die Dächer von SPLIT, der allerdings gebührenpflichtig ist. Gegenüber dem Mausoleumseingang führt ein Gässchen zum ehemaligen **Jupitertempel** mit einem reich verzierten Portal. Im 7. Jahrhundert erfuhr er die Änderung zur **Taufkapelle Sv. Ivan**. Der Bau ist ausgesprochen gut erhalten, besticht durch ein kassettiertes Deckengewölbe und ein Taufbecken mit schöner Flechtornamentik.

Durch vier mächtige Portale, die sich jeweils in der Mitte einer Wandseite befinden, kann der Palast betreten werden. Im Westen gelangt man durch die **Porta Ferrea** (Eisernes Tor) hinein, im Norden gewährt die **Porta Aurea** (Goldenes Tor) den Besuchern Einlass. Letzteres war das frühere Haupttor und ist gegen SALONA ausgerichtet. Über einen in allen Farben schwelgenden Blumen, Obst- und Gemüsemarkt bekommt man von Osten her Zutritt durch die **Porta Argentea** (Silbernes Tor). Die unscheinbarste Pforte ist das **Seetor** (Porta Aenea), die sich zur Promenade hin öffnet.

Split: Promenade nahe dem Hafen

Früher brandete das Meer bis an die Mauern des Palastes, und nur die kaiserlichen Versorgungsschiffe legten hier an. Das Seetor führte direkt in die **Kellergewölbe**, die als Lager dienten. In der Hauptpassage dieser Gewölbe befindet sich heute eine Einkaufsgalerie - auf uns wirkt das ein wenig befremdlich! Die seitlichen Gewölbe sind zur Besichtigung freigegeben (gebührenpflichtig) und bisweilen auch Mittelpunkt von Veranstaltungen verschiedener Art.

Ein lohnender Spaziergang vom Diokletianspalast führt hinauf auf den mit Kiefern bestandenen **Marjan-Hügel**. Ungefähr in halber Höhe dieser 178 m hohen Erhebung lockt eine schöne **Aussichtsterrasse** mit einem kleinen Zoo in der Nähe.

Nahe des Marjan-Hotels empfängt das **Archäologische Museum** seine Besucher. Neben romanischen Skulpturen gibt es u.a. das Taufbecken aus der Stadt NIN, diverse Steintafeln, den Sarkophag der Königin Jelena und vieles mehr zu sehen (Eintritt 2,5 Euro, geöffnet sonntags von 09.00-12.00 Uhr, die restlichen Tage von 09.00-16.00 Uhr).

Kaum ein Tourist wird wohl das geschichtsträchtige SPLIT als Standort für einen Badeurlaub auswählen. Bedingt durch reichlich vorhandene Industrieansiedlungen und weitläufige Hafenanlangen, zeigt sich die Wasserqualität um die Stadt herum nicht gerade von der besten Seite. Möchte man dennoch nicht auf ein kühles Bad verzichten, so empfiehlt sich die **Marjan-Halbinsel** für einen Sprung in die Fluten. Hier ist das Wasser schön klar, es gibt Kiesstrände mit Strandduschen und hübsche Promenadenwege.

Erwägt man eine Übernachtung in SPLIT, so empfiehlt es sich, den Hafenbereich dieser schönen Stadt anzulaufen. Hier gibt es mehrere Parkflächen, die teilweise gebührenpflichtig sind. Dafür unterliegen sie auch einer gewissen Überwachung und sind beleuchtet. Im nahen Hafengebäude, welches sich in der Form eines Schiffes präsentiert, findet man eine ordentliche Toilette. Einen Wasserhahn gibt es direkt beim Fähranleger nach Supetar.

Ein weiterer Vorteil ist die unmittelbare Nähe zur Altstadt, einem ausgedehnten Stadtbummel steht also nichts im Wege. Es sind nur wenige Minuten zu Fuß bis zum Zentrum, wo man dann ruhigen Gewissens auch mal ein Fläschchen Wein genießen kann. Leider ist der Hafenparkplatz stark frequentiert. Nicht immer findet sich

Im Hafen von Split

auf Anhieb ein Plätzchen und Grabesruhe darf man freilich nicht erwarten.

(134) WOMO-Stellplatz: Split (Hafen)

GPS: N 43° 30' 07.7" E 16° 26' 33.4" **max. WOMOs:** > 5
Ausstattung/Lage: WC, Wasserstelle, Geschäft u. Restaurants nahebei / im Ort.
Zufahrt: Den Schildern zum Hafen folgen.

Beabsichtigt man mit der Fähre weiter zu reisen, so kann man, nachdem das letzte Schiff abgefahren ist, auch in der Spur übernachten und am nächsten Morgen mit dem ersten „Dampfer" starten.
Ca. 7 km von der Altstadt entfernt liegt am südlichen Ortsausgang von Split der neue und schöne **Campingplatz Stobreč** (nur wenige 100 Meter von der Magistrale).

(135) WOMO-Campingplatz-Tipp: Stobreč

GPS: N 43° 30' 15.0" E 16° 31' 34.9", Sv. Lovre 6 **Öffnungszeit:** Ganzjährig
Ausstattung/Lage: Restaurant, Geschäft, Roller- und Fahrradverleih, Strandbar, Meerlage, reichlich Schatten / außerorts.
Zufahrt: An der Magistrale gut ausgeschildert.

Ideal für einen Split-Besuch: Camping Stobreč

Insgesamt vier Buslinien (Nr. 25,27,30,60) verkehren zwischen dem Campingplatz (Haltestelle nahebei) und SPLIT. Fragen Sie bitte sicherheitshalber wegen eventueller Änderungen an der Rezeption nach!

KARTE TOUR 9
10 km
Split
134
WC
135
Stobreč
B
Krilo Jesenice
Dugi Rat
136
137
138
139
Omiš
B
Medići
Radmanove mlinice
Kutleša
Kučiće
Cetina
140
141
WC
Prsak
Slime
P
Poletnica
Skrabići
Brela
142
Promajna
155
Makarska
Biokovo-Gebirge
Šolta
N
Naturpark Prirode
146
Sutivan
145
Bobovišća
147
148
Milna
149
Ložišće
Supetar
143
WC
144
B
Brač
150
Škrip
Museumsdorf
Splitska
151
Postira
Nerežišća
Vidova gora
778 m
153
154
Goldenes Horn
Bol
152
Pučišća
Gornji Humac
Selca
Povlja
Sumartin
WC

Tour 9 (Variante 1: 95 km / 2 Tage; Variante 2: 165 km / 6 Tage)

Variante 1: Split - Omiš - Makarska

Variante 2: Split - Supetar (Insel Brač) - Sutivan - Milna - Nerežišća - Škrip - Pučišća - Pražnica - Bol - Selca - Sumartin - Makarska

Freies Übernachten:	Dugi Rat, Omiš, an der Cetina und in Promajna bzw. Variante 2: Supetar, Sutivan, Bobovišća, Milna, Škrip, Postira, Pučišća, auf dem Vidova gora sowie in Makarska.
Campingplätze:	„Galeb“ in Omiš bzw. Variante 2: „Camp Supetar“ nahe der Ortschaft Supetar, „Kito“ in Bol.
Besichtigen:	Omiš mit der Cetina Schlucht bzw. Variante 2: die Ortskerne und Promenaden fast aller Städtchen der Insel Brač, das Museumsdorf Škrip, das Goldene Horn von Bol, die Altstadt und das Muschelmuseum von Makarska.
Wandern:	Auf den Vidova gora bei Bol, zur Drachenhöhle nahe Bol und im Biokovo-Gebirge.
Radfahren:	Mountainbiken im Biokovo-Massiv.
Baden:	An vielen Stellen der Küste und fast allen Küstenorten.

In dieser Tour stehen Ihnen zwei Möglichkeiten offen. Sie können uns von SPLIT aus über die **Insel Brač** begleiten, um anschließend in MAKARSKA wieder die Spur der Küstenstraße aufzunehmen. Wünschen Sie auf dem Festland nach MAKARSKA zu reisen - also auf der **Adria magistrale** bzw. über die Berge - so können Sie das ebenso mit uns tun. Das Ergebnis unserer Entdeckungen entlang der Küstenstraße bzw. im Hinterland lesen Sie im ersten Teil der Tour, im zweiten Abschnitt berichten wir Ihnen, was wir auf der **Insel Brač** erlebt haben.

Variante I: SPLIT - OMIŠ - BRELA - MAKARSKA

Wir kehren dem verkehrsreichen SPLIT den Rücken, und schneller als gedacht rollen wir wieder auf der **Magistrale**, natürlich in südlicher Richtung. An der Strecke reihen sich einige idyllisch gelegene Badeorte auf. Es macht Laune, um die Kurven zu schwenken und immer wieder neue Aussichten zu genießen.

In DUGI RAT entdecken wir zwischen einigen hübschen Wohnhäusern und Blocks, die schon bessere Zeiten gesehen haben, einen Stellplatz in Strandnähe.

(136) WOMO-Badeplatz: Dugi Rat

GPS: N 43° 26' 37.9" E 16° 38' 24.9" **max. WOMOs**: 2-3

Ausstattung/Lage: Restaurants und Geschäfte in der Nähe, Mülltonne, zum Strand ca. 150 m / im Ort.

Zufahrt: Vom Ortsschild am Ortsanfang noch 300 m, dann rechts einbiegen (nahe dem Busbahnhof).

Nach ca. 23 km ist OMIŠ und somit der Beginn der sog. **Makarska-Riviera** erreicht. Das alte Städtchen kuschelt sich an die imposanten Felsen des **Mosor-Gebirges** und wird von der **Burgruine Starigrad** überragt, von deren Turm der Blick weit in die Ferne reicht. Dicht drängen sich die Natursteinhäuschen im Kern zusammen. Auffallend sind die vielen Cafés, in denen es sich gut rasten lässt. Zweifelsohne hat OMIŠ ein gewisses Flair, doch man spürt auch die Nachlässigkeit der Bewohner. Aufräumen und ein bisschen „Stadtkosmetik" betreiben, scheint nicht zu deren Hobbys zu gehören. In den Außenbereichen gibt es noch etliche Gebäude mit dem alten „Ostcharme" und wohl notwendige, aber wenig ansehnliche Industrieanlagen.

Noch bevor man zum Zentrum vorstößt, fährt man am Campingplatz „Galeb" vorbei, der über einen lockeren Baumbe-

Blick auf Omiš mit seiner Burg

stand und einen langen, sehr flach abfallenden Sandstrand verfügt.

(137) WOMO-Campingplatz-Tipp: „Galeb" in Omiš

GPS: N 43° 26' 26.5" E 16° 40' 47.2", Vukovarska **Öffnungszeit:** 01.05.-14.10.
Ausstattung/Lage: Geschäft, Kiosk, Restaurant, zum Zentrum (am Strand entlang) ca. 300 m, teilweise Schatten / Ortsrand.
Zufahrt: Am Ortsanfang rechts abbiegen (beim Sportstadion).

An der Cetina in Omiš

Nach dem Campingplatz Galeb erstreckt sich rechter Hand ein großer und sonniger Parkplatz, der gut als Ausgangspunkt für eine Stadtbesichtigung geeignet ist. Das Areal liegt zwar an der Durchgangsstraße, doch im hinteren Bereich gibt es einige nette Plätzchen am **Fluss Cetina**. Mit Verkehrslärm muss man aber rechnen. Nach einer Sanierung ist der Platz jetzt gebührenpflichtig geworden (1,4 Euro/Std.).

(138) WOMO-Stellplatz: Omiš 1

GPS: N 43° 26' 43.0" E 16° 41' 16.4" **max. WOMOs:** > 5
Ausstattung/Lage: Altstadtnähe, Beleuchtung, Bänke / im Ort.
Zufahrt: Nach dem Campingplatz Galeb, aber noch vor der Cetina Brücke rechts abbiegen.

Kurz darauf überquert man den **Fluss Cetina**. 200 m nach der Brücke biegen wir rechts zum Strand ab. Nach weiteren 200 m halten wir uns rechts, um bis an den Fluss vorzufahren. Hier befindet sich links ein tagsüber gebührenpflichtiger Wiesen-/ Schotterplatz (70 Cent pro Stunde). Ein gepflegter, feinkieseliger Strand schließt an.

(139) WOMO-Badeplatz: Omiš 2

GPS: N 43° 26' 32.2" E 16° 41' 16.4" **max. WOMOs:** > 5
Ausstattung/Lage: Altstadtnähe, Restaurant, Mülltonnen / Ortsrand.
Zufahrt: 200 m nach der Cetina Brücke rechts abbiegen, nach 200 m nochmals rechts, bis zum Fluss fahren, hier links.

Bootsfahrt auf dem Fluß Cetina

Biegt man nach besagter **Cetina Brücke** von der Hauptstraße links ab, führt eine landschaftliche reizvolle Straße flussaufwärts, hinein in die Schlucht, die die **Cetina** im Laufe der Zeit in das Gebirge gegraben hat. Bei einer **Wassermühle** (Restaurant mit lauschigem Biergarten), der **Radmanove mlinice**, finden wir einen schattigen Parkplatz. Wir folgen weiter dem Verlauf des Sträßleins. Nach der Mühle wird die Fahrbahn jetzt schmaler. Etwas unterhalb plätschert gemütlich ein blaugrüner Flussarm, der **Cetina,** durch den „Dschungel". In seinem oberen Verlauf wird dieser deutlich lebhafter und gern zum Rafting genutzt. Ein besonderes Erlebnis verspricht auch die Befahrung des wildromantischen Canyons mit dem Schiff (Infos und Abfahrt nahe der Cetina Brücke).

Die Fahrbahn windet sich jetzt in etlichen Kehren den Berg hinauf - doch fürchten muss man sich deswegen nicht! Die Strecke erweist sich als landschaftlich sehr schön und bietet teilweise weite Blicke über das Gebirge. Ein Stück des Weges nach dem Dörfchen KUČIĆE nähert sich die Straße wieder der **Cetina**. Gab es bisher nur die eine oder andere rasttaugliche Parkbucht, so lassen sich hier idyllische Picknickplätze (Ausgangspunkt für Raftingtouren) am Fluss entdecken, die zu einer Übernachtung einladen.

„Dolce far niente" an der Cetina

(140) WOMO-Picknickplatz: Cetina 1

GPS: N 43° 25' 37.2" E 16° 51' 12.2" **max. WOMOs**: 1-2

Ausstattung/Lage: Tische, Bänke, Mülleimer / außerorts.

Zufahrt: Knapp 0,5 km vor der Abzweigung nach Slime/Makarska (steile Abfahrt).

(141) WOMO-Picknickplatz: Cetina 2

GPS: N 43° 25' 40.6" E 16° 51' 16.7" **max. WOMOs**: 2-3
Ausstattung/Lage: Toilette, Tische, Bänke, Mülleimer / außerorts.
Zufahrt: Ca. 300 m vor der Abzweigung Slime/Makarska.

Folgt man schließlich an besagter Kreuzung den Hinweisen nach MAKARSKA, erreicht man nach gut 4 km wieder die **Magistrale** nahe BRELA. Der Ausflug durch die **Cetina-Schlucht** und das Gebirge ist zwar kaum länger als die Küstenstraße, doch auf dieser kommt man natürlich deutlich flotter voran.

An der Küste nahe Brela

Bleibt man auf der Küstenstraße, so trifft man einige Kilometer nach OMIŠ auf die Ortschaft LOKVA ROGOZNICA. Empfehlenswert ist hier der in Terrassen zum Meer hin angeordnete **Campingplatz Sirena** (GPS: N 43° 24' 20.7" E 16° 46' 40.9"). Der vorwiegend sonnige Platz mit Restaurant und kleinem Geschäft zeigt sich gepflegt und wird freundlich - familiär geführt.

Um MEDIĆI stoßen wir in lockerer Folge auf nette kleine Kiesstrände. An der Straße gibt es reichlich Parkmöglichkeiten - einem Zwischenstopp, um sich kurz zu erfrischen, steht also nichts im Wege. Bald schwingt sich die gut ausgebaute **Magistrale** in höhere Felsregionen hinauf. Dabei wurde die Fahrbahn spektakulär dem Fels abgetrotzt, und der Reisende erhält Ausblicke, die wahrhaft grandios sind. Von einigen Park- bzw. Picknickplätzen kann man das tolle Panorama in Ruhe genießen. Wir streifen den Badeort BRELA und nähern uns allmählich MAKARSKA. Doch zuvor unternehmen wir noch einen Abstecher nach PROMAJNA. Das kleine Dörfchen glänzt mit einem

Am Strand von Promajna

wunderschönen langen und relativ breiten Feinkies-Strand, an dessen Rand leuchtend grüne Föhren für Schatten sorgen. Es gibt ein paar Kioske und Restaurants, Strandduschen und Umkleidekabinen. Direkte Parkplätze am Strand sind aber absolute Mangelware. Tragödie ist das keine, denn zentral in der Gemeinde gibt es eine erstaunlich große Parkfläche (gebührenpflichtig) mit einigen Bäumen.

(142) WOMO-Badeplatz: Promajna

GPS: N 43° 20' 08.9" E 16° 58' 23.6" **max. WOMOs:** 2-3

Ausstattung/Lage: Geschäfte und Restaurants in der Nähe, Dusche und Toilette am Strand / im Ort.

Zufahrt: Von der Magistrale nach Promajna abbiegen, dann nach 700 m rechts.

Schließlich nehmen wir den letzten kurzen Abschnitt in Angriff und laufen in MAKARSKA ein. Die Strecke SPLIT-MAKARSKA beträgt, inklusive der kleinen Abstecher, ca. 95 Kilometer.

Variante 2: INSEL BRAČ - MAKARSKA

Die Altstadt von SPLIT und der Fährhafen liegen nicht weit voneinander entfernt. Der Hafen sprengt unsere bisher von Kroatien gewohnten Dimensionen und zeigt sich lebhafter als andere. Wunder ist das natürlich keines, denn zu den zahlreichen regionalen Verbindungen, die von hier aus bedient wer-

Blick zurück auf Split

den, gesellen sich noch die größeren Italienfähren. Keine Seltenheit sind auch Kreuzfahrtschiffe, die vorübergehend vor Anker liegen und dann einige hundert neugierige Menschen ausspucken. Wir orientieren uns nach den Hinweisen zur **Insel Brač** (SUPETAR), drücken 50 Euro ab (2 Personen und ein Wohnmobil bis 6 m Länge), und nach nur kurzer Wartezeit kraxeln wir auch schon an Bord des „Jadroliners" und schwimmen bald dem Eiland entgegen. Die Schiffe verkehren bis zu 13 x täglich, doch zu den Berufsverkehrszeiten kann es schon mal eng werden. Viele Insulaner arbeiten in SPLIT und pendeln mit der Fähre - starker Andrang ist da vorprogrammiert. **Brač** ist die Heimat von knapp 18.000 Menschen, die größte aller dalmatinischen Inseln und sogar drittgrößte Adriainsel überhaupt. Den höchsten Gipfel mit immerhin 778 m stellt der **Berg Vidova gora**. Berühmt in aller Welt ist das weiße Kalkgestein, aus dem das Eiland - neben Dolomit - vorwiegend besteht. Dieses marmorähnliche Gestein wird in relativ großem Stil abgebaut, und man findet es in nicht ganz unbedeutenden Bauwerken wie etwa dem Berliner Reichstag oder dem Weißen Haus in Washington wieder. Früher nannten die Bewohner **Brač** „die Insel ohne Brot", denn Trinkwasserquellen gab und gibt es kaum. Seit dem Jahr 1973 verläuft eine Wasserleitung vom Festland herüber, die vom **Fluss Cetina** gespeist wird. Wein- und Ackerbau sowie Viehzucht profitierten natürlich davon.
Gemächlich pflügt „unser" Schiff durch die blauen Wellen SUPETAR, dem Hauptort der Insel, zu. Schon von weitem erkennen wir eine grüne mit Kiefern bestandene Halbinsel und einen weitläufigen Badestrand - ausnahmsweise mal wieder mit Sand bestückt. Ins Auge fällt aber vor allem der Friedhof mit einem interessanten **Mausoleum** in orientalischem Stil, das eine reiche Reeder-Familie erbauen ließ. Ein kleiner Ruck geht durch die Fähre, mit Getöse öffnen sich die Klappen, der Pulk der Fahrzeuge setzt sich in Bewegung und bringt Leben in den Hafen. Für die netten Restaurants und Cafés entlang der von Palmen gesäumten Promenade bedeutet das potentielle Gäste. So mancher gerade angekommene Tou-

Die Hafenpromenade von Supetar

rist sorgt erst einmal für das leibliche Wohl, bevor er einen Spaziergang unternimmt oder vielleicht einen Blick in die barocke **Kirche Sv. Petar** (aus dem 18. Jahrhundert) wirft.
Will man ein oder zwei Tage in SUPETAR verweilen, bietet sich der Parkplatz nahe dem Hafen an (in der Saison gebührenpflichtig, 80 Cent in der Stunde). An das sonnige Areal schließt ein sauberer und gepflegter Kies-Badestrand an. In die schöne Innenstadt mit der adretten Fußgängerzone sind es nur wenige Schritte. Am Anfang der kurzen Flaniermeile gibt es rechts nach der Touristeninformation einen Wasserhahn. Angefahren kann dieser aber nicht werden, doch wen der Wassernotstand arg plagt, kann wenigstens zu Fuß mit dem Kanister etwas Nachschub holen.

(143) WOMO-Badeplatz: Supetar
GPS: N 43° 23' 05.6" E 16° 33' 28.3" **max. WOMOs:** > 5
Ausstattung/Lage: Dixi-Toiletten, Geschäfte und Restaurants nahebei / Ortsrand.
Zufahrt: Gleich nach der Hafenausfahrt links.

Bevorzugen Sie einen Campingplatz, so orientieren Sie sich in Richtung POSTIRA. 0,9 km nach dem Hafen von SUPETAR liegt linker Hand in einem Pinienwald ein eher kleines terrassiertes Gelände, das allerdings über keinen Zugang zum Meer verfügt. Für einen längeren Aufenthalt erscheint der Platz weniger prädestiniert, doch für eine schnelle Übernachtung - nach Ankunft oder vor dem Verlassen der Insel - ist er keine schlechte Lösung.

(144) WOMO-Campingplatz-Tipp: „Supetar“ bei Supetar
GPS: N 43° 22' 49.8" E 16° 33' 52.2" **Öffnungszeit:** 01.05.-30.09.
Ausstattung/Lage: Geschäft in der Nähe, Schatten / außerorts.
Zufahrt: Von Supetar in Richtung Postira fahren, außerhalb des Ortes links.

Nachdem wir SUPETAR gebührend bewundert haben, streben wir SUTIVAN zu. Auf gut ausgebauter Teerstraße rollen wir über die Insel, die sich trotz bereits fortgeschrittener Jahreszeit als überraschend grün erweist. Zu verdanken ist dieser Umstand den vielen Pinien, Olivenbäumen und anderen hartlaubigen Ge-

Spieglein, Spieglein an der Wand...

wächsen, die ganzjährig ihr „Blätterkleid“ tragen. Die Sicht ist klar, und so erhaschen wir immer wieder schöne Blicke auf das Festland und die weit entfernten Häuserburgen von SPLIT. Wir passieren das Dörfchen MIRCA und erreichen kurz darauf SUTIVAN.

Bevor wir meerwärts abbiegen, umfahren wir zunächst fast den ganzen Ort. Ein paar Kurven, ein mäßiges Gefälle, und schon entdecken wir einen großen Parkplatz, von dem es kaum fünf Minuten bis zum Zentrum sind. Das Gelände ist frisch geteert und man hat einige junge Bäumchen gepflanzt, die allerdings erst in einigen Jahren Schatten spenden werden. Der Platz ist (meist) gebührenpflichtig.

(145) WOMO-Stellplatz: Sutivan

GPS: N 43° 22' 58.3" E 16° 28' 42.6" **max. WOMOs**: > 5

Ausstattung/Lage: Beleuchtung, Mülleimer, Geschäfte und Restaurants in der Nähe / im Ort.

Zufahrt: Rechts nach Sutivan abbiegen (zweite Abfahrt), noch 500 m, dann links.

Sutivan: Ursprünglich und gemütlich

SUTIVAN bietet einige Sehenswürdigkeiten. Neben der **Pfarrkirche** aus dem 16. Jahrhundert gefällt auch das **Kastell** der Familie Marjanović (17. Jahrhundert), welches eine Sonnenuhr schmückt.

Es gibt einige ansprechende **Palazzi** mit schönen Innenhöfen, und auch die **Sommerresidenz** des berühmten kroatischen **Dichters Kavanjin** befindet sich hier. Schlendert man der schnuckeligen Hafenpromenade entlang, so wird man so-

gar einer schmucken **Windmühle** gewahr.
Doch nicht nur die gerade aufgezählten Bauwerke machen den Reiz dieses Ortes aus, sondern auch die üppig wuchernden Gewächse in und um SUTIVAN. Da erfreuen Granatäpfel und blühende Oleander das Auge, die lilafarbenen Bougainvilleen zeigen sich im Farbenrausch, und die Blätter vor Gesundheit strotzender Palmen wiegen sich im Wind. Es macht wirklich Laune, ein wenig herumzuspazieren.
Ein kurzes Wegstück nach SUTIVAN führt rechter Hand eine gute Schotterstraße in den **Naturpark Prirode** (Eintritt ca. 3 Euro). Bei einem Restaurant, das von einer liebevoll gepflegten Parkanlage umgeben ist, kann man (kostenpflichtig) übernachten. Ein kleiner Sportplatz ist ebenfalls vorhanden. Natürlich lassen sich von hier aus auch wunderbar Streifzüge in die Natur unternehmen.

(146) WOMO-Wanderparkplatz: Prirode
GPS: N 43° 22' 11.0" E 16° 28' 00.3"
max. WOMOs: 3-4
Ausstattung/Lage: Restaurant, Toilette, Spielplatz, Tische, Bänke / außerorts.
Zufahrt: Vom Ortsendeschild Sutivan nach 1,1 km rechts abbiegen, nach weiteren 500 m links durch ein Tor fahren noch 200 m.

Wiederum ein Stückchen weiter zweigt rechts eine Stichstraße nach BOBOVIŠĆA N.M. (am Meer) ab. Kurz darauf ist der

Bobovišća, ideal für Erholungssuchende

in einer idyllischen Bucht gelegene Ort erreicht. Ein kleiner Parkplatz am Hafen nimmt die Besucherfahrzeuge auf (max. 3,5 t zulässiges Gesamtgewicht).

(147) WOMO-Stellplatz: Bobovišća

GPS: N 43° 20' 58.7" E 16° 27' 51.9" **max. WOMOs**: 2-3
Ausstattung/Lage: Restaurant, winziges Geschäft, Beleuchtung, Spielplatz, Mülltonne / im Ort.
Zufahrt: Vom Ortsendeschild Sutivan nach ca. 4,3 km rechts abbiegen, noch 800 m.

Über LOŽIŠĆA, einem ruhigen blitzsauberen Ort mit alten Steinhäusern, an denen bunte Fensterläden farbenfrohe Akzente setzen, geht es weiter. Faszinierend wirkt der schlanke **Kirchturm** mit seinen vielen Verzierungen und kleinen Säulen. Am Ende des schmucken Dorfes mit seinen hübschen Gärten zweigt eine Stichstraße in Richtung MILNA ab. Die Durchfahrt ist etwas schmal, doch der weitere Straßenverlauf präsentiert sich schon wieder im bereits gewohnten guten Zustand. In weiten Schwüngen zieht die Straße den Hang hinunter und endet im lebhaften Hafen von MILNA.

Das Bergdörfchen Ložišća

Kurz vor dem Ortsbeginn von MILNA zweigt rechts eine neugebaute, recht breite Straße ab. Auf dieser erreicht man einen langgezogenen und wunderschönen Badestrand.

(148) WOMO-Badeplatz: Milna/Bijaka Plaža

GPS: N 43° 19' 57.6" E 16° 26' 03.2" **max. WOMOs**: 4-5
Ausstattung/Lage: Klares Wasser / außerorts.
Zufahrt: Vor Milna rechts abbiegen (Hinweis Milna Obilaznica), dem Straßenverlauf 2,3 km folgen, dann rechts abzweigen (Hinweis Bijaka Plaža), noch 700 m - zuletzt auf schmaler Fahrbahn mit Ausweichen.

Skipper finden in MILNA die größte **Marina** der Insel vor, die vielen im Wasser dümpelnden Boote verleihen dem Städtchen ein farbenfrohes Bild. Wohnmobilisten können nahe des Hafenbeckens parken und auch halbwegs ruhig übernachten (empfehlenswert nur in der Nebensaison, da wenig Platz vor-

Milna lädt zum Bummeln ein

handen ist). Wasser lässt sich an den vielen Zapfsäulen entlang dem Ufer recht komfortabel bunkern. Ganz in der Nähe kann man sich in einer Mini-Markthalle mit frischem Obst und Gemüse eindecken.

(149) WOMO-Stellplatz: Milna

GPS: N 43° 19' 32.1" E 16° 26' 59.0" **max. WOMOs:** 2-3
Ausstattung/Lage: Geschäfte, Restaurants und Wasserstellen nahebei / im Ort.
Zufahrt: In Milna rechter Hand des Hafenbeckens.

Flaniert man der Hauptzeile entlang, genießt man einen schönen Blick über die tief eingeschnittene Bucht und die umliegenden Hügel. Besonders erholsam lässt sich das Panorama von einem Stühlchen aus und bei einem Espresso in einem der zahlreichen Cafés bewundern. Die Geschichte MILNAS reicht nicht allzu tief in die Vergangenheit. Das älteste Bauwerk ist das **Kastell Angliščina** aus dem 16. Jahrhundert. Über eine Treppe gelangt man zu einem kleinen Platz, in dessen Mitte eine Büste vor

Milna: Das antike Herz

der mit Arkaden verzierten **Loggia** thront. Seitlich davon erhebt sich die **Pfarrkirche** (18. Jahrhundert) mit einem kunstvollen Altarbild.
Wasserratten und Badenixen kommen ebenso auf ihre Kosten. Im Süden des Ortes lädt der Strand Osibova zum Schwimmen und Plantschen ein.
Wir touren zurück nach LOŽIŠĆA. Während wir mit unserem Mobil den Hang hinauf brummeln, haben wir genügend Muße, die in Knochenarbeit zusammengetragenen großen grauen Steinhaufen links und rechts der Straße zu bestaunen. Da vor kurzer Zeit ein Feuer das Buschwerk niedergebrannt hat, treten die steinernen Berge besonders stark hervor. Am Ortsrand von LOŽIŠĆA zweigt rechts ein Sträßlein nach NEREŽIŠĆA ab. Es ist gut in Schuss, allerdings auch recht schmal. Das Verkehrsaufkommen hält sich stark in Grenzen, und so gibt es keine Probleme. Ein kleiner, verschlafener Weiler namens DRACERIČA liegt auf der Strecke. Zwei alte Männer sitzen vor einem Mäuerchen und scheinen am Geschehen der Welt nicht interessiert zu sein. Bald fällt unser

In aller Welt bekannt: Bračer Marmor

Blick auf Marmorsteinbrüche, die klaffende Wunden in die Landschaft reißen. Die bereits geschnittenen und gelagerten Blöcke beeindrucken uns. Was mag wohl ein solcher Quader wiegen?
Wir erreichen NEREŽIŠĆA, das ehemalige Verwaltungszentrum der **Insel Brač**. Vom einstigen Prunk ist nicht viel geblieben. Neben Spuren früherer Kultur kündet nur noch der **Fürstenhof** mit einem geflügelten Löwen vom alten Glanz. Wir

wenden uns nun wieder SUPETAR zu. Die Straße verläuft zunächst geradlinig und schließlich in einigen Kurven und Kehren dem Hafenort zu. Nach unserer Rundfahrt stehen nun 43 km mehr auf dem Tacho. Wir streifen SUPETAR nur leicht und rollen weiter in Richtung POSTIRA. Bald führt ein Abzweig hinunter zur idyllischen, an einer winzigen Bucht gelegenen Ortschaft SPLITSKA. Ein kurzer Abstecher lohnt sich!
Unser Ziel ist jetzt das **Museumsdörfchen** ŠKRIP. Bald zweigt auf dem Weg nach POSTIRA eine Teerstraße bergwärts ab.

Das Museum in Škrip

Nach nur 3 km laufen wir in der 500 Seelen zählenden Gemeinde ein. Sie gilt als älteste Siedlung auf **Brač**. Am Ortsanfang schickt uns ein Schild links zum „**museum of the island**". Nach 700 m auf schmaler Fahrbahn stehen wir auf einem netten Parkplatz, der teils schief, teils eben auch mit einigen Bäumen aufwarten kann. Uns wurde berichtet, der Andrang sei oft groß - um so erstaunter stellen wir jetzt fest, dass wir die Einzigen sind. Sollte Ihnen dieses Glück nicht widerfahren, dann bauen Sie auf den Abend - da leert sich das Plätzchen zusehends.

(150) WOMO-Stellplatz: Škrip

GPS: N 43° 21' 21.7" E 16° 36' 37.1" **max. WOMOs:** 2-3

Ausstattung/Lage: Restaurant ca. 400 m, Mülltonnen, evtl. Wasser per Kanister am Friedhof / außerorts.

Zufahrt: 400 m nach dem Ortsanfang (Schild) von Škrip links abbiegen, noch 700 m.

Die Kulturschätze liegen praktisch vor der WOMO-Tür. In landschaftlich schöner Lage lassen sich etliche Behausungen der einfachen Leute (Bauern, Knechte, Mägde) bewundern. Die niedrigen Häuser bestehen aus kunstvoll aufgeschichteten Steinplatten, und auch die Bedeckung wurde aus dem gleichen Material gefertigt. In einem alten **Wehrturm**, der schon Illyrern, Römern und Venezianern als Domizil diente, ist heute ein Museum untergebracht. Ausgestellt wird kulturgeschichtliches, u.a. Sarkophage und eine Herkulesstatue. Geöffnet ist das „**Brački Museum**" täglich von 10.00-18.00 Uhr, der Eintritt beträgt gut 2 Euro. Neben dem Gebäude sind die Reste einer illyrischen **Zyklopenmauer** und ein **Friedhof** aus der Römerzeit zu besichtigen. Die **Friedhofskirche** ist romanischen Ursprungs. Spaziert man noch ein paar Schritte weiter, so gelangt man zu einer Aussichtsterrasse, von der man einen weiten Blick auf das Umland erhält.

Im Museumsdörfchen Škrip

Interessant ist auch der Umstand, dass sich die Anwohner Esel als Lasttiere halten. Im unwegsamen Gelände sind die Langohren von Vorteil, und Kinder bekommen beim Anblick der Grautiere glänzende Augen.

Über POSTIRA reisen wir weiter. Das Städtchen liegt etwa in der Mitte der nördlichen Küste und rühmt sich, der Geburtsort bekannter Bildhauer (z.B. N. Lazanic) und bedeutender Dichter (z.B. Vladimir Nazor) zu sein. Außerdem sorgt eine gro-

Ganz sicher: Postira

ße Gärtnerei im Herzen der Ortschaft für die überregionale Belieferung mit Gemüse und Blumen. Im Herzen des Ortes gibt es einen hübschen Parkplatz. Von hier aus erreicht man schnell den Strand und die Flaniermeile. Bei größerem Andrang kann man auf den weniger schönen Platz gegenüber ausweichen.

(151) WOMO-Badeplatz: Postira

GPS: N 43° 22' 31.8" E 16° 37' 38.9" **max. WOMOs**: > 5

Ausstattung/Lage: Beleuchtung, Mülleimer, Geschäfte und Restaurants in der Nähe / im Ort.

Zufahrt: Von der Hauptstraße links nach Postira abzweigen, noch 700 m (blaue Parkplatzhinweise).

Nach POSTIRA zieht das kurvige, aber gute Sträßchen ein wenig landwärts. Üppiges, rosa blühendes Heidekraut leuchtet zu uns von den Hängen herunter, und ab und zu mustert uns ein Esel mit stoischem Blick aus der Macchia heraus. Schließlich senkt sich die Straße wieder ab zum Meer und mündet in die größte „Stadt" der Insel. PUČIŠĆA zählt 1700 Einwohner und liegt an einer langen, gewundenen und fjordähnlichen Bucht. Am Ortsanfang links erstreckt sich ein riesiges sonniges Parkareal.

(152) WOMO-Stellplatz: Pučišća

GPS: N 43° 20' 55.2" E 16° 43' 48.0" **max. WOMOs**: > 5

Ausstattung/Lage: Beleuchtung, Mülleimer / Ortsrand.

Zufahrt: Im neuen Kreisverkehr nach Pučišća abbiegen, danach am Ortsanfang gleich links.

Nicht immer gestattet: Ein Blick in die Steinmetzschule von Pučišća

Zum Hafenbecken, um das sich die Häuser gruppieren, benötigt man kaum fünf Minuten. Hier befinden sich auch etliche gut anzulaufende Wasserstellen.

Sehenswert sind die alten **Kastelle** aus dem 15. und 16. Jahrhundert und die **Pfarrkirche Sv. Jerolim**, die über einen dem Heiligen Antonius geweihten Altar und bemerkenswerte Gemälde verfügt. Eine gewisse Berühmtheit erlangte der Ort als „Stadt der Steinmetzkunst". Geht man auf der linken Seite des Hafenbeckens entlang, wird man bald der **Steinmetzschule** gewahr. Hier meißeln die jungen Nachwuchskünstler eifrig unter Aufsicht eines Lehrmeisters an Steinblöcken herum, und so manches Ergebnis kann sich durchaus sehen lassen. Es ist eine harte und vor allem staubige Arbeit. Doch nur wenige Schritte von der Schule entfernt lockt ein kleiner Kies-Badestrand, an den auch betonierte Flächen anschließen, mit kristallklarem Wasser. Eine prima Erfrischung für angehende Steinmetze und natürlich auch für erhitzte Touristen.

Handwerkskunst aus Pučišća

Am Ende der Bucht wird in einem Kalksteinbruch marmorähnliches Gestein im großen Stil abgebaut. Fast rund um die Uhr werden dem Berg die steinernen Blöcke aus dem „Bauch gesägt". Die Auftragslage ist gut, der **Bračer Marmor** wird in alle Welt verschickt.

Jetzt wählen wir die Strecke hinauf in die Bergwelt und landen bald in PRAŽNICA. Mitten auf dem Dorfplatz erhebt sich keck eine kleine steinerne **Kapelle**. Wir orientieren uns Richtung NEREŽIŠĆA, und in zügiger Fahrt geht es voran. Bald weist uns ein Schild den Weg zum **Vidova gora**. Wir biegen links ab und brummeln gemächlich das recht ordentliche Teersträßchen hinauf zum höchsten Berg der **Insel Brač**, der mit 778 m Seehöhe schon eine stattliche Erhebung darstellt.

Spukt es am Vidova gora?

Mythen und Sagen ranken sich um diesen Gipfel. Bis heute rätselt man, ob hier einst die Hexen tanzten und ihren Schabernack trieben oder slawische Gottheiten den Berg zu ihrem Wohnsitz erkoren hatten. Nicht weit vom jetzigen Straßenverlauf soll in grauer Vorzeit der Teufel in Höhlen gehaust haben, und vielleicht tut er es ja immer noch!? Mutig arbeiten wir uns durch den mit Steinen durchsetzten Kiefernwald hinauf und erreichen schließlich ein kleines Plateau. Die Aussicht ist einfach himmlisch!

Blick vom Vidova gora auf das Goldene Horn

Tief unter einem Felsabbruch glitzert türkisfarben das Meer, in das das berühmte **Goldene Horn** eingebettet ist. Dieser herrliche 600 m lange feinkieselige Strand (die Einheimischen sprechen gerne von Sand) ragt weit in die Fluten hinein und bietet unzähligen Sonnenanbetern und Badegästen Raum zur Erholung. Östlich davon erkennt man den malerisch an der Küste gelegenen Touristenort BOL. Wir packen Tische und Stühle aus und lassen uns häuslich nieder. Dieses Plätzchen dürfte wohl zu den schönsten Kroatiens zählen. Es herrscht Ruhe, nur eine leichte Brise umfächelt uns - um es noch einmal zu wiederholen - es ist einfach himmlisch. Einen Wermutstropfen gibt es allerdings. Eine Unmenge Fliegen umschwirren uns. Die Biester stechen zwar nicht, können aber teuflisch lästig sein...

(153) WOMO-Wanderparkplatz: Vidova gora

GPS: N 43° 16' 55.6" E 16° 37' 20.6" **max. WOMOs:** 3-4
Ausstattung/Lage: Restaurant in der Nähe, wunderschöne Aussicht / außerorts.
Zufahrt: 5,7 km nach der Abzweigung von der Hauptstraße.

Wanderparkplatz auf dem Vidova gora

Eines Fußmarsches von knapp zehn Minuten (400 m) bedarf es, um zum Lokal beim Gipfelkreuz neben dem Sendemasten zu gelangen. Die Bezeichnung Restaurant ist etwas übertrieben, Hütte ist wohl treffender. Für eine einfache Mahlzeit und ein erfrischendes Getränk reicht es aber allemal. Unter Umständen kann man auch das letzte Stück mit dem WOMO in Angriff nehmen, allerdings ist der Parkraum beim Lokal sehr eingeschränkt.
Nachdem wir BOL und das **Goldene Horn** aus der Flugzeugperspektive kennengelernt haben, möchten wir es auch näher erkunden. Wir rollen wieder durch den Zauberwald hinun-

Badefreuden am Goldenen Horn nahe Bol

ter, steuern erneut PRAŽNICA an, fahren weiter über GORNJI HUMAC und laufen schließlich in BOL ein. Das Negative zuerst: Freies Camping jedweder Art ist ausdrücklich untersagt, und keiner der vorhandenen Campingplätze verfügt über einen direkten Strandzugang. Wir nisten uns im kleinen Privatcamping Kito ein, der von den Besitzern liebevoll geführt wird. Lassen Sie sich am Abend von den Kochkünsten der Chefin verwöhnen, Sie werden es nicht bereuen!

(154) WOMO-Campingplatz-Tipp: „Kito" in Bol

GPS: N 43° 15' 46.4" E 16° 38' 56.5"
Öffnungszeit: 01.01.-31.12.
Ausstattung/Lage: Gaststätte, Geschäft nahebei, teilweise Schatten, ins Zentrum ca. 15 Gehminuten / Ortsrand.
Zufahrt: Von der Zufahrtsstraße 0,4 km nach dem Ortsschild links abbiegen.

In einem Olivenhain am Hang liegt das **Kamp Kanun** (GPS: N 43° 15' 53.1" E 16° 38' 36.9"). Der kleine Platz bietet Ruhe und eine schöne Aussicht - allerdings geht es recht beengt zu. Die Auffahrt befindet sich gegenüber dem Tenniscenter.
Wer nur baden möchte, kann sein Mobil für ca. 7 Euro tagsüber auf dem schattigen Parkplatz nach dem **Goldenen Horn** abstellen (ausgeschildert, Übernachtungsverbot).
BOL ist ganz auf Tourismus ausgelegt, doch das vermindert

Der malerische Hafen von Bol

kaum den Charme dieses hübschen Ortes mit seiner langen Uferpromenade. Man kann beschaulich in einem Café oder Restaurant sitzen und dem Treiben zuschauen. Markt ist täglich, und angebotenes Obst und Gemüse verführen zum Kauf. Zahlreiche Stände werben mit Kunst und Kitsch um die Gunst potentieller Käufer.

Wünschen Sie vielleicht ein bisschen Kultur? In der **Galerie Branko-Dešković** am Hafen können Sie Skulpturen und Bilder verschiedener Künstler bewundern, und am Ostende des Ortes wartet ein **Dominikanerkloster** mit einem kleinen **Museum** auf. Geöffnet ist es täglich von 08.00-12.00 Uhr und von 17.00-20.00 Uhr, Eintritt ca. 1,5 Euro. Schlendert man vom Zentrum in die andere Richtung, wird man nach reichlich einem Kilometer durch den Anblick des **Goldenen Horns** erfreut. Der Weg dahin ist schattig und führt an etlichen Hotelanlagen vorbei.

Vom Hafen aus bieten sich Schiffsausflüge an. Täglich schippern die **Ausflugsboote** auf die **Insel Hvar** (Abfahrt 09.00 Uhr, Rückkehr 18.00 Uhr, ca. 14 Euro pro Person). Eine interessante Tour stellt zweifellos die Fahrt zum **Eremitenkloster Blaca** dar. Mit dem Schiff geht es bis zu einem gewissen Punkt im Südwesten der Küste. Nach einer Wanderung von knapp einer halben Stunde erreicht man das alte, am Fels klebende Kloster, das, versteckt in einsamer Lage, schon Jahrhunderte gesehen hat. Jeweils Dienstag und Donnerstag verkehrt das Schiff, Abfahrt ist um 09.00 Uhr, Rückkehr um 14.00 Uhr. Der Preis pro Person beträgt 10 Euro, der Eintritt in die Eremitage schlägt mit ca. 1,5 Euro zu Buche.

WOMO-Wandertipp: Vidova gora

Gehzeit: 2-2,5 Std. **Schwierigkeit:** Mittel **Höhenunterschied:** 770 m

Strecke: Den Vidova gora, den höchsten Berg der Insel Brač, haben wir bereits von der Rückseite mit dem WOMO erstürmt. Von Bol aus lässt sich der Gipfel auch über einen markierten Wanderweg (rot/weiß/rot) bezwingen. Der Weg beginnt im **Zentrum** von **Bol**, führt danach über **Podborje** durch Olivenhaine und Weinberge und schließlich hinein in den grauen Fels. Der Steig gestaltet sich nicht als sonderlich schwierig, aber doch anstrengend. Feste Schuhe sind vonnöten!

WOMO-Wandertipp: Drachenhöhle

Gehzeit: 45 Min. **Schwierigkeit:** Mittel **Höhenunterschied:** 250 m

Strecke: Ausgangspunkt für diese Wanderung ist **Murvica,** ca. 4 km westlich von Bol. Der Weiler ist per Fahrzeug/Fahrrad zu erreichen. Man verlässt **Murvica** in östlicher Richtung, der Weg führt durch einen Kiefernbestand und steigt zunächst leicht an. Steiler und westwärts führt der Steig zu einer **Klosterruine**. Nach weiteren fünf Minuten muss man auf die fast zugewachsene Abzweigung nach oben achten - gleich darauf ist die **Höhle** erreicht. Bisher konnte das Höhleninnere stets frei besichtigt werden, leider ist das nicht mehr möglich. Möchten Sie die Reliefs und Darstellungen im Inneren sehen, müssen Sie sich vorher an die Info-Nummer 091/ 514-97-87 wenden („Da werden Sie geholfen“, verspricht uns die Dame aus der Touristeninfo im besten Verona-Feldbusch-Pooth-Deutsch).

Wir verlassen BOL, und auch unsere Inselexkursion auf **Brač** neigt sich dem Ende zu. Bevor wir den Fährhafen SUMARTIN anlaufen, halten wir für einen Zwischenstopp in SELCA. Der Ort liegt eingebettet im Grünen und verfügt über schöne Parkanlagen. Beherrscht wird das Bild von der wuchtigen **Marmorkathedrale.** Überhaupt wird das 1000-Seelen-Städtchen von

Der kleine Fährhafen von Sumartin

Marmor und Steinmetzkünsten geprägt. Wohin das Auge auch schweift, das edle Material ist allgegenwärtig. Neben einem Denkmal von Leo Tolstoj, das bereits 1911 (ein Jahr nach seinem Tod) aufgestellt wurde, ziert auch die Büste eines anderen bedeutenden Mannes eine Grünanlage. Es ist die unseres Ex-Außenministers Hans Dietrich Genscher!
SUMARTIN war noch vor wenigen Jahren ein verschlafenes Nest, in dem es nicht mal ein Restaurant gab. Jetzt scheint es aus dem Dornröschenschlaf erwacht zu sein. Sage und schreibe drei Lokale bemühen sich um Gäste, ein Geschäft, ein Kiosk und ein kleiner Markt stehen zur Verfügung. Auffallend sind einige Häuser, deren Dächer mit Marmorstaub versehen sind und dadurch wie mit Zucker bestreut wirken. Das schöne Erscheinungsbild war jedoch nicht Zweck der Übung. Vielmehr diente der Kalkstaub der Reinigung des Regenwassers. Vor dem Bau der Trinkwasserleitung zur Insel wurde der Niederschlag in Behältern gesammelt und diente den Menschen als Lebenselixier.
Am Fähranleger stehen drei Dixi-Toiletten, und am Hafenbekken entdecken wir einige Wasserhähne, teilweise liegt sogar ein Schlauch bereit!

Abschied von der Insel Brač

Wichtig: Falls Sie **Brač** ebenso über den Fährhafen SUMARTIN verlassen wollen, erkundigen Sie sich vorher nach dem Fahrplan. Die Fähre verkehrt nur 2-5 Mal pro Tag. Fahren sie den Hafen nicht gezielt an, müssen Sie unter Umständen stun-

denlang warten! Die Überfahrt erleichtert Ihren Geldbeutel um rund 60 Euro (für 2 Personen und ein Wohnmobil bis 7 m Länge). Je nach eingesetzter Fähre wird man u.U. rückwärts auf das Schiff gelotst!
Die Strecke von BOL nach SUMARTIN beträgt 28 km. Für die gesamte Insel-Rundfahrt sind ca. 165 km zu veranschlagen.
Nachdem wir SUMARTIN deutlich länger bewundert haben, als uns lieb ist, schaukelt uns endlich die Fähre MAKARSKA entgegen, dem Hauptort der gleichnamigen, ca. 60 km langen Riviera. Die Anfahrt ist faszinierend. Malerisch liegt die

Makarska, am Fuß des Biokovo-Gebirges

Stadt an der mit viel Grün bewachsenen Küste, die auch durch ihre feinkieseligen Badestrände gefällt. Im Hintergrund erhebt sich das wuchtige **Biokovo-Gebirge** mit seinen karstigen Felsen. Der höchste Gipfel ist der **Sveti Jure**, der gewaltige 1762 Meter in den blauen Himmel ragt. Eine gewagte Straße führt zu ihm hinauf, mit dem Wohnmobil hinaufzufahren ist allerdings ein etwas kritisches Unterfangen.
Nachdem die Fähre die waldreiche **Halbinsel Sv. Petar** umrundet hat, legt sie direkt an der Strandpromenade an, und wir fädeln uns vorsichtig in den fließenden Verkehr der Einbahnstraße ein. Am Ende des Hafenbeckens liegt ein großer Parkplatz. Der Aufenthalt mit dem WOMO ist auf maximal 24 Stunden beschränkt (Tagestarif 21 Euro bzw. 1,2 Euro pro Stunde). Ein kleiner Teil davon wird durch Pinien beschattet. Am südlichen Ausgang schließt ein Badestrand mit betonierten

Makarska: Reges Treiben im Hafen

Liegeflächen an. Als Ausgangspunkt für einen Stadtbummel ist dieser Platz ideal, wenn auch nachts nicht immer leise.

(155) WOMO-Badeplatz: Makarska

GPS: N 43° 17' 29.4" E 17° 01' 13.2" **max. WOMOs:** > 5
Ausstattung/Lage: Stranddusche mit Wasserhahn, Mülltonnen, Restaurants und Geschäfte / im Ort.
Zufahrt: Am östlichen Ende der Strandpromenade rechts, ca. 500 m vom Fähranleger entfernt.

Ca. 150 m von diesem Parkplatz entfernt, neben einem **Franziskanerkloster**, hält das **Muschelmuseum** (Malakološki Muzej) seine Pforten für Besucher geöffnet (Montag bis Samstag 10.00-12.00 Uhr und 17.00-19.00 Uhr, Sonntag von 10.00-12.00 Uhr, Eintritt ca. 2 Euro). Es ist ein Museum, das Laune macht. Besonders Kinder haben ihren Spaß daran. Ausgestellt werden Fische und Muscheln in allen Größen und abenteuerlichen Variationen.
Quasi nur ums Eck erstreckt sich die herrliche Strandpromenade mit Blumenbeeten und ausladenden Palmen. Auf der Landseite reihen sich die Lokale fast ununterbrochen aneinander, doch zwischendrin führt immer wieder ein Gäschen oder eine Treppe in die Altstadt. Sie wird dominiert von einem großen, blumengeschmückten Hauptplatz, wo sich vor der prachtvollen Kulisse des **Biokovo-Gebirges** die **Pfarrkirche Sveti Marko** erhebt. Das Gotteshaus ist sehr beliebt bei Hochzeitspaaren, die sich hier vor allem an Samstagen das

„Ja-Wort" geben. In der Regel verläuft die Feier sehr traditionell. Mit Stolz trägt man die farbenfrohe dalmatinische Tracht. Auf dem Weg vom Standesamt zur Kirche wird die Hochzeitsgesellschaft von Akkordeonspielern begleitet, die mit Herzblut in die Tasten greifen und altes Liedgut zum Besten geben.

Makarska: Unterwegs im Städtchen

Nahe der Kirche steht ein barocker Brunnen, etwas unterhalb das Denkmal eines Dichters, wunderschön mit Mosaiksteinchen und einem Wappen verziert. Seitlich des Gotteshauses schließt ein bunter Markt an, auf dem man alles erstehen kann, was in der Region gedeiht. Spaziert man vom Hauptplatz ein paar Schritte in östliche Richtung, stößt man auf ein weiteres privates **Muschelmuseum**, das ein uriges Sammelsurium in kleinem Rahmen zeigt. Der Eintritt beträgt ca. 2 Euro, die Öffnungszeiten hängen von der Lust des Besitzers ab - meist von 10.00-14.00 Uhr.

WOMO-Wandertipp: Biokovo-Gebirge

Das Biokovo-Gebirge lädt zu Wanderungen aller Schwierigkeitsgrade ein. Vom einfachen Spaziergang bis zur anspruchsvollen Kraxeltour ist alles möglich. Informationen bekommen Sie im **Touristenbüro Makarska** und, falls nicht gerade vergriffen, auch eine Gratis-Wanderkarte. Besseres Material im örtlichen **Fachhandel**!

Suchen sie die Herausforderung mit dem Drahtesel, so können Sie auf ausgewiesenen **Mountainbike-Routen** Ihre Leistungsfähigkeit bis an die Grenze testen. Nähere Infos hierzu bekommen Sie im **Touristenbüro**.

KARTE TOUR 10

Tour 10 (235 km / 5 - 6 Tage)

Makarska - Igrane - Drvenik - Sućuraj (Insel Hvar) - Jelsa - Vrboska - Starigrad - Hvar (Stadt) - Vrsnik - Humac - Sućuraj - Drvenik

Freies Übernachten:	Igrane, Drvenik, Vrboska, Stari Grad, Hvar, Uvala Zaraće, Humac, Vela Stiniva.
Campingplätze:	„Mlaska" nahe Sućuraj, „Vira" nahe Hvar.
Besichtigen:	Die Ortskerne von Jelsa, Vrboska und Starigrad, Wehrkirche Sv. Marija in Vrboska, die Altstadt von Hvar, Hirtensiedlung Humac.
Wandern:	Rund um Humac mit Besuch der Höhle Grabčeva špilja.
Baden:	Viele Möglichkeiten entlang der Küste.

Wir peilen wieder die Adria magistrale an und orientieren uns in Richtung Süden. Ausgesprochen hübsche Strände leuchten zu uns herauf, doch anzufahren sind sie leider in der Regel nicht. Entweder zeigt sich das Gelände zu unwegig oder die Badebucht ist einem Hotel oder einer Pension zugehörig. In PODGORA finden wir am Hafen einen Parkplatz (keine Übernachtung!), in dessen Nähe es sich auch baden lässt. Am südlichen Ende des Ortes gibt es einen einfachen Campingplatz mit reichlichem Baumbestand.
In IGRANE biegen wir meerwärts ab und entdecken am Hafen einen praktischen, sonnigen Parkplatz (12 Euro/24 Stunden). Der Badestrand und das Zentrum des Örtchens sind nicht weit entfernt.

(156) WOMO-Badeplatz: Igrane

GPS: N 43° 11' 43.7" E 17° 08' 42.0" **max. WOMOs**: 3-4
Ausstattung/Lage: Restaurants und Geschäfte in der Nähe, Mülleimer / Ortsrand.
Zufahrt: Von der Magistrale zum Hafen abbiegen, noch 1,7 km (gilt nur für Wohnmobile bis 2,8 m Höhe). Höhere Wohnmobile: In der Ortsmitte dem Schild P 300 folgen (Umfahrung die zum Parkplatz führt).

Nachdem wir 30 km am Fuß des **Biokovo-Massivs** entlang getourt sind, erreichen wir die Abfahrt zum kleinen **Fährhafen** DRVENIK. Ein kurzes Stück den Hang hinab, und schon ist es geschafft. Vor der Hafeneinfahrt links lädt ein Parkplatz zum Übernachten ein. Er ist von rot und weiß blühenden Oleanderbüschen gesäumt und einigen Häusern umgeben. Quasi vor der Haustür finden wir einen Marktstand mit frischem Obst und Gemüse. Selbst ein Bäcker fehlt nicht. Bis zu den netten

Cafés am Hafen sind es nur wenige Schritte. Seitlich erstreckt sich ein schmaler, doch langer Kiesstrand, an dem einige Pinien ihre Schatten werfen. Der Fährverkehr beeinträchtigt die Badefreuden nicht, zumindest optisch erscheint das Wasser rein und klar.

(157) WOMO-Badeplatz: Drvenik 1

GPS: N 43° 09' 21.1" E 17° 14' 53.7" **max. WOMOs:** 3-4
Ausstattung/Lage: Kiosk, Restaurants, Geschäfte / im Ort.
Zufahrt: In Drvenik vor der Hafeneinfahrt links.

Eine weitere Stellmöglichkeit gibt es am ca. 200 m entfernten Fähranleger.

(158) WOMO-Badeplatz: Drvenik 2

GPS: N 43° 09' 13.0" E 17° 14' 58.9"
max. WOMOs: 3-4
Ausstattung/Lage: Kiosk, Restaurants, Geschäfte, Bänke / im Ort.
Zufahrt: Ca. 200 m nach dem ersten Platz am Hafenende.

Beide Plätze kosten ca. 1,3 Euro pro Stunde, die Zeit von 24.00 Uhr bis 07.00 Uhr ist frei.
Ungefähr einer halben Stunde bedarf es, um mit dem Fährschiff von DRVENIK nach SUĆURAJ, auf der **Insel Hvar,** zu gelangen. Bis zu zehn Überfahrten täglich gewährleisten eine schnelle Verbindung ohne allzu lange Wartezeiten. Der Preis für zwei Personen und ein Wohnmobil bis 6 m Länge beträgt rund 45 Euro.

Im Hafen von Drvenik

Hvar wird auch die **Lavendelinsel** genannt. Stellenweise bedecken diese Stauden wie ein Teppich den Boden und verwandeln zur Blütezeit im Juni (evtl. bis Mitte Juli) die Landschaft in ein wogendes lilafarbenes Meer. Es ist ein fast unnatürliches Bild, und es wäre wohl kaum verwunderlich, darin eine „Milkakuh" weiden zu sehen. Auch andere Kräuter wie Rosmarin, Salbei und Thymian fühlen sich hier sichtlich wohl und verwöhnen die Touristennasen mit betörenden Düften. Die Intensität der

Gerüche nimmt aber leider mit dem vorwärts schreitenden Jahr stetig ab.
Die **Insel Hvar** kann noch mit einem weiteren Beinamen glänzen. Wegen ihrer Form bezeichnet man sie auch schlicht als die „**Lange**". Bei einer Breite zwischen 5 und maximal 11 km weist sie eine Längenausdehnung von ca. 68 km auf und nimmt eine Fläche von nahezu 300 km² ein. Die **höchste Erhebung** ist mit 628 m der **Sveti Nikola**.

Anfahrt auf die Insel Hvar

Das kleine Dörfchen SUĆURAJ wirkt recht beschaulich und verschlafen, einzig die Fähren reißen es aus seiner Lethargie. Die meisten Ankömmlinge verlassen es gleich wieder, doch so wenig Aufmerksamkeit ist nicht gerechtfertigt. Es lohnt sich schon, ein wenig herumzustreifen. Das Hafenbecken zeigt sich adrett, üppige Palmen spenden Schatten, und ein paar Lokale, von denen man die im Wasser dümpelnden Boote beobachten kann, gibt es auch.
Wir nehmen die einzige Straße, die aus SUĆURAJ in Richtung Inselhauptstadt HVAR herausführt (welche auch sonst?) und biegen nach ca. 4 km rechts meerwärts ab. Mit einigem Gefälle windet sich der geteerte Feldweg zu einem idyllisch gelegenen Campingplatz hinunter. Olivenbäume und Steineichen schützen vor der gleißenden Sonne. Zwei flache Badebuchten (FKK und Textil) versprechen Badespaß. Ausnahmsweise besteht der Grund aus feinem Sand statt der üblichen groben Steine.
Die schäbigen Sanitäranlagen wurden endlich erneuert und das Restaurant scheint dauerhaft geöffnet - vorher geschah dies mehr nach dem Lust- und Launeprinzip.

(159) WOMO-Campingplatz-Tipp: „Mlaska" bei Sućuraj

GPS: N 43° 08' 14.5" E 17° 08' 33.7" **Öffnungszeit:** 15.05.-15.10.

Ausstattung/Lage: Restaurant, Geschäft, Meerlage, zum Zentrum von Sućuraj 5 km, reichlich Schatten / außerorts.

Zufahrt: Ca. 4 km nach Sućuraj rechts abbiegen, noch 1 km, gut ausgeschildert.

Wir arbeiten uns weiter auf der Inselachse vor, die sich wie ein graues Band durch das dichte Grün zieht. Die Straße ist zwar ausreichend breit, doch der Belag zählt nicht zu den besten des Landes. Fahren Sie bitte nie nachts! Es gibt viele Kurven, und oft sind die Fahrbahnränder ungesichert. Schade, dass der Lavendel nur noch einzelne Blüten hervorbringt, doch dafür revanchiert sich die Natur mit leuchtend orangefarbenen und dunkelroten Beeren, die so manches Macchiagestrüpp zieren. Wir passieren einige winzige Weiler, die in tiefem Schlummer zu ruhen scheinen. Etliche einfach in der Botanik entsorgte Autoleichen verstärken diesen Eindruck noch. Trotz der großartigen Ausblicke auf die **Insel Brač**, das **Festland** und die **Halbinsel Pelješac** zieht sich die ca. 50 km lange Etappe bis JELSA ganz schön in die Länge. Obwohl wir ohne Zwischenaufenthalt zu diesem lebhaften Touristenstädtchen durchfahren, benötigen wir dafür fast 1,5 Stunden. Unser WOMO hat Durst, an der bereits ersehnten Tankstelle gönnen wir ihm erstmal rund 60 Liter Diesel, und danach peilen wir gleich den zentralen (gebührenpflichtigen) Parkplatz an. Dieser liegt nur ums Eck. Durch eine kleine Parkanlage spazieren wir zum Hafen und begegnen dabei **Miko Duboković**, der auf einem Stuhl unter Palmen sitzt - ein **Denkmal** der etwas anderen Art! Im Hafenbecken dümpeln einige schöne Holzschiffe und warten auf Ausflugsgäste. Der mit Steinplatten ausgelegte Hauptplatz schließt an und ist umrahmt von Häusern im Barock- und Renaissancestil. Sie beherbergen zahlreiche Cafés und Restaurants. Dahinter ragt steil der schlanke Turm der **Pfarrkirche Sveti Ivan** in den Himmel auf.

Jelsa, Denkmal von Miko Dubokovic

Kurvt man um das Hafenbecken herum, gelangt man in dessen Verlängerung auf eine Halbinsel, wo sich in ansprechender Lage der Campingplatz „Mina" (GPS: N 43° 09' 86.3" E 16° 42' 12.4") befindet. Der Pflegezustand überzeugt allerdings nicht, die Zufahrt ist eng und umständlich.

Das idyllische Städtchen Vrboska

Auf einem reizvollen Spazierweg kann man von JELSA in einer halben Stunde nach VRBOSKA flanieren. Freilich ist dieser reizvolle Ort auch mit dem Mobil auf der Straße zu erreichen. Die nur 500 Seelen zählende Gemeinde liegt am Ende eines langen Meeresarmes. Die Natursteinhäuser, die beidseits am Ufer stehen, werden durch zwei kleine steinerne Brükken verbunden. Eine runde, mit Sonnenblumen bepflanzte Insel „schwimmt" in der Bucht und unterstreicht den lieblichen Charakter dieses netten Dörfchens. Zumindest in der Nebensaison wirkt es sehr beschaulich, und entlang der beiden Ufer findet man leicht ein Park- bzw. Übernachtungsplätzchen.

(160) WOMO-Stellplatz: Vrboska

GPS: N 43° 10' 56.0" E 16° 40' 12.6"
max. WOMOs: 4-5
Ausstattung/Lage: Geschäfte, Restaurants, Wasser, Mülltonnen / im Ort.
Zufahrt: An der Hafenbucht.

Wer Lust hat, kann dem **Fischermuseum** (ribarski muzej) einen Besuch abstatten, in dem man interessante Gerätschaften rund um das Fischereiwesen bestaunen kann. Es ist täglich geöffnet von 09.30-12.00 Uhr und von 18.00-20.00 Uhr, Mittwochabend geschlossen, Eintritt 2,5 Euro.

Die Wehrkirche Sv. Marija in Vrboska

Eine besondere Sehenswürdigkeit stellt die im 16. Jahrhundert erbaute **Wehrkirche Sveti Marija** dar. Das klobige, fast fensterlose Gotteshaus mit seinem von einem Zinnenkranz bewehrten Kirchenschiff und den wuchtigen Türmen ist Festung und Kirche zugleich. Um einen Einblick in das Innere zu erheischen, müssen Sie zwischen 18.00 und 19.00 Uhr zur Stelle sein - sonst stehen Sie vor verschlossenen Türen.

<u>Noch ein Tipp für „Nacktfrösche“:</u> Etwas außerhalb von VRBOSKA befindet sich ein am Meer gelegenes FKK-Camp.

Südländisches Flair in Vrboska

Das geschichtsträchtige Städtchen STARIGRAD steht als nächstes auf dem Programm. Nur ein paar Kilometer auf guter Straße trennen uns davon. Es liegt etwas abseits der Hauptroute nach HVAR an einer tief eingeschnittenen Bucht. Bei der Einfahrt entlang eines Wasserkanals entdecken wir links einen gut zugänglichen Wasserhahn. Kurz darauf sind wir bereits im Hafen und stellen unser WOMO ab, um auf Erkundungstour zu gehen. Das Städtchen soll das älteste auf HVAR sein und wirkt mit seinen gepflegten Natursteinhäusern, durch die schmale Gässchen ziehen, richtig romantisch. Blickfang ist ein großer, von Palmen gesäumter Platz, auf dem bisweilen Konzerte abgehalten werden. Am oberen Ende erhebt sich das **Tvrdalj-Schloss**, welches einst der Landsitz des Dichters Hektorović war. Im Innenhof umschließt ein lauschiger Arkadengang ein mit Meerwasser gespeistes steinernes Becken. Außerdem kann man alte Gerätschaften der Fischer- und Weinbauern aus der Umgebung bewundern (geöffnet täglich von 10.00-12.00 Uhr und von 17.00-19.00 Uhr, Eintritt ca. 2,5 Euro).

Im Herzen von Starigrad

Sehenswert ist auch die **Pfarrkirche** von 1605 mit einem dreiteiligen Altarbild. Das **Franziskanerkloster** mit seiner kleinen sakralen Sammlung und einem Kirchlein wirkt hingegen eher unscheinbar. In den Restaurants rund um den Hafen kann man sich bei schöner Aussicht verwöhnen lassen.

Zu guter Letzt: Am Ortsanfang gibt es linker Hand einen praktischen, wenngleich nicht gerade berauschend schönen Parkplatz. Dieser ist zwar relativ groß, wird aber auch stark frequentiert.

(161) WOMO-Stellplatz: Stari Grad

GPS: N 43° 11' 00.7" E 16° 36' 04.1" **max. WOMOs**: 3-4

Ausstattung/Lage: Beleuchtung, Supermarkt, Mülltonne / im Ort.

Zufahrt: Von der Hauptstraße rechts nach Stari Grad abzweigen, noch 1,3 km, dann links einbiegen.

Etwas außerhalb an der Straße zur Stadt HVAR befindet sich der **Fähranleger**. Von hier verkehrt mehrmals täglich die Autofähre nach SPLIT. Sie nimmt sich für diese Strecke ca. zwei Stunden Zeit. Zwei - bis dreimal pro Woche legen die großen Schiffe an, die die Italienroute bedienen.

Auf landschaftlich schöner und ordentlicher Straße bummeln wir weiter. Bald passieren wir einen 1,5 km langen Tunnel. Ein wenig später zweigt links eine kurze Teerstraße nach MILNA ab. Ein netter Kiesstrand mit etwas Schatten, ein bisschen Gastronomie und ein kleiner, recht beengt wirkender **Campingplatz** (GPS: N 43° 09' 45.2" E 16° 29' 10.9") sind das Ergebnis unseres kleinen Abstechers.

Am Strand von Milna

Ein paar Kilometer später kommt die Inselmetropole in Sicht. Malerisch liegt sie in einer geschützten Bucht. **Patrizierhäuser** staffeln sich den Hang hinauf, eingefasst von alten grauen Mauern, die den Berg emporklettern bis zur **Spanischen Festung**. Majestätisch wacht diese über die Stadt. In ein paar Schwüngen zieht die Straße hinab. Drei Parkplätze nehmen die Fahrzeuge der Besucherströme auf. Vor allem der dicht an der Stadtmauer gelegene Platz bietet sich für eine Übernachtung an (bewacht und gebührenpflichtig, ca. 1,8 Euro pro Stunde). Es gibt etwas Schatten, einen Wasserhahn und hinter dem Busbahnhof auch eine Dixitoilette.

(162) WOMO-Stellplatz: Hvar

GPS: N 43° 10' 23.6" E 16° 26' 41.0" **max. WOMOs:** > 5
Ausstattung/Lage: Wasserstelle, Toilette, zentrumsnah / im Ort.
Zufahrt: Links der Hauptstraße am Zentrum.

In der Inselhauptstadt Hvar

Seitlich schließt der Marktplatz an, von dem einige Stufen hinunter zum Hauptplatz der Stadt führen, der als größter Dalmatiens gilt. Unzählige Füße haben die hellen Platten blank und glatt gewienert. An der sich verjüngenden Seite erhebt sich die dreischiffige **Basilika Sveti Stjepan** mit ihrem schlank aufragenden Campanile. Im **Bischofspalast** daneben ist der **Domschatz** ausgestellt (Messgewänder, Gemälde, der vergoldete Bischofsstab des Bischofs Pritić usw.). Geöffnet täglich von 09.00-12.00 Uhr und von 17.00-19.00 Uhr, Eintritt 1,8 Euro. Wenige Schritte davon entfernt gefällt ein **Brunnen** aus dem 15. Jahrhundert. Auch die weiteren Sehenswürdigkeiten sind äußerst touristenfreundlich angeordnet. In greifbarer Nähe erfreut der **Hektorović-Palast** mit seinen spätgotischen Spitzbogenfenstern das Auge, daneben stehen der **Uhrturm** und die verglasten **Loggia-Reste** des **Fürstenpalastes** aus dem 15. Jahrhundert. Das Café vor der Loggia eignet sich vortrefflich, um bei einem Cappuccino das muntere Treiben im Hafen zu beobachten. Am Arsenal, welches früher eine gewaltige Werfthalle war, beginnt die palmenbestandene Uferpromenade mit vielerlei Lokalen und Verkaufsständen. Im Obergeschoß des Arsenals ist ein **Theater** eingerichtet, das zu den ältesten Europas zählt. Früher wurden hier u.a. die sog. Schäferspiele gegeben. Nach den Aufführungen zog man sich gerne in verschwiegene Räume zurück um dem Liebesspiel zu frönen - der Ausdruck „Schäferstündchen" soll daher rühren.

Vitamine für den WOMO-Fahrer

Ein bisschen mit dem Versprechen „touristenfreundliche Erreichbarkeit" haben wir vielleicht doch übertrieben. Denn zu der eingangs erwähnten, hoch droben am Berg thronenden **Spanischen Festung** gelangt man nur über viele steile Stufen, die wohl einige Schweißtropfen kosten werden. Dafür wird der Aufstieg mit schönen Einblicken in pittoreske Seitengässchen und auf blühende Kakteen, Agaven und Palmen versüßt.

Hvar, Perle im Mittelmeer

Hat man die Feste erst einmal erreicht und ca 2,5 Euro abgedrückt, lässt sich ein Panorama genießen, das seinesgleichen sucht. Die Stadt mit ihren Bauwerken und den im Hafen schaukelnden Booten wirkt zauberhaft. Schweift der Blick übers Meer, so bleibt er an den üppig begrünten **Höllen- oder Pechinseln** hängen, und schon ist der nächste Ausflug vorprogrammiert. **Pakleni otoci** heißen die Inselchen in der Landessprache und sind beliebt als Badeziel und FKK-Paradies. Vom Hafen aus verkehren regelmäßig Taxiboote.
Vom eingangs beschriebenen Stellplatz führt eine Stichstraße zum alten Fähranleger Vira, der jetzt verwaist ist und vor sich hin gammelt. Die Fahrt dahin lohnt nicht, doch etwa auf halber Strecke erhält man einen herrlichen Panoramablick auf die vorgelagerten **Hölleninseln**.
Noch bevor es zum Fähranleger hinuntergeht ist rechts die Einfahrt zu einem schöngelegenen und komfortablen Campingplatz. Dieser ist nicht gerade billig, dafür präsentiert er sich aber nach erfolgter Grundsanierung recht fein. „Alle unsere Kunden sind sehr zufrieden!“ so die Dame an der Rezeption im Brustton der Überzeugung.

(163) WOMO-Campingplatz-Tipp: „Vira“ nahe Hvar

GPS: N 43° 11' 27.4" E 16° 25' 49.1" **Öffnungszeit**: 01.05.-30.09.
Ausstattung/Lage: Restaurant, Geschäft, Meerlage, zum Zentrum von Hvar 3,5 km, Schatten / außerorts.
Zufahrt: Vom Stellplatz in Hvar in Richtung Vira fahren, noch 3,3 km, gut beschildert.

Zur Zwischeninformation: die Etappe von SUĆURAJ zur Stadt HVAR beträgt inklusive aller Abstecher ca. 90 km.
Wir verlassen - um ein schönes Erlebnis reicher - das nette Städtchen HVAR, turnen den kurzen steilen Anstieg hinauf und rollen zurück durch die weite Insellandschaft. Ein Stück des Weges nach BRUSJE entdecken wir einen Hinweis nach UVALA ZARAĆE. Ein schmaler Weg senkt sich relativ steil hinab zu einer **Kapelle,** in deren Nähe ein kleines Gasthaus steht. Das Sträßlein bekam mittlerweile eine Teerschicht, was sehr zu begrüßen ist. Eine kurze Lagepeilung kann aber trotzdem nicht schaden.
Unten angelangt, erwartet uns ein teilweise schattiger Parkplatz. Ein hübscher Kiesstrand und eine langgestreckte Felsnase, von der aus eine Steintreppe hinab zum Meer führt, laden zum Bade.

(164) WOMO-Badeplatz: Uvala Zaraće

GPS: N 43° 09' 14.1" E 16° 30' 36.4" **max. WOMOs:** 3-4
Ausstattung/Lage: Gaststätte, Stranddusche, Mülltonne / außerorts.
Zufahrt: Von der Hauptstraße nach U. Zaraće abbiegen, am Ende der Stichstraße.

Weiter geht es auf der Inselachse zurück nach STARIGRAD und schließlich nach VRBANJ. Einer Empfehlung zufolge fahren wir rechts ab über SVIRCE, VRISNIK, in das sich an den Berg kuschelnde Dörfchen PITVE. Die Straße ist schmal und kurvig, Lavendelstauden glänzen silbern in der Sonne, und aus den Weingärten leuchten bereits die Trauben heraus. Unser Ziel ist ZAVALA - hier soll es schöne, einsame Strände geben. Doch ein unbeleuchteter Tunnel mit einer Höhen- und Seitenbegrenzung von 2,20 m vereitelt die Weiterfahrt. Es darf vom optischen Eindruck her wohl etwas mehr sein, doch mit unseren 3,11 m Höhe trauen wir uns nicht in die dunkle Röhre. Enttäuscht kehren wir um, ein großer Wendeplatz ist dabei sehr hilfreich - ein Hinweis auf diese Einschränkung an der Hauptstraße wäre das auch gewesen!
Wir steuern an JELSA vorbei und beginnen die Rückfahrt über den langgestreckten Rücken des Eilandes. Nachdem wir uns weiter den Berg hinauf gemüht haben, stoßen wir nach ca. 6 km auf die Abzweigung nach HUMAC. Eine Stichstraße von 600 m Länge (zunächst Teer, danach Schotter) führt in das ehemalige **Hirtendorf**, dessen Ursprünge auf das 14. Jahrhundert zurückdatieren. Oben angelangt, finden wir ein lauschiges Stellplätzchen zwischen Zypressen und Kiefern.

(165) WOMO-Wanderparkplatz: Hirtensiedlung Humac

GPS: N 43° 08' 35.8" E 16° 45' 22.3" **WOMOs:** 4-5
Ausstattung/Lage: Gasthaus (nicht immer geöffnet) / außerorts.
Zufahrt: Von der Hauptstraße rechts nach Humac abbiegen, noch 600 m (teils schlechte Wegstrecke - bitte vorher sondieren).

Steinhäuschen in der Hirtensiedlung Humac

Die Siedlung liegt herrlich inmitten der Natur. Die ehemaligen runden **Steinhäuschen** sind vor ca. 300 Jahren rechteckigen gewichen und in dieser Form jetzt zu bestaunen. Besonders interessant sind die Dachkonstruktionen mit den kunstvoll übereinander geschichteten Steinplatten. Einige Stilbrüche muss man allerdings in Kauf nehmen. So manches Dach ist mit durchaus neuzeitlichen Ziegelplatten ausgebessert.

Hirtensiedlung Humac

Wir streifen zwischen den Häusern hindurch, werden neugierig von drei Pferden betrachtet und von einem etwas mutigeren Muli beschnüffelt. Darauf begegnet uns ein Mann, der uns in gutem Deutsch mitteilt, im Moment der einzige hier Wohnende zu sein. Dreimal pro Woche mache er eine Führung (Montag, Mittwoch, Samstag, jeweils um 09.00 Uhr), bei der man allerlei Wissenswertes über das frühere Hirtenleben und die Umgebung erfahren könne. Dabei sei auch die **Höhle Grabčeva špilja** zu besichtigen, was im Alleingang nicht möglich ist (Abmarsch erfolgt vom „Zentrum" der Hirtensiedlung, die Dauer beträgt etwa 2-2,5 Stunden, Kostenpunkt ca. 8 Euro pro Person).
Wir brechen wieder auf und lassen uns von dem Sträßchen bis ZASTRAŽIŠĆE tragen und dabei auch etwas durchrütteln. Vor diesem Ort führt links ein Abzweig (VELA STINIVA) in die Landschaft hinaus, die von winzigen Gemüsegärten durchsetzt ist. Der Fahrbahnbelag erstaunt durch seinen guten Zustand, und nach ein paar Kurven und Serpentinen laufen wir in dem Dörfchen ein, das kaum mehr als eine Handvoll Häuser zählt. Der Ort befindet sich am Ende eines mit Weingärten bestandenen Seitentales.

Das Kirchlein im Hafen von Vela Stiniva

Der Kiesstrand, der die klaren blauen Wellen sanft auffängt, ist beiderseits von hohen, schützenden Felsen eingefasst - hier erfüllen sich Urlaubsträume. Unser WOMO bekommt ein Fleckchen auf dem geteerten sonnigen Platz, der an den Strand anschließt.

(166) WOMO-Badeplatz: Vela Stiniva

GPS: N 43° 09' 21.7" E 16° 48' 50.3" **max. WOMOs:** 4-5
Ausstattung/Lage: Gaststätte, Tisch, Bänke / im Ort.
Zufahrt: Vor Zastražišće links abbiegen, noch 2,8 km bis zum Stichstraßenende.

Viel zu kurz ist das Vergnügen, doch wir haben noch einiges vor. In weniger als einem Stündchen holpern wir zum **Fährhafen** SUČURAJ.

Das Schiff scheint auf uns gewartet zu haben und so lassen wir uns zurück zum Festland schippern.

Für die gesamte Inselrundfahrt, so wie wir sie vollzogen haben, sind etwa 195 km anzusetzen.

Vela Stiniva, ein kleiner Traum

KARTE TOUR 11

Tour 11 (400 km / 7 - 8 Tage)

Drvenik - Ploče - Ston - Dubrava - Trstenik - Potomlje - Orebić - Korčula - Čara - Blato - Vela Luka - und wieder zurück über Korčula, Orebić nach Ston

Freies Übernachten: Garnj Vala, Bačina, Veliki Ston, Brijesta, Sreser, Trstenik, Orebić, Lumbarda, Zavalatica, Vela Luka.

Campingplätze: „Prapratno“ bei Veliki Ston, „Kalac“ in Korčula, „Mindel“ außerhalb von Vela Luka.

Besichtigen: Die Festungsanlagen von Ston, die Altstadt von Korčula, die Ortskerne vieler Gemeinden, Nationalpark auf der Insel Mljet.

Wandern: Evtl. auf den Sv. Ilija.

Baden: Zahlreiche Möglichkeiten entlang der Küste.

Das Festland hat uns wieder! Vom Hafen in DRVENIK sind es kaum 300 m zur **Jadranska Magistrale,** und hier schwenken wir in südlicher Richtung ein. Weiter geht die Fahrt am Fuße hoher, karstiger Felsen entlang. Schon 2 km später empfängt uns die kleine Gemeinde GARNJ VALA. Biegt man rechts von der Küstenstraße ab, so gelangt man schnell zu einem schönen, von Palmen und Tamarisken bestandenen Strand. Er ist zwar schmal, aber relativ langgezogen und feinkieselig. Ein naturbelassener Platz mit etwas Baumbestand nimmt jenseits des Uferssträßchens die Fahrzeuge der Badegäste auf (in der Saison gebührenpflichtig).

(167) WOMO-Badeplatz: Garnj Vala

GPS: N 43° 09' 05.1" E 17° 15' 36.4" **max. WOMOs**: 4-5
Ausstattung/Lage: Kiosk, Gaststätte, Geschäft in der Nähe, Mülltonne/im Ort.
Zufahrt: Von der Küstenstraße nach Garnj Vala rechts abzweigen, noch 200 m.

Auf der **Magistrale** folgen nette Badeorte, nach ZAOSTROG steht ein schattiger, am Meer gelegener **Campingplatz** zur Verfügung (**Autocamp „Uvala Borova“**).
Bald weicht die Straße ein Stück weit ins Landesinnere aus. Auf der linken Seite glitzern einige Seen in der Sonne. Sie sind allesamt in irgendeiner Form miteinander verbunden und tragen den Namen **Bačinska jezera**, benannt nach der Ortschaft BAČINA. Biegt man hier beim Ortsschild am Ortsanfang links ab, gelangt man gleich zum See. Fährt man dann am rechten Seeufer entlang, so passiert man etliche Wohnhäuser und erreicht schließlich nach 900 m ein kleines Wäldchen, in dem es einige Stellplätze gibt. Traut man sich noch

Seengebiet nahe Ploče

100 m weiter, kann man hier bei einer „Neubauruine" direkt am Wasser stehen. Auf dem letzten Stück nerven allerdings weit herunterhängende Äste. Zum Bade lädt der (an dieser Stelle) verschilfte und sumpfig wirkende See eher nicht ein.

(168) WOMO-Stellplatz: Bačina

GPS: N 43° 04' 28.1" E 17° 25' 17.9" **max. WOMOs**: 2-3
Ausstattung/Lage: keine/Ortsrand.
Zufahrt: Am Ortsanfang links abbiegen, ca. 900 m die rechte Seeseite entlangfahren, hier links.

Blaue Stunde am See

Schlägt man nach dem Abzweig von der **Magistrale** den linken Weg entlang dem See ein, so erreicht man nach wenigen hundert Metern ein kleines neues Freibad mit Kiosk und Picknicktischen. Parkplätze gibt es allerdings keine - nehmen Sie daher bitte das Rad oder gehen Sie zu Fuß.

Nach kurzer Fahrt streifen wir die an der Mündung des **Neretva** gelegene Industriestadt PLOČE, die nach 1979 zehn Jahre lang den Namen Kardeljevo trug. Sie ist **Fährhafen** zur **Halbinsel Pelješac**. Bis zu sieben Mal täglich verkehren die „Jadroliner" hinüber ins Städtchen TRPANJ. Touristisch gesehen bietet das öde PLOČE kaum etwas - die Fährverbindung natürlich ausgenommen. Wir sind auch neugierig auf die **Pelješac-Halbinsel**, doch wir wählen den südlich gelegeneren

Die Wasserwelt um Ploče

Landweg bei STON und bleiben daher zunächst der **Magistrale** treu.

Hinter PLOČE dehnt sich, nach dem wir einige blaugrüne Seen passiert haben, weit und bretteben das fruchtbare **Neretva-Delta** aus. Es ist von Bergen eingerahmt und von zwölf Flussarmen mit unzähligen Nebenkanälen durchzogen. Der Fluss **Neretva** entspringt in den Bosnischen

Das Neretva-Delta, von Wasserkanälen durchzogen

Bergen und bringt es immerhin auf 218 km Länge, bevor er schließlich ins Meer mündet. Das weitläufige Delta wird von vielen Wasservogelarten als Brutrevier geschätzt, Zugvögeln dient es als Zwischenstation auf ihrer Reise. Dieser kleine Garten Eden bringt zudem prächtiges **Obst** und **Gemüse** hervor. Der Vorbeireisende kann sich an zahlreichen Ständen damit eindecken.

Kurz darauf erreichen wir

ein Kuriosum. Mitten in Kroatien treffen wir auf einen 8 km langen und am Meer gelegenen Korridor, der dem Land Bosnien den gewünschten Seezugang verschafft. Die Grenzposten sind zwar besetzt, doch die Passage wirft keinerlei Probleme auf. Etwa in der Hälfte dieses Korridors liegt das schmucke Touristenstädtchen NEUM, wo auch die kroatische Kuna akzeptiert wird.

Im folgenden Streckenverlauf fallen uns die vielen Fischzuchten auf. Die Gegend ist bekannt für ihre **Muscheln-** und **Austernproduktion**. Bald zweigt rechts eine Straße ab, **Korčula** steht auf dem Hinweisschild. Bevor man jedoch vor die Tore dieser Insel gelangt, muss man erst fast den ganzen **Pelješac** durchmessen.

Die **„Insel der Weine und der Kapitäne“** - so wird dieser gern bezeichnet. Streng gesehen, stimmt dies nicht ganz, denn eine Abtrennung vom Festland gibt es nicht. Schon vor Jahrhunderten trug man sich mit dem Gedanken, aus verteidigungstaktischen Gründen einen Kanal zu bauen, um potentiellen Angreifern das Leben schwer zu machen. Verwirklicht wurde diese Idee allerdings nie, und dadurch blieb der **Pelješac** was er schon immer war - eine Halbinsel. Aus einer Länge von nahezu 70 km und einer Breite von 3 bis 7 km errechnet sich eine Flächenausdehnung von rund 355 km². Der höchste Berg ist der **Sv. Ilija**, an dessen steilen Hängen prächtige Rebstöcke gedeihen. Hat man erstmal den 961 m hohen Gipfel erklommen, offenbaren sich grandiose Ausblikke. Bei klarer Sicht zeichnen sich in der Ferne sogar die Konturen des italienischen Stiefels ab. Ein einfaches Unterfangen ist die Besteigung aber nicht, denn markierte Wanderwege sucht man vergebens. Wagt man es trotzdem, so muss man schon ungefähr 4 bis 5 Stunden dafür veranschlagen.

Burgruine bei Mali Ston

Viele Touristen durcheilen den **Pelješac** nur, um schnell zur Traum-Urlaubsinsel **Korčula** zu gelangen. Vielleicht ist das ein Grund dafür, dass die Halbinsel ihre Ursprünglichkeit weitgehend bewahrt hat. Man sollte nicht versäumen, die karstigen Berglandschaften ein wenig zu erforschen oder an den hübschen Kies- und Sandstränden ein erfrischendes Bad zu nehmen. Übrigens durchstreifen in entlegeneren Gegenden noch Schakale die Wälder. Es sind die letzten freilebenden Vertreter ihrer Gattung in Europa. Fürchten muss man diese wilden Gesellen aber nicht, sie sind sehr scheu und meiden die Menschen.

Mali Ston, die kleinere der „Schwestern"

Die Bewohner der Region wurden arg vom Schicksal gebeutelt. Im letzten Krieg sahen sie sich oft unter Beschuss und in kriegerische Handlungen verwickelt. 1996, im September, bebte die Erde. Das Epizentrum dieses schweren Bebens lag in STON und erreichte die Stärke 6 auf der Richterskala. Erneut brach Leid über die Bewohner herein. Mauern stürzten ein, Risse taten sich auf, und der obere Teil des **Kirchturms** von **Sv. Blasius** stürzte herab. Durch die Vorbeben gewarnt, flüchteten die Leute und brachten sich in Sicherheit. Diesem Umstand ist es zu verdanken, dass es lediglich Verletzte gab und keine Toten zu beklagen waren. Mittlerweile sind fast alle betroffenen Gebäude restauriert und erstrahlen im neuen Glanz.

STON ist das Tor zum **Pelješac** und war eine äußerst sorgfältig bewachte Pforte, denn in den Jahren von 1333 bis 1808

Veliki Ston mit seinen Befestigungsmauern

gehörte die Halbinsel zur Republik Dubrovnik und war damit ein wichtiger Grenzposten. Die beiden Ortsteile VELIKI STON und MALI STON liegen an zwei verschiedenen Buchten, sind durch einen Berg getrennt, doch durch die mächtigen Mauern eines ausgeklügelten **Befestigungssystems** miteinander verbunden. Die massiven **Steinwälle** klettern über den ganzen Höhenrücken und erreichen eine Länge von annähernd 6 km. Von den ehemals 40 **Wehrtürmen** sind immerhin noch 20 (zum Teil sogar gut) erhalten.
MALI STON ist der erste Ort an der Route, und gleich fällt der Blick auf die wuchtige **Burgruine**, die das gemütliche Dörfchen dominiert. Ein kurzer verwunschener Weg, vorbei an einer kleinen **Kapelle**, führt zu ihr hinauf. Die Aussicht über die Dächer der Häuser, die vorgelagerten Inseln im glitzernden Meer und die hohen Berge im Hintergrund, ist atemberaubend. Unten, an der kurzen Hafenpromenade, erhebt sich ein gedrungener **Rundturm,** und ein paar hübsche Restaurants laden zum Speisen ein.

Veliki Ston: Aufstieg zur Mauer

Um nach VELIKI STON zu kommen, lohnt sich fast das Einsteigen nicht. Am Ortsanfang links nimmt ein sonniger Parkplatz die Touristenfahrzeuge auf. Als Ausgangspunkt für einen Erkundungsrundgang ist er ideal, wenngleich nicht sonderlich idyllisch (schräg gegenüber gibt es einen schattigen Parkplatz bei der Burg, der allerdings stark frequentiert ist - ein freies Plätzchen ist daher nicht unbedingt gewährleistet).

(169) WOMO-Stellplatz: Veliki Ston

GPS: N 42° 50' 16.2" E 17° 41' 52.5" **max. WOMOs**: > 5
Ausstattung/Lage: Geschäfte, Restaurants, Spielplatz/im Ort.
Zufahrt: Ca. 400 m nach dem Ortsanfang links.

Nahe dem Platz kann man über eine Treppe die **Befestigungsmauer** erklimmen (Erwachsene 6 Euro, Kinder 3 Euro, geöffnet täglich von 09.00-18.30 Uhr). In luftiger Höhe lässt es sich nun auf ihr um weite Teile des Ortes herumspazieren und so auch einen Blick auf die jenseits gelegenen **Salinenanlagen** erheischen. Diese und das angeschlossene Salzmuseum können übrigens auch besichtigt werden und zwar täglich von 07.00-19.00 Uhr (Eintritt 2 Euro).

Im Zentrum des Städtchens gibt es einige Sehenswürdigkeiten, etwa die **Blasiuskathedrale,** den **Rektorenpalast** am Hauptplatz oder einen **Renaissancebrunnen**.

Ca. 4 km nach VELIKI STON, nahe dem neuen Fähranleger zur **Insel Mljet**, gibt es einen schönen Campingplatz, der die bessere Wahl als der zuvor erwähnte Stellplatz sein dürfte.

(170) WOMO-Campingplatz-Tipp: „Prapratno“ nahe Veliki Ston

GPS: N 42° 48' 52.2" E 17° 40' 45.4" **Öffnungszeit**: 25.05.-30.09.
Ausstattung/Lage: Meerlage mit Sandstrand, Geschäft, Restaurant, teilweise Schatten, ca. 4 km nach Ston/außerorts.
Zufahrt: Den Hinweisen zum Fähranleger folgen, kurz zuvor rechts, beschildert.

Die Straße zieht hinauf in ursprüngliches Bergland. Die Besiedlung ist gering. Gepflegte Weingärten zeugen von den Bemühungen der Menschen, hier zu überleben. Der Tourismus stellt nur ein Zubrot dar, für das Auskommen reicht es nicht. Ärgerte uns beim letzten Besuch noch der holprige Fahrbahnbelag, so freuen wir uns jetzt über die neue Teerschicht, die man der Straße spendiert hat.

Etwa 15 km nach STON geht rechts eine gute Straße nach BRIJESTA ab. Dieser Abstecher ist wirklich empfehlenswert. Zunächst bummeln wir gemächlich die mit einigen Kurven und Kehren garnierte Strecke entlang. Bald ist

Auf dem Weg nach Brijesta

der Bergkamm überwunden, und die Straße zieht wieder hinunter, der Küste entgegen. Die Aussicht auf das Meer mit den darin schwimmenden grünen Inseln ist schlicht grandios. Nach gut 8 km erreichen wir das verschlafene Nest BRIJESTA und entdecken hier ein schnuckliges privates Camp. Die wenigen Stellplätze befinden sich in zwei Gartenteilen. Der Strand liegt nur ein paar Meter vor der WOMO-Tür und einige Tamarisken spenden etwas Schatten. Man kann sich sein Lieblingsplätzchen aussuchen - ab und zu taucht der Besitzer auf und fordert seinen (bescheidenen) Obolus ein.

(171) WOMO-Badeplatz/Minicamp: Vrela und Zakona

GPS: N 42° 54' 14.3" E 17° 31' 57.0" **max. WOMOs**: > 5
Ausstattung/Lage: Dusche, WC, Wasser, Strom, Gaststätte und Geschäft ca. 0,5 km/Ortsrand.
Zufahrt: In Brijesta links abbiegen, noch 400 m (beschildert).

Ca. 20 km nach STON (nach der Ortschaft DUBRAVA) führt links ein Abzweig hinunter ins etwa 5 km entfernte ŽULJANA. Links am Ortsbeginn wartet das kleine **Camp „Sunce“** auf Gäste. Durch tiefhängende Äste und eine beengte Zufahrt ist es für Wohnmobile nicht gerade der Idealfall (max. 2-3 kleinere WOMOs). Wir fahren noch ein Stückchen weiter und biegen danach - noch vor der engen Durchfahrt ins kleine Zentrum - links auf einen gebührenpflichtigen Wiesen-Parkplatz mit schönen Olivenbäumen ab (beachten Sie bitte auch das blaue Parkplatzschild). Leider ist mittlerweile die Übernachtung auf dem netten Plätzchen verboten, doch eine Rast ist (noch?) gestattet.

(172) WOMO-Badeplatz: Žuljana

GPS: N 42° 53' 31.5" E 17° 27' 19.9" **max. WOMOs**: 3-4
Ausstattung/Lage: Restaurant ca. 300 m/im Ort.
Zufahrt: Im Text beschrieben.

Nur wenige Meter trennen uns jetzt von der herrlichen Bucht des Dörfchens. Am langen, aber nicht allzu breiten Kiesstrand ist es kein Problem, ein Plätzchen zu finden. Das Wasser erweist sich als klar und schimmert in allen Blautönen.
Wir turnen zur Hauptstraße zurück und nehmen Kurs auf OREBIĆ. Nach kurzem Anstieg senkt sich das graue Asphaltband meerwärts ab, und es eröffnen sich spektakuläre Ausblicke auf eine in der blauen See ruhende Inselwelt. Das Dörfchen DRAČE taucht auf, hier kann man einen erfrischenden Badestopp in Betracht ziehen.
In JANJINA zweigt rechts eine Straße nach SRESER ab, das schon nach kurzer Fahrt erreicht ist. Nach einem Sportplatz

bei einigen Appartementhäusern gibt es auch ein bisschen „Luft“ für ein oder zwei Wohnmobile. Das Meer liegt direkt vor der WOMO-Tür.

(173) WOMO-Badeplatz: Sreser

GPS: N 42° 56' 40.1" E 17° 26' 48.5" **max. WOMOs**: 1-2

Ausstattung/Lage: Beleuchtung, Mülltonne, Spielplatz, Pizzeria und Geschäft ca. 400 m/Ortsrand.

Zufahrt: Gut 400 m nach dem Ortsschild am Ortsanfang bei einem Geschäft bzw. Pizzeria rechts abbiegen, nach 400 m links (schmale Zufahrt mit Schwellen).

Am Badestrand von Sreser

Einige Kilometer weiter verleitet uns das tief unten in einer geschützten Bucht liegende TRSTENIK zu einem Abstecher. Das smaragdgrüne Wasser zieht uns förmlich magisch an. TRSTENIK war früher der Fährhafen für den Verkehr zur **Insel Mljet**. Die Linie wurde eingestellt, doch jetzt nahm man den Fährbetrieb wieder auf. Obwohl die Schiffe nicht oft verkehren, wurde es in dem ohnehin schon beengten Ort wieder lebhafter. Doch zumindest in der Nebensaison las-

Blick auf Trstenik

sen sich ein oder zwei Plätzchen auf dem Parkplatz bei den wenigen Häusern ergattern.

(174) WOMO-Badeplatz: Trstenik

GPS: N 42° 54' 55.8" E 17° 23' 55.6" **max. WOMOs**: 1-2

Ausstattung/Lage: Restaurants, Geschäft/im Ort.

Zufahrt: Entlang dem Hafenbecken in Trstenik.

Ganz in der Nähe befindet sich eine weitere schöne Bucht, die auf einer Schotterstraße zu Fuß oder mit dem Mountainbike erreichbar ist. Die eleganteste Lösung ist, mit dem Boot dahin zu schippern - sofern man eines hat!

POTOMLJE ist unser nächster Anlaufpunkt. Die 250-Seelen-Gemeinde hat sich ganz dem Wein verschrieben. Hier und in der Umgebung keltern die Winzer um die Wette, und es geht um Klasse, nicht um Masse. Vor allem die Trauben für zwei Weine reifen in diesem Landstrich. Zum einen für den hervorragenden „Postup", zum anderen für den absoluten Spitzentropfen „Dingač". Das Anbaugebiet letzteren Weines ist beschränkt, oft findet man die Rebstöcke an sonnigen Steilhängen mit bis 70% Steigung. Stellenweise kann die Bearbeitung nur mit dem Steigeisen erfolgen. Bedingt durch die niedrige Luftfeuchtigkeit brauchen weder Pestizide noch Fungizide verwendet werden, was sonst allerorts notwendig ist. Der Verbraucher erhält schließlich ein wunderbares, gehaltvolles „Biotröpfchen", denn die Trauben werden erst im angetrockneten Zustand von der Rebe genommen. Das steigert den Zuckergehalt und ergibt letztendlich einen Alkoholgehalt bis zu 15%. Eine Verkostung und natürlich der Erwerb der edlen Weine ist fast in jedem Haus in POTOMLJE möglich.

Von der Sonne verwöhnt, von der Blattlaus verpönt

Die Straße schlingt sich weiter durch die karstigen Berge des **Pelješac** und wendet sich schließlich dem Meer zu. Wir werden durch ein herrliches Panorama verwöhnt. In den Weiten der blauen See dümpeln einige dunkle Inselchen, dahinter erhebt sich **Korčula** majestätisch aus den Fluten.

An der Küste erkennen wir den **Fährhafen** OREBIĆ, den wir als nächstes ansteuern. Wir biegen von der Hauptstraße links in Richtung Hafen ab. Schon nach ca. 100 m entdecken wir links die Einfahrt zu einem relativ großen Wohnmobilparkplatz (70 Cent pro Stunde). Alle anderen Parkplätze entlang dem Hafenbecken sind mittlerweile für WOMOs passé. Um zum Kiesstrand zu gelangen bedarf es nur weniger Schritte und auch die Fußgängerzone von OREBIĆ erreicht man in nur wenigen Minuten. Grabesruhe darf man allerdings nicht erwarten. Musik schallt aus den nahen Lokalen und schwarzgelockte Jünglinge zelebrieren vor den angebeteten Mädchen ihren Balzritus. Dazu gehört auch - kühn mit Sonnenbrille geschmückt - mit dem Motorroller die Hafenstraße rauf- und runterzutoben.

Korčula grüßt aus der Ferne

Orebić, Ruhesitz der Kapitäne

(175) WOMO-Badeplatz: Orebić

GPS: N 42° 58' 30.7" E 17° 10' 09.4" **max. WOMOs**: > 5

Ausstattung/Lage: Stranddusche, Restaurants und Geschäfte ca. 05 km/im Ort.

Zufahrt: Von der Hauptstraße zum Hafen (Fähranleger) abzweigen, darauf nach 100 m links.

Mehr Ruhe zu vergleichsweise günstigen Konditionen bieten verschiedene **Campingplätze** in der nahen Umgebung. Hinweise dazu findet man entlang der Hauptstraße. Nicht schlecht bedient ist man mit dem „**Kamp Palme**“ (GPS: N 42° 58' 35.3" E 17° 07' 45.2"). Fahren Sie aber nach dem Platz nicht auf der Küstenstraße weiter - diese wird teilweise sehr schmal und bietet kaum Wendemöglichkeiten.

Die **„Stadt der Kapitäne“** haben wir uns etwas anders vorgestellt. Es ist kein Ort mit einem soliden Kern, der vielleicht auch noch von einer trutzigen Mauer umgeben ist, vielmehr ist es eine lockere Gartensiedlung, in der sich teils prächtige Villen im geradezu verschwenderischen Grün verstecken. Exotische Blütenpracht sorgt für malerische Farbtupfer und das eine oder andere Café für das leibliche Wohl. Man könnte noch die **Pfarrkirche** erwähnen und natürlich das **Schifffahrtsmuseum** mit allerlei Gerätschaften, Bildern und Seekarten, aber das war es dann auch schon! Das Museum ist täglich von 09.00-12.00 Uhr und von 18.00-20.00 Uhr geöffnet, Eintritt ca. 2,5 Euro.
Zur Zwischeninfo: Die Entfernung von DRVENIK bis OREBIĆ beträgt inklusive aller Abstecher ca. 155 km.
Durch den **Pelješki-Kanal** ist die **Halbinsel Pelješac** von der **Insel Korčula** getrennt. Bis zu 14 mal täglich setzt die Fähre über und bildet eine schwimmende Brücke zwischen OREBIĆ und DOMINĆE, welches nahe der Inselhauptstadt KORČULA liegt. Die Überfahrt dauert rund 20 Minuten und erleichtert den Geldbeutel um etwa 24 Euro (2 Personen und ein Wohnmobil von 5-7 m Länge). Das Eiland präsentiert sich lieblich mit schönen Buchten und grünen Hügeln. Auf 276 km² leben rund 17.000 Menschen. 47 km misst die Insel in der Länge, die Breite schwankt zwischen 6 und 8 km. Ein Höhenzug, dessen höchste Erhebung der **Berg Klupca** (568 m) ist, bietet zudem beste Voraussetzungen für den Wein- und Gemüsebau. Nicht nur „Otto Normaltourist“ pflegt hier Urlaub zu machen, sondern auch die Prominenz gibt sich da gern ein Stelldichein. Beliebt ist vor allem die Metropole KORČULA, ein **Museumsstädtchen**

Inselhauptstadt Korčula

wie aus dem Bilderbuch, das auch der Geburtsort Marco Polos sein soll. Viele Kreuzfahrtschiffe legen hier an und entlassen ihre Passagiere zu einer Sightseeing-Tour, auch die großen Fähren der Italienroute gehen für einen Zwischenstopp vor Anker. Bis weit über Kroatiens Grenzen hinaus bekannt und berühmt ist der **Säbeltanz Moreška**. Er erinnert an die Zeit der Kämpfe gegen die Araber im 16. Jahrhundert. Hierbei kämpfen symbolisch der weiße (gute) und der schwarze (böse) König gegeneinander. Ein weiterer Schwerttanz, der in Tracht zu Dudelsackklängen durchgeführt wird, heißt **Kumpanija** und zielt eher auf den Freiheitskampf allgemein.
Wir rumpeln von Bord der Fähre, und nach nur 0,6 km beziehen wir Quartier auf dem Campingplatz „Kalac“, der zum Hotel Bon Repos gehört. Der Platz liegt lauschig im Grünen, im oberen Teil finden auch Dickschiffe genügend Raum. Fast jeder Camper bekommt sein eigenes Séparée im Gebüsch. Oft steht ein Grill zur Verfügung, und auch die verschiedenen Sportanlagen des Hotels können mitbenutzt werden. Am Strand gibt es betonierte Flächen und ein bisschen Sand. Insgesamt konnte bei unserem letzten Besuch der Pflegezustand leider nicht überzeugen.

(176) WOMO-Campingplatz-Tipp: „Kalac“ nahe Korčula

GPS: N 42° 57' 03.0" E 17° 08' 41.3" **Öffnungszeit**: 15.05.-30.09.
Ausstattung/Lage: Geschäft, Imbiss, Restaurant, zum Zentrum von Korčula ca. 2 km, viel Schatten/außerorts.
Zufahrt: 0,6 km nach dem Fährhafen rechts, neben dem Hotel Bon Repos.

Ein Spaziergang von gut zwanzig Minuten um eine schmale Bucht und über einen Hügel bringt uns in die Stadt KORČULA. Wegen ihrer Kirchen und anmutigen Häuser wird sie auch „**Klein-Dubrovnik**“ genannt. Malerisch liegt der Altstadtkern auf einer Halbinsel. Über eine **Freitreppe**, die nahe des Marktes zum **Landtor** hinaufführt, betreten wir dieses historische Schatzkästchen. Gleich links steht das **Rathaus**, daneben die **Kapelle der Schneemadonna** und gegenüber ein weiteres kleines **Kirchlein** (Sveti Mihovila). In gerader Linie

Korčula: Das Landtor

stapfen wir weiter über ein paar Stufen zum Domplatz. Am höchsten Punkt des Ortes reckt die dreischiffige **Kathedrale Sv. Marko** ihren Turm in den fast wolkenlosen Himmel und beeindruckt mit einem von zwei Löwen bewachten Portal. Ihr gegenüber steht der **Bischofspalast**, der den **Domschatz** beherbergt. Im **Stadtmuseum** (Gradski muzej) ist ein **Lapidarium** mit interessanten Fundstücken untergebracht, ebenso wie Abteilungen, die der Seefahrt und dem Schiffsbau gewidmet sind. Geöffnet ist es täglich von 09.00-13.00 Uhr und von 19.00-21.00 Uhr, der Eintritt beträgt knapp 3 Euro. In der Nebensaison eingeschränkte Öffnungszeiten! Ein weiteres **Museum** lockt mit **sakralen Gegenständen,** und unweit des Landtores erwartet das **Ikonenmuseum** seine Besucher.

Das Rathaus in Korčula

Ein paar Schritte von der Kathedrale entfernt steht eingezwängt zwischen anderen Gebäuden das (angebliche) **Geburtshaus Marco Polos**. Für einen Obolus darf man sich die enge Holztreppe, die unter jedem Schritt schrecklich aufstöhnt, hinaufhangeln und von einem Turm den schönen Blick über die Dächer und das Meer genießen.

Nach dem 12. Jahrhundert wurde das Städtchen komplett umgestaltet. Dabei bewiesen die ehemaligen Baumeister Geschick. Die Anordnung der Gassen erfolgte dergestalt, dass die kalte Bora abgehalten wird, der warme und angenehme Maestral hingegen ungehindert einströmen kann. Fast schon eine antike Klimaanlage!

Sollte Ihnen der Sinn nach einer kleinen Seefahrt stehen, so bietet sich die Möglichkeit, von KORČULA einen Tagesausflug auf die **Insel Mljet** zu unternehmen und dort den **Natio-**

nalpark zu besuchen (**zwei Salzseen**, im größeren der beiden eine Insel mit einem ehemaligen **Benediktinerkloster**). Näheres erfahren Sie in der Touristeninformation. Die Ausflugsboote verkehren täglich (außer Sonntag und Montag), Abfahrt ist jeweils um 09.00 Uhr, Rückkunft um 16.00 Uhr. Der Preis pro Person beträgt ca. 30 Euro - inclusive des Parkeintrittes.
Noch ein Wort zur Parkplatzsituation. Das Städtchen wird stark frequentiert, dementsprechend lebhaft - bisweilen chaotisch - geht es zu. Rund um den Hafen bzw. den Altstadtkern gibt es einige Parkflächen, die Aussicht auf ein freies Plätzchen ist aber relativ gering.
Wir begeben uns auf Inselrundfahrt. Um es gleich vorab zu sagen die Stellplatzsituation ist nicht gerade rosig. Ein kurzes Wegstück nach dem Campingplatz „Kalac" zweigt links die Straße nach LUMBARDA ab. Schnell erreicht man das erste von zwei Hafenbecken. Fährt man schließlich nach dem zweiten Hafenbecken des hübsch gelegenen, kleinen Ortes links ab, so gelangt man zu einem sonnigen Parkplatz, an den ein Kies-Badestrand anschließt (Parkfläche neuerdings leider eingeschränkt).

(177) WOMO-Badeplatz: Lumbarda
GPS: N 42° 55' 27.4" E 17° 10' 22.1"
max. WOMOs: 2-3
Ausstattung/Lage: Wasserstellen und Kiosk, Geschäfte, Restaurants in der Nähe/im Ort.
Zufahrt: Direkt nach dem zweiten Hafenbecken links abbiegen, noch 100 m.

Ein Leser berichtete uns, von der Polizei des Platzes verwiesen worden zu sein. So geschehen im August - also in der Hauptsaison.
Zurückgekehrt an die Hauptstraße, orientieren wir uns in Großrichtung VELA LUKA. Zunächst etwas schmal, doch stetig breiter werdend, schlängelt sich das Asphaltband in die sanfte Bergwelt hinein. Wie grüne Finger ragen unzählige schlanke Zypressen in den Sommerhimmel, und zwischen aufgeschichteten Mauern gedeihen prächtige Rebstöcke. In der Region sind noch viele alte **Steinhäuser** mit den kunstvoll geschichteten Dach-Steinplatten erhalten. Malerisch schmiegen sich die Häuschen an die Hänge, oft eingebettet in üppiges Grün. Wir streifen das Bergdörfchen PUPNAT. Nach dem Ort zweigt links eine Straße ab, die parallel zur Inselhauptachse verläuft. Mittlerweile ist diese in einem guten Zustand und bietet teils herrliche Ausblicke aufs Meer bzw. auf die **Pupnatska Luka-Bucht**. Nach einigen Kilometern biegt links ein schmales Sträß-

Die malerische Pupnatska Luka-Bucht

chen zur gerade genannten Bucht ab. Desöfteren legen hier (Segel)schiffe an, um im Schutz des Naturhafens zu übernachten. Obwohl die Strecke jetzt weitgehend geteert ist, sollten sich allenfalls Fahrzeuge in der Größenordnung eines VW-Busses hier hinunter wagen. Das Gefälle beträgt zwar nur 10%, auch sind Ausweichen vorhanden, doch mit einem „normalen“ Wohnmobil wird es ziemlich ungemütlich. Greifen Sie lieber auf Roller oder Mountainbikes zurück!

Auf dem Friedhof von Čara

Wir folgen weiter dem Straßenverlauf. Nahe ČARA erreichen wir bei schönen Weingärten wieder die Insel-Hauptachse.

Von ČARA führt eine kurze gute Teerstraße in die Ortschaft ZAVALATICA. Die gepflegten Häuschen, die sich rund um eine kleine Bucht angesiedelt haben, strahlen einen Hauch Mondänes aus. An der Kaimauer am Ende des Hafens finden wir ein nettes sonniges Plätzchen für unser Mobil und gleich daneben einen felsigen Strand für dessen Besatzung. Auf den abgeschrägten Felsplatten lässt es sich relativ gut liegen und dem süßen Nichtstun frönen.

(178) **WOMO-Badeplatz: Zavalatica**

GPS: N 42° 54' 48.4" E 16° 56' 04.6"
max. WOMOs: 1-2
Ausstattung/Lage: Kleine Bar, zum Restaurant ca. 200 m/im Ort.
Zufahrt: In Čara links abbiegen, noch 3,4 km bis zum Ende der Stichstraße im Hafen. Das letzte Stück der Ortsdurchfahrt ist schmal und nur für kleinere WOMOs (5-6 m Länge) geeignet.

Nach einem erholsamen Zwischenaufenthalt kurven wir nach ČARA zurück.
Bereits in SMOKVICA verlassen wir die Hauptstraße wieder, um ein wenig an der Südküste entlang zu bummeln. Pittoresk und etwas verschlafen präsentiert sich BRNA, dessen Häuschen um den Hafen herumgruppiert sind. Dem Küstensaum folgend, mit schönen Ausblicken auf bewaldete Inselchen, rollen wir PRIŽBA zu. Eine Feuersbrunst muss sich vor kurzem über die Hügel gefressen haben. Nur die stärkeren Stämme haben den Flammen getrotzt und mahnen jetzt wie erhobene Finger die Leichtfertigkeit einer vielleicht achtlos weggeworfenen Kippe an. Nach PRIŽBA entfernt sich das Sträßchen wieder vom Meer und hält in etlichen Kehren und Kurven Kurs auf BLATO zu, die ehemals größte Stadt **Korčulas**. Die touristische Bedeutung des Städtchens ist gering, wenn auch die Bewohner behaupten, es sei - wie Rom - auf sieben Hügeln erbaut. So recht nachvollziehen lässt sich dieser Umstand allerdings nicht. Wie dem auch sei - der Ort wirkt gefällig! Die Hauptstraße führt durch eine lange Baumallee, deren Kronen oben zusammenschlagen. Das Blätterdach lässt nur wenige Sonnenstrahlen hindurch, der Durchreisende sieht sich einem heimeligen Spiel aus Licht und Schatten ausgesetzt. Nach BLATO treffen wir wieder auf die Inselachse. Wir schwenken links ein und peilen die westlich gelegene Stadt VELA LUKA an. Flott geht es voran. Nach einer Kurve rettet nur die beherzte Bremsung des Fahrers einem Schwarm Rebhühnern das Leben, die sich zur Rast auf der Fahrbahn niedergelassen haben.

In der Bucht von Vela Luka

Vela Luka: Die „Chippendales“ im Ruhestand?

Ohne körperlichen Schaden zu nehmen, flattern die Tierchen aufgeregt davon. Schließlich lässt uns ein Schild wissen, dass wir im größten Ort der Insel VELA LUKA angelangt sind. Der erste Eindruck ist nicht gerade berauschend. Zur Linken dehnt sich ein wenig ansprechendes Industriegelände aus. Es folgt der Fähranleger. Hinter diesem erstreckt sich - deutlich ansehnlicher - eine lange blumengeschmückte Uferpromenade, die letztendlich in den Stadtkern mündet. Hier bzw. im Hafen lässt es sich gut verweilen. Wir gesellen uns zu einigen WOMOs, die sich hier bereits ein Plätzchen gesucht haben (gebührenpflichtig von 08.00-22.00Uhr).

Kunstwerk in Vela Luka

(179) WOMO-Stellplatz: Vela Luka

GPS: N 42° 57' 37.5" E 16° 42' 50.0" **max. WOMOs**: > 5

Ausstattung/Lage: Wasserstellen, Geschäfte und Restaurants nahebei/im Ort.

Zufahrt: Ca. 200 m nach dem Fähranleger in Vela Luka.

Die Stadt taugt nicht unbedingt für den ultimativen Urlaubskick, doch so „ganz ohne“, wie sie oft dargestellt wird, ist sie wahrlich nicht. Das Hafenbecken ist hübsch, und es gibt nette Cafés und Restaurants. Der Kulturhungrige wird sich an der **Kirche Sveti Josip** und einer ehemaligen **Festung** aus dem 15. Jahrhundert erfreuen.

VELA LUKA besitzt keinen Campingplatz. Ca. 5 km außerhalb der Stadt empfängt der **Campingplatz „Mindel“** seine Gäste. Die Fahrt dorthin führt in etlichen Kurven durch ansprechendes Hügelland, das vorwiegend von Olivenbäumen „bewohnt“ wird.

(180) WOMO-Campingplatz-Tipp: „Mindel“ nahe Vela Luka

GPS: N 42° 59' 01.7" E 16° 40' 15.0"
Öffnungszeit: Ganzjährig.
Ausstattung/Lage: Reichlich Schatten durch Olivenbäume, nicht am Meer gelegen, kein Restaurant oder Geschäft - aber Lieferservice durch den Besitzer/außerorts.
Zufahrt: Ca 5 km von Vela Luka, gut beschildert.

In direkter Linie brausen wir nun nach KORČULA (Stadt) bzw. dem Fährhafen DOMINCE zurück und sind erstaunt, wie schnell man die Insel durchmessen kann - so man will. Nach der **Korčula-Rundfahrt** zeigt der Tachometer 145 km mehr. Wir setzen mit der Fähre über den **Pelješki-Kanal** nach OREBIČ, fahren die **Halbinsel Pelješac** noch einmal in umgekehrter Richtung ab, und gut 65 km später nehmen wir nahe STON die Spur der **Adria magistrale** wieder auf.

KARTE TOUR 12

Tour 12 (120 km / 5 Tage)

Ston - Slano - Trsteno - Orašac - Dubrovnik - Kupari - Cavtat - Molunat

Freies Übernachten:	Nahe Slano, in Trsteno, in Cavtat und in Poljice.
Campingplätze:	„Pod Maslinom" in Orašac, „Solitudo" in Dubrovnik, „Monica" in Molunat.
Besichtigen:	Das Arboretum in Trsteno, die Altstadt von Dubrovnik mit ihren unzähligen Kulturschätzen, Cavtat und Umgebung.
Baden:	Mehrere Gelegenheiten entlang der Küste, vor allem in und um Cavtat.

Weiter geht es in Richtung Süden. In dieser Tour widmen wir uns nicht nur, aber vor allem dem schier überquellenden Schatzkästchen DUBROVNIK.
Zunächst schwingen wir uns um die Kurven der gut ausgebauten Küstenstraße herum und bewundern den phantastischen Ausblick auf die vorgelagerte Inselwelt. Sonne und Wolken wechseln sich heute ab. Das Zwielicht lässt die Inseln dunkelgrün, fast schwarz erscheinen; wie kleine geheimnisvolle Gebirge erheben sie sich aus dem glitzernden ebenen Wasserspiegel der blauen **Adria**. Bald erreichen wir SLANO. Bis dato schlummerte der Ort vor sich hin und bot WOMO-Fahrern einen hübschen Stellplatz. In jüngster Vergangenheit klatschte ein Investor einen riesigen und modernen Hotelkomplex mitten in den Dorfkern - somit ist ein Besuch für Wohnmobilisten nicht mehr erstrebenswert.
8,5 km außerhalb von SLANO gibt es unterhalb der **Magistrale** einen recht passablen Badeplatz mit einem relativ großen Strand. Zumindest in der Nebensaison lässt sich es hier gut verweilen.

(181) WOMO-Badeplatz: Jadransko More

GPS: N 42° 44' 25.5" E 17° 55' 41.7"
max. WOMOs: 2-3
Ausstattung/Lage: Kies/Geröllstrand, Mülltonne, teils Schatten/außerorts.
Zufahrt: 8,5 km südlich von Slano auf den Parkplatz fahren, von hier führt eine kurze steile Abfahrt (geteert) meerwärts.

Rund 40 km nach STON laufen wir in TRSTENO ein. Eine gewisse Berühmtheit hat hier das **Arboretum** erlangt.

Im Arboretum von Trsteno

Bei der Kirche am Ortsende entdecken wir einen neu geschaffenen Parkplatz. Eine gute Sache - denn zuvor waren Parkflächen absolute Mangelware. Ca. 200 m beträgt von hier die Wegstrecke zum **Arboretum**. Falls Sie hier eine Übernachtung in Betracht ziehen, respektieren Sie bitte die kirchlichen Belange.

(182) WOMO-Stellplatz: Trsteno

GPS: N 42° 42' 45.9" E 17° 58' 44.1" **max. WOMOs**: 2-3

Ausstattung/Lage: Beleuchtung, Arboretum und Gaststätte nahebei, zum Strand 550 m/im Ort.

Zufahrt: Am Ortsende rechts zur Kirche abbiegen.

Wir spazieren zur Pforte des Gartens. Dunkel ist es unter dem Blätterdach. Über einen breiten, recht steilen Weg spazieren wir dem Meer zu. Überall öffnen sich lauschige Nischen und verschwiegene Plätzchen. Exotische Bäume und Pflanzen aus fast aller Herren Länder wurden hier zusammengetragen und mit Namensschildern und Herkunftsangabe versehen. Schließlich müssen die Bäume ja wissen, wo sie ihre „Wurzeln" haben. In einem düsteren Eck plätschert ein **Brünnlein**, über das steinerne Figuren wachen. Ein Pferd und zwei böse dreinschauende Fische spucken Wasser. Im unteren Teil des Parks steht die prachtvolle **Renaissance-Villa** der Dubrovniker Gründerfamilie, die auf das Jahr 1502 zurückdatiert. Von der Terrasse aus hat man einen schönen Blick auf einen winzigen Hafen einerseits und einige **antike Ruinen** andererseits. In der Hochsaison ist das Arboretum von 08.00-19.00 Uhr geöffnet, ansonsten von 08.00-15.00 Uhr. Für ca. 4,5 Euro pro Nase (Kinder ca. 2,2 Euro) wird man eingelassen. Allerdings konnte bei unserem letzten Besuch der Pflegezustand leider nicht überzeugen.

In Parknähe gibt es ein Café und unweit davon ein gepflegtes privates Autocamp mit einigen WOMO-tauglichen Stellplätzen.

(183) WOMO-Stellplatz/Minicamp: Trsteno
GPS: N 42° 42' 48.7" E 17° 58' 39.8" **max. WOMOs**: > 5
Ausstattung/Lage: Wasser, Dusche, Toilette, kleines Café/Bar, Restaurant in der Nähe/im Ort.
Zufahrt: An der Hauptstraße beschildert (gut 100 m weiter zweite Einfahrt möglich).

ORAŠAC empfängt uns als nächster Ferienort an der **Magistrale**. Zu unserer Enttäuschung stellen wir fest, dass der schön gelegene und gediegene Campingplatz „Rudine" platt gemacht wurde; für einen Hotelkomplex, der dem zuvor in SLANO gleicht. Der Architekt durfte offensichtlich mehrmals wüten! Alternativ kann man auf das Kamp „Pod Maslinom" zurückgreifen, das zwar durchaus einen netten gepflegten Eindruck macht, doch leider nicht am Meer liegt.

(184) WOMO-Campingplatz-Tipp: „Pod Maslinom" in Orašac
GPS: N 42° 41' 56.5" E 18° 00' 22.3" **Öffnungszeit**: 15.05.-30.09.
Ausstattung/Lage: Geschäft und Restaurant ca. 300 m, Schatten, zum Meer ca. 400 m/im Ort.
Zufahrt: Von der Magistrale rechts abbiegen, noch ca. 100 m, beschildert.

Die Öffnungszeiten sind nur als Anhaltspunkt zu sehen - man orientiert sich mehr an der Nachfrage.
Nach DUBROVNIK ist es jetzt nur noch ein Katzensprung. Schon vor den Toren der Stadt heißen uns große Schilder willkommen, und schließlich rollen wir über eine neu erbaute, küh-

Die „MSC Fantasia" in Dubrovnik

ne Brücke in die süddalmatinische Metropole ein. Dieses „Kunstwerk“ erspart die Umfahrung einer tief eingeschnittenen Bucht und ist sogar mit einem Display ausgestattet, wel-

Dubrovnik, Schatzkästchen des Südens

ches die aktuelle Windgeschwindigkeit anzeigt. Nach der Brücke biegen wir links ab und arbeiten uns in Richtung Zentrum vor. Der Verkehr steigert sich vehement, man staut sich die Reifen platt, der Kopf wird zornesrot, und das Nervenkostüm knittert. Letztendlich schaffen wir es bis vor die altehrwürdigen Mauern der Innenstadt. Hier gibt es eine stattliche Anzahl von Parkplätzen, doch es ist kein einziger freier dabei - wirklich keiner!
Die bessere Methode ist, bereits am Fährhafen das WOMO zu deponieren. Wir haben ihn bei der Einfahrt bereits gesehen und auch den großen (mit Lücken versehenen!) Parkplatz dazu. Ausgeschildert ist dieser mit dem Schiffssymbol und zusätzlich mit dem Namen des Stadtteils, in dem er sich befindet: „Cruž“.
Nimmt man den Lärm und die wenig ansprechende Gegend in Kauf, kann man hier evtl. auch nächtigen. Reichlich 2 km sind es von hier bis zum Herzen der Stadt. Am besten man nimmt Bus oder Taxi dahin - die Füße werden noch genug strapaziert!
Unserer Meinung nach ist die beste Methode, eine Stadtbesichtigung vom Campingplatz aus zu unternehmen. Vor einigen Jahren öffnete der „**Solitudo**“ seine Pforten.

(185) WOMO-Campingplatz-Tipp: „Solitudo" in Dubrovnik

GPS: N 42° 39' 43.5" E 18° 04' 15.9",Vatrosl. Lisinskog **Öffnungszeit**: 01.04.-01.11.
Ausstattung/Lage: Restaurant in der Nähe, Geschäft, teilweise schattig, Strandnähe/im Ort.
Zufahrt: Erste Hinweise schon bei der großen Brücke, Richtung Babin Kuk, leider nicht durchgehend gut beschildert.

Die **Buslinie Nr. 6** verkehrt alle 10 bis 15 Minuten ins Zentrum (1,5 Euro pro Person für die einfache Fahrt, Tickets gibts im Bus - nicht mehr am Campingplatz). Die Haltestelle ist nur ca. 300 m vom Campingplatz entfernt.
Eine elegante Lösung der Stadtbesichtigung können wir Ihnen auch von CAVTAT aus anbieten (am Ende dieser Tour).
DUBROVNIK schmückt sich mit dem Beinamen **„Perle der Adria"**. Es liegt zu Füßen eines karstigen Kalksteingebirges auf einer Halbinsel und birgt kulturelle Schätze, die ihresgleichen suchen. Die Aufnahme ins **Weltkulturerbe** durch die

Eine der vielen schönen Facetten Dubrovniks

Unesco im Jahre 1980 muss man da schon als fast zwingend ansehen. Annähernd 50.000 Menschen leben heute in diesem dalmatinischen Wirtschaftszentrum, das sommers wie winters die Touristen in Strömen anlockt. Das Hauptaugenmerk liegt dabei auf der von mächtigen Mauern umgebenen und auf drei Seiten vom Meer umspülten Altstadt, in der sich die wichtigsten Sehenswürdigkeiten befinden. Bevor wir Sie dazu einladen, uns auf unserem Bummel zu den kunsthistori-

schen Juwelen zu begleiten, blicken wir noch kurz in die Vergangenheit.
Einst war das südlich von DUBROVNIK gelegene Epidaurum wichtigstes regionales Zentrum. Zur Zeit der Völkerwanderung im 7. Jahrhundert wurde es zerstört, und die Bewohner flüchteten nach Ragusium und ließen sich in dem kleinen Fischerdorf nieder. Wenig später gesellten sich, im mit Eichen bestandenen Hinterland, slawische Stämme dazu. Dubrava heißt Eichenwald, was den heutigen Namen DUBROVNIK erklärt, der aber erst ab 1918 zur Verwendung kam. Bis dato sprach man von Ragusa. Die Lage am Schnittpunkt der Religionen und Kulturen war nicht unbedingt ein optimaler Ausgangspunkt für eine aufstrebende Entwicklung. Die neuen Bürger bewiesen aber Fleiß, waren geschäftstüchtig, diplomatisch, und eine strenge Verfassung beugte drohendem „Filz“ vor. Die Siedlung avancierte zur Freien Republik Ragusa und konnte ihren Stadtstatus viele Jahrhunderte - wenn auch teilweise mit Einschränkungen - erhalten. Erst 1808 erfolgte die Auflösung durch Napoleon. Vielleicht war das Erfolgsrezept in dem Leitspruch zu suchen, der in den Palast des Großen Rates eingemeißelt wurde. „Obliti privatorum publica curate!“ Zu Deutsch: „Vergesst die Privatangelegenheiten, kümmert euch um die öffentlichen Belange“. Die Aufforderung wurde sehr ernst genommen. Zug um Zug wurden Institutionen wie eine Apotheke, ein Waisenhaus und ein Altersheim eingerichtet. Zwei Ärzte und auch Straßenkehrer agierten zum Wohl der Bürger - Öffentlicher Dienst im wahren Sinne des Wortes!

Dubrovnik, Spaziergang auf der Stadtmauer

Wenden wir uns nun der Besichtigung der Altstadt zu. Wir betreten das Schatzkästchen durch das **Westtor** - dem Pile vrata - das mit einer Statue des Stadtheiligen (sveti Vlaho) geschmückt ist. Ganz in der Nähe befindet sich einer der Aufgänge zur **Stadtmauer**. Täglich zwischen 09.00 und 19.00 Uhr kann man zu ihr emporsteigen (sofern man bereit ist, äußerst unverschämte 10 Euro zu berappen) und auf dem 25 m hohen und bis zu 6 m breiten wuchtigen Mauerwerk nahezu 2 km entlangwandeln. Im milden Licht des Abends oder des Morgens fesselt der herrliche Ausblick über die Stadt und das Meer den Betrachter gänzlich. Praktischer Aspekt der vorgeschlagenen Zeit ist die deutlich geringere Schweißabsonderung auf diesem schattenlosen Rundgang.

Wir bleiben erstmal „bodenständig" und bewundern das Ensemble phantastischer Bauwerke, das sich uns nach dem **Pile-Tor** eröffnet. Erster Blickfang allerdings ist der gewaltige **Velika Onofrijeva česma** (Großer Onofriobrunnen) mit seinen insgesamt 16 Wasserspielen. Bereits im 15. Jahrhundert wurde er aus einer 12 km langen Wasserleitung gespeist, die seinerzeit die städtische Wasserversorgung gewährleistete. Neben dem Brunnen rechts liegt das **Klarissinenkloster** (Samostan Sveta Klara) aus dem 13. Jahrhundert. Die ehrbaren Schwestern richteten hier 1472 das erste Waisenhaus Europas ein. Zur Linken duckt sich die kleine **Erlöserkirche Sv. Spas**, ein Renaissance-Bau aus dem 16. Jahrhun-

„Eisschlacht" am Großen Onofriobrunnen

Stradun, am Ende der Flaniermeile Dubrovniks

dert, in den Schutz der Stadtmauer. Ihr gegenüber erhebt sich die **Franziskaner-Kirche**, deren Südportal die Kunstfertigkeit der hiesigen Steinmetze verrät. Der schmale Rundgang zwischen den zwei Gotteshäusern führt zum **Franziskanerkloster**. Dieser Ort des Friedens beherbergt einen Kreuzgang mit zierlichen Doppelsäulen. Im solchermaßen eingefriedeten Garten gedeihen Mandarinenbäumchen, und es blühen Oleanderbüsche. Herrlich anzusehen ist auch die **Klosterapotheke**, die zu den ältesten unseres Kontinents zählt.
Wir gehen zurück zum **Onofriobrunnen** und schlendern jetzt die Placa oder **Stradun** genannte Gasse entlang, die geradli-

Junges Glück in Dubrovnik

nig die Altstadt durchmisst. Einst war sie ein Meereskanal, der nach seiner Verfüllung die beiden Ortsteile **Ragusa** und **Dubrava** vereinte. Wendet man sich etwa in der Mitte der Plaza nach rechts in die Seitengässchen, gelangt man, vorbei an vielen Läden, in denen Gold- und Silberarbeiten angeboten werden, zum **Ikonski muzej**. Das Museum befindet sich neben der **Serbischen Kirche** und stellt wertvolle Bilder verschiedener Epochen aus.
Wir spazieren weiter auf der Placa, bis diese in den **Platz der Loggia** (Luža) mündet. Beherrscht wird diese Piazza von der **Rolandsäule**. Der Ritter Roland symbolisiert, wie auch in anderen europäischen Städten, Marktfreiheit und eigene Gerichtsbarkeit. Im gesamten Umfeld konzentrieren sich die Sehenswürdigkeiten. Nördlich des Platzes finden wir den **Sponza-**

Palast, der u.a. auch als **Zollamt** fungierte. In den nicht gerade heimeligen Kellern mussten früher die Gefangenen für ihre Straftaten büßen. Neben hübschen Arkaden und gotischen Fenstern gefällt auch der von Säulen umrandete Innenhof. Dem Sponza-Palast schließt sich nördlich die **Sv. Nikola-Kirche** mit einer barocken Fassade an. Es folgt das wuchtige **Dominikanerkloster**, dessen Ursprünge im 14. Jahrhundert liegen. Neben dem Kreuzgang ist auch das **Museum** mit seinen wertvollen **Kirchenschätzen** (filigraner Gold- und Silberschmuck, Reliquien, Gemälde usw.) sehenswert.
Durch das **Ploče vrata** (Ploče-Tor), bewacht vom **Assimov-Turm**, gelangen wir zur eindrucksvollen **Festung Revelin**. Diese hatte die Aufgabe, den Hafen vom Norden her zu schützen. Heute erfüllt die mächtige Bastion friedlichere Zwecke - auf der Freiterrasse werden Konzerte und Tanzveranstaltungen abgehalten.
Zurückgekehrt auf den **Luža-Platz**, widmen wir uns nun den Sehenswürdigkeiten südlich des „kriegerischen Roland". Hier rückt zunächst die **Kirche Sv. Vlaho** ins Visier. Im Inneren des Gotteshauses entdecken wir auf dem Hochaltar eine Statue des **Schutzpatrons** der Stadt, **St. Blasius**. Dieses Meisterwerk heimischer Goldschmiedekunst besteht aus vergoldetem Silber. Gegenüber Sv. Vlaho erhebt sich der **Palast des Großen Rates**, der heute als Theater genutzt wird. Das **Gradska kavana** (Stadtcafé) grenzt an. Wir finden zwei freie Stühlchen und erholen uns erstmal nach so viel Kultur bei einem kühlen Bier. Der Blick über den bunten Hafen und die ausgedehnten Festungsanlagen ist schlicht wundervoll.

Nur ein paar Schritte weiter entdecken wir den **Knežev dvor**, den Rektorenpalast. Das in den Jahren um 1440 von Onofrio Giordano errichtete Gebäude wurde mehrmals durch Brand und Erdbeben beschädigt, die jetzige Form datiert auf das Jahr 1739 zurück. Der Bau klotzt nicht mit Pracht und Prunk, sondern gefällt eher durch schlichte „leise" Schönheit. Jeweils für einen Monat führte ein Adeliger die Regierungsgeschäfte und verbrachte diese Zeit - getrennt von der Außenwelt - in diesem Palast. Durch den schnellen Wechsel versuchte man, Vetternwirtschaft und Klüngelei vorzubeugen - mit Erfolg bleibt anzumerken! Der **Kneżev dvor** beherbergt jetzt das **Stadtmuseum,** in dem man Mobiliar, Gemälde, Waffen, Münzen usw. bewundern kann (geöffnet Montag bis Samstag von 09.00-13.00 Uhr, ca. 2,5 Euro - sonntags geschlossen).

Ganz in der Nähe befindet sich der große, lebhafte Markt. Täglich lässt sich hier knackiges Gemüse, Obst und frischer Fisch erwerben. In der Mitte des Platzes wacht eine **Bronzestatue** des **Dichters Gundulič** über das Geschehen. Am Südostende des **Gunduličeva poljana** genannten Marktes erhebt sich die **Kathedrale Velika Gospa** (Maria Himmelfahrt) und besticht vor allem mit einer in Gold und Silber schwelgenden Schatzkammer und einem Tizian-Gemälde, das die Himmelfahrt Mariens zeigt.

Schließlich stiefeln wir entlang der **Ulica Kneza** zur **Festung Sveti Ivan**, die über die Südostseite des Hafens wacht. Neben dem **Ethnographischen Museum** (Trachten, diverse Handwerksgeräte) und dem **Schifffahrtsmuseum** (Modelle, nautische Geräte) gibt es auch das **Aquarium** zu bestaunen. Letzteres gibt interessante Einblicke in die Tier- und Pflanzenwelt der Adria.

Wir spazieren zurück zur **Kathedrale Velika Gospa** und steigen anschließend über eine Barocktreppe in südlicher Richtung zur **Jesuitenkirche** empor. Das Gotteshaus gehört zu den größten Barockkirchen Dalmatiens und ist einschiffig, mit seitlich angelegten Kapellen konzipiert. In gerader Linie geht es auf der **Ulica Strosmajerova** zur „Kornkammer“ der Stadt. In 15 in den Fels gehauenen Löchern wurde hier im 16. Jahrhundert Getreide eingelagert, um im Fall einer Hungersnot gewappnet zu sein. Eine gleichbleibende Temperatur von 17°C begünstigte die Lagerhaltung. Diese Vorratsspeicher bezeichnet man als **Rupe**. Heute werden hier in einem **Museum** archäologische Funde gezeigt.

Wir beschließen nun unsere Exkursion durch das alte DUBROVNIK und hoffen, Sie ein wenig animiert zu haben. Das

Das Städtchen Cavtat

wahre Flair offenbart sich allerdings erst, wenn man selbst durch die schmalen Gassen mit den vielen malerischen Winkeln und unzähligen Treppen streift. Sie werden den Atem der Geschichte spüren - lassen Sie sich Zeit dazu!

Da lässt man sich doch gerne nieder...

Jetzt nehmen wir den letzten Abschnitt dieser Tour unter die Räder und steuern das etwa 25 km südlich von DUBROVNIK gelegene CAVTAT an. Bei dem entsprechenden Hinweisschild biegen wir rechts von der Küstenstraße ab. Kurz darauf nehmen wir an einer unklar ausgeschilderten Gabelung den linken Abzweig (rechts geht es nur zu einigen Hotelburgen) und landen alsobald in dem lebhaften Ort, der durchaus mondäne Züge trägt. Am Ende der Stichstraße münden wir in einen großen Parkplatz (gebührenpflichtig, ca. 1,4 Euro pro Stunde) ein, der ein wenig Schatten bietet. Es ist ein hübsches Übernachtungsplätzchen und prima geeignet, um das Städtchen zu sondieren. Der in manchen Reiseführern angegebene Campingplatz hat schon vor mehreren Jahren seinen Betrieb eingestellt. Eine Neu- bzw. Wiedereröffnung ist derzeit nicht geplant.

(186) WOMO-Badeplatz: Cavtat

GPS: N 42° 35' 00.1" E 18° 13' 09.5" **max. WOMOs**: > 5
Ausstattung/Lage: Beleuchtung, Restaurant 150 m, Cafès, Mülleimer, Zentrumsnähe/im Ort.
Zufahrt: Von der Küstenstraße rechts abfahren, noch 2,8 km.

Vom Ende des Parkplatzes aus führt ein schöner Spazierweg um eine bewaldete Halbinsel herum. Bänke laden zum Verweilen ein, und ein langer, schmaler und felsiger Strand lockt zur Abkühlung im klaren Wasser. Etwa 150 m nach Beginn des Promenadenweges lässt es sich in einer stilvollen Konoba gut speisen, als Attribut gibt es einen herrlichen Fernblick über das Meer und die Berge. Direkt bei der Gaststätte kann man über eine langgezogene Treppe zu einem **Mausoleum** aufsteigen, von dem die Aussicht bis nach DUBROVNIK reicht. Über mindestens genauso viele Stufen vollzieht sich der Abstieg auf der anderen Seite hinab zum palmenbe-

Das Mausoleum in Cavtat

standenen und blumengeschmückten Hafenkai des netten Ortes, wo einige stolze Jachten vor Anker liegen. Gepflegte Restaurants reihen sich aneinander und werben mit zivilen Preisen um die Gunst der Gäste.

Ohne sich den Stress im Verkehrsgewimmel und die kaum von Erfolg gekrönte Parkplatzsuche antun zu müssen, lässt sich von CAVTAT aus bequem das schöne DUBROVNIK erkunden. Mehrmals täglich verkehren Taxiboote dahin, die an der Hafenmole auf Kunden warten (Fahrpreis pro Person, hin und zurück, 12 Euro). Nicht ganz so reizvoll, doch ebenso praktisch, ist die Busverbindung. Der Linienbus pendelt mehrmals täglich, das Retourticket kostet gut 5 Euro pro Person.

Einen Wermutstropfen wollen wir Ihnen aber nicht vorenthalten. Das ansonsten eher ruhige CAVTAT liegt in der Einflugschneise des Flughafens DUBROVNIK. Mit „Unterhaltung“ durch startende und landende Flieger muss daher gerechnet werden.

Wir wenden uns wieder der **Adria magistrale** zu - doch nur für einen kurzen Streckenabschnitt. Ein Stück des Weges nach ZVEKOVICA zweigen wir rechts ab in Richtung MOLUNAT. Die Straße erweist sich als anständig und verläuft in etlichen Schwüngen durch das Hügelland. Wir passieren kleine Dörfer wie ČILIPI und POPOVICI. Die Hänge sind vielfach mit Ginsterbüschen bestanden, deren goldgelbe Blüten zu uns herüber leuchten. Am Ortsende von POLJICE stoßen wir auf den neu errichteten **Adrenalin Park Sveta Ana**. Mutige Gesellen können sich hier beim Klettern in luftiger Höhe austoben, sich im Fechten oder Sumoringen üben oder sich gar im sog. „Spin wheel" foltern. Angeblich stellt dies ein Übungsgerät für Astronauten und solche, die es werden wollen, dar. Weiteren Aktivitäten sind kaum Grenzen gesetzt. Dabei wurde auch an die (kleineren) Kinder gedacht!

„Foltergeräte" im Adrenalinpark

Der geschotterte Parkplatz gegenüber dem Park eignet sich zum Übernachten. Rechts an der Einfahrt versteckt sich ein Wasserhahn.

(187) WOMO-Stellplatz: Adrenalin Park Sveta Ana

GPS: N 42° 29' 35.3" E 18° 23' 02.3" **max. WOMOs**: 3-4

Ausstattung/Lage: Wasser, Kiosk, Restaurant, Reiterhof in der Nähe/außerorts.

Zufahrt: Am Ortsende von Poljice den Hinweisen folgen, Einfahrt direkt gegenüber dem Adrenalin Park.

Nur wenige Kilometer trennen uns jetzt nun von MOLUNAT. Der Ort liegt hübsch am Meer und lockt mit dem **Camp Monica**. Der gepflegte Platz schmiegt sich idyllisch an den Hang einer Bucht. Die Zufahrt und auch die verschiedenen Terrassen sind allerdings etwas beengt.

(188) WOMO-Campingplatz-Tipp: „Monica" in Molunat

GPS: N 42° 27' 11.5" E 18° 25' 41.0" **Öffnungszeit**: Ganzjährig.

Ausstattung/Lage: Meerlage, Strand teils Sand, teils Betonplatten, Restaurant (nur Saison), guter Baumbestand/Ortsrand.

Zufahrt: Schon vor Molunat gut beschildert.

Wir sind jetzt ganz im Süden Kroatiens angelangt. Die nächsten Touren führen uns nach **Montenegro**. Begleiten Sie uns doch bitte, wir würden uns freuen!

Vorwort Montenegro

Seit 2006 ist das Land der „Schwarzen Berge" ein eigenständiger Staat. Der Küstenstreifen erstreckt sich über nahezu 300 Kilometer, etwa 70 km davon sind Badestrände. Zahllose Olivenbäume, Zypressen und allerlei subtropische Gewächse prägen das Bild des Meeressaums. Dahinter erheben sich majestätisch die von dunkelgrünen Wäldern überzogenen, teils auch kahlen Bergketten, die dem Land Namensgeber waren. Mittelalterliche Dörfer und Städtchen kuscheln sich an die Berghänge und atmen einen Charme, dem man sich nicht entziehen kann. Auch wenn die Zeit drängen sollte, zwei Ziele sollten Sie sich keineswegs entgehen lassen. Das eine bildet der Ort KOTOR an der gleichnamigen Bucht und ist geschützt als Weltkulturerbe, das andere Ziel ist die ehemalige Sommerresidenz der jugoslawischen Könige: SVETI STEFAN. Es ist dies eine winzige, nur durch einen Damm mit dem Festland verbundene Insel, bestanden mit Häusern, deren graues Mauerwerk in wunderbarem Kontrast mit den leuchtend roten Dächern und dem magischen Blau des Meeres steht.

Die **Hauptstadt** des rund 650.000 Einwohner zählenden Staates heißt PODGORICA und liegt ein Stück weit im Landesinneren. Zu Zeiten des ehemaligen Jugoslawien wurde die Metropole aus dem Boden gestampft. Damals noch unter dem Namen TITOGRAD. Begeisterungsstürme, auch seitens gutmeinender Touristen, sind da wohl eher selten!

Der größte See des Landes ist der **Skutari-See**. Annähernd 280 Vogelarten sind hier beheimatet, u.a. auch der seltene Krauskopfpelikan. Das nur teilweise zugängliche Gewässer erstreckt sich über 391 Quadratkilometer, ungefähr die gute Hälfte davon gehört Albanien an.

Die **Währung** des Landes stellt ein Phänomen dar. Obwohl keine EU-Mitgliedschaft besteht, ist das offizielle Zahlungsmittel der **Euro**. Er wurde für gut befunden und daher vor einigen Jahren eingeführt. Basta!

Die **Straßenverkehrsordnung** ähnelt der unseren, einigen Dingen sollten Sie aber Beachtung schenken, sonst drohen Geldbußen! Es muss auch **tagsüber** mit **Abblendlicht** gefahren werden, zudem ist (wie in Kroatien) ein **Satz Ersatzbirnen** Pflicht an Bord. Ebenso besteht **Warnwestenpflicht**. Diese **müssen griffbereit über der Lehne hängen**!

Geschwindigkeitskontrollen sind relativ häufig. Die **Höchstgeschwindigkeit** beträgt **innerorts** - falls nicht anders aus-

geschildert - **40 km/h**, auf der **Landstraße** sind es **80 km/h**, auf **Schnellstraßen** darf man **100 km/h** fahren. Mit **Anhänger** ist grundsätzlich bei **80 km/h** Schluss. Es gibt zwar Straßen mit zwei Spuren in eine Fahrtrichtung, doch eine „richtige" Autobahn fehlt bis dato. Die **Promillegrenze** liegt bei **0,5**!
Und noch etwas Wichtiges: **Überholen im Tunnel** ist grundsätzlich **verboten**! Wird man dabei erwischt, darf man nicht nur löhnen, sondern es wird auch der Führerschein einbehalten! Allerdings hat man in den meisten stockdüsteren Tunnels sowieso keine Ambitionen zu überholen.
Die **Notrufnummer** (kostenfrei) lautet wie in fast ganz Europa: Tel.: **112**. Bei Pannen im Lande hilft der **Pannendienst** weiter - er ist erreichbar unter der Nummer Tel.: **9807**.
Einreise: Notwendig sind entweder **Pass** oder **Personalausweis**. Die Dokumente müssen mindestens drei Monate gültig sein. Natürlich braucht man die **Fahrzeugpapiere**. Immer nachgefragt wird die **Grüne Versicherungskarte**! Kann man keine oder keine für Montenegro gültige vorweisen, muss eine Extra-Versicherung an der Grenze abgeschlossen werden. Das ist nicht nur ärgerlich, sondern auch teuer!
Die sog. Umweltabgabe (10 Euro pro PKW, 30 Euro für Wohnmobil), die bis vor nicht allzu langer Zeit erhoben wurde, ist dankenswerterweise abgeschafft worden.
Noch ein Wort zu Campingsituation: „Normale" Campingplätze gibt es nur wenige im Lande. Eine Ausnahme bildet die Gegend um ULCINJ. Ansonsten stellen immer wieder mal Privatleute ihren Garten als Minicamp zur Verfügung. Im Allgemeinen ist die Ausstattung der Plätze akzeptabel. Positiv zu vermerken ist die Preisgestaltung. Von wenigen Ausnahmen abgesehen, sind die Kosten für unsere Begriffe eher moderat. Obwohl (laut ADAC) das freie Übernachten untersagt ist, hatten wir damit keinerlei Schwierigkeiten. Allerdings ist das Wohnmobilaufkommen gering. Im Klartext heißt das, die Menschen sind noch nicht genervt. Die Montenegriner zeigten sich unserer Gilde gegenüber stets offen und herzlich. Hoffen wir mal, dass das so bleibt!
Besucht man eine Moschee, so gebietet es der Anstand, zuvor die Schuhe auszuziehen. Bitte achten Sie auch bei Kirchen- oder Klosterbesuchen auf geziemende Kleidung. Nach unseren Erfahrungen hat der Glaube einen hohen Stellenwert. Respektieren Sie das bitte! Orthodoxe Gläubige verlassen die Kirche rückwärts - den Blick auf die Ikonen gewandt.
Last but not least: Zigaretten kann man zu vergleichsweise sehr günstigen Konditionen erstehen. Aber bitte denken Sie daran, Montenegro ist kein EU-Staat, also sind nur 200 Stück pro Person erlaubt. Und man kontrolliert schon recht gerne...

KARTE TOUR 13 / 14

Tour 13 (130 km / 6 - 7 Tage)

Molunat - Herceg Novi - Bijela - Perast - Kotor - Budva - Petrovac

Freies Übernachten: Herceg Novi, Kumbor, Kotor, Muo, Jaz, Budva, Reževići, Petrovac, Buljarica.

Campingplätze: „Zelenica“ bei Herceg Novi, „Zlokovič “ in Bijela, „Maslenica“ in Petrovac.

Besichtigen: Die Altstadt von Herceg Novi, Römisches Mosaik in Risan, Perast und die Altstädte von Kotor und Budva.

Baden: An vielen Orten entlang der Küste.

Von MOLUNAT aus brummeln wir wieder den Berg hinauf, fahren oben angelangt rechts ab, um in ein weites mit Zypressen bestandenes Tal einzubiegen. Die Fahrt geht auf einer neu geteerten, guten Straße flott voran, so sind die 12 km bis zur **kroatisch/montenegrinischen Grenze** schnell abgespult. Der Tipp, diesen kleinen Übergang zu nehmen, stammt von einer Einheimischen. Der Andrang und dadurch die Wartezeiten seien hier deutlich geringer als am **Magistrale-Übergang**. Die Abfertigung geht tatsächlich recht flott. Die Schranke schwingt nach oben, wir umfahren eine Kurve und erheischen schon die ersten Blicke auf eine herrliche Bucht. In deren Schutz kuscheln sich IGALO und das berühmte Städtchen HERCEG NOVI an den Berghang. Die Straße senkt sich allmählich ab. Im weiteren Verlauf hemmen einige böse Schwellen allzu ungestümen Vorwärtsdrang.

IGALO begrüßt uns! Die 3000-Seelen Gemeinde liegt an der **Topla Bucht**, die den insgesamt drei Meeresbecken der berühmten Bucht von KOTOR vorgelagert ist. Der Ort gefällt durch seine gepflegten Blumen- und Parkanlagen. Ein annähernd zwei Kilometer langer Strand erfreut nicht nur Wasserratten, sondern wartet auch noch mit einer Besonderheit auf. Sand- und Uferschlick sind radium- bzw. mineralhaltig. Die Heilwirkung sei erstaun-

Der Uhrturm in Herceg Novi

Herceg Novi: Die Michaelskirche

lich, vor allem wenn man sich Packungen oder Bäder gönnt. Doch allein das Faulenzen am Strand helfe schon gegen Rückenleiden und allerlei andere Beschwerden, wie uns ein Einheimischer versichert. Wir werten das verschmitzte Augenzwinkern mal nicht als Hinweis auf den Wahrheitsgehalt seiner Worte. Jedenfalls fühlen wir uns schon nach einer kurzen Siesta am Meeresgestade viel fitter und flanieren leichten Schrittes die Promenade entlang...

Möchte man die gesamte Promenade mit all ihren Restaurants, Cafés und Geschäften entlang schlendern, bedarf es einiger Kondition. Sie stellt praktisch ein Bindeglied zur folgenden Ortschaft HERCEG NOVI dar, und so kommen immerhin rund sieben Kilometer zusammen. HERCEG NOVI ist ein wahres Schmuckkästchen! Der **Literaturnobelpreisträger Ivo Andrić** prägte den Namen „Stadt des ewigen Grün" - was wir schlicht für eine Untertreibung halten, denn der Ort schwelgt geradezu in subtropischer Vegetation und besticht durch üppige Blütenpracht.

König Tvrtko I und die Lehnherren Kosača

Es begab sich im Jahre 1382 nach Christus, das der König von Bosnien mit dem für unsere Zungen nur schwer aussprechbaren Namen Tvrtko einen Hafen bauen ließ. Er entstand im Schutz der Bucht und ward Sveti Stjepan genannt. Zu dieser Zeit besaßen Kotor und Ragusa das Monopol im Wein- und Salzhandel, was dem König ein Dorn im Auge war und er ändern wollte. Die Rechnung ging auf. Der kleine Hafen prosperierte. Schließlich ging die Siedlung in die Hände der Lehnherren Kosača über. Der günstigen Entwicklung tat dies keinen Abbruch. Kotor und Ragusa beklagten schwere Einbußen. Einer der Lehnherren, Stjepan Kosača, gründete sogar eine Lodenwalkerei und brachte allerlei Handwerker in den Ort. Die Proteste der beiden Städte tangierten ihn nicht. 1448 nach Christus ließ sich Stjepan zum „Herzog des heiligen Sava" ausrufen. Um sich ein Denkmal zu setzen, nutzte er gleich die Gelegenheit und benannte die Stadt nach sich, dem neuen Herzog - also HERCEG NOVI!

Kaum 10 km nach der Grenze rollen wir die Hauptstraße entlang und orientieren uns rechts in Richtung Zentrum (centar). Die Straße ist auf 5 t zulässiges Gesamtgewicht beschränkt. Gleich nach dem Abzweig gibt es linker Hand mehrere freie Parkplätze, auch für größere „Schiffe"! Bis zur Altstadt bedarf es aber von hier noch eines fast halbstündigen Spazierganges. Auch im weiteren Straßenverlauf folgen immer wieder Parkplätze, doch je näher man dem Zentrum kommt, desto geringer stehen die Chancen etwas Passendes zu ergattern. Nach dem Postgebäude rechts befindet sich eine (für die örtlichen Gegebenheiten) relativ großzügige Parkfläche. Zumindest in der Nebensaison lässt sich hier ein Plätzchen finden (nur für kleinere WOMOs von 5-6 m Länge). Zur Altstadt sind es jetzt nur noch zwei oder drei Gehminuten. Wer keine Grabesstille erwartet, kann hier auch sein müdes Haupt aufs Kissen betten. Der Preis beträgt zur Zeit 70 Cent/Std.

(189) WOMO-Stellplatz: Herceg Novi „0-24 Uhr Parking"

GPS: N 42° 27' 11.4" E 18° 31' 54.4" **max. WOMOs:** 2-3

Ausstattung/Lage: Altstadtnähe, kleiner Park mit Spielplatz nebenan, Video überwacht/im Ort.

Zufahrt: Von der Hauptstraße Richtung „centar" abbiegen, bis zur Post fahren, danach gleich rechts abbiegen.

Die Altstadt (Stari grad) von HERCEG NOVI erstreckt sich nur über wenige hundert Meter Breite bzw. Länge. Allerdings muss man sich die kulturellen Genüsse schon etwas erarbeiten. Bedingt durch die Hanglage führen zahlreiche Stufen, teils auch längere, recht steile Treppen durch das historische Zentrum. Die Bauwerke sind ein Mix aus venezianischen, byzantinischen und orientalischen Stilrichtungen. Das viele Grün, die Palmen und die mediterrane Flora bringen eine gewisse Leichtigkeit ins Bild. Mit Schweißtropfen auf der Stirn stiefeln wir durch „vergangene Jahrhunderte" und lassen uns von der Noblesse des Ortes gefangen nehmen. Der Weg führt uns vom **Durković-Platz** aus eine Treppe hinauf, durch den **Uhrturm** hindurch, zum höher gelegenen **Herceg-Stjepan-Platz**. Hier erhebt sich stolz die **orthodoxe Michaels-**

Séparée im Cafe Rosa

Herceg Novi: Die steile Treppe zur Burg

kirche, die erst vor gut 100 Jahren fertiggestellt wurde. Gegenüber dem Gotteshaus können dann die Kirchgänger im **Café Rosa** noch einkehren und den Charme längst vergangener Zeiten genießen. Solchermaßen gestärkt lassen sich jetzt die zahlreichen und etwas beschwerlichen Stufen zur **Burg** hinauf bewältigen. Der Aufgang versteckt sich links der **Michaelskirche**, der Eintritt beträgt einen Euro - geöffnet ist nach Bedarf. Strebt man vom **Herceg-Stjepan-Platz** durch eins der Gässchen bergabwärts, gelangt man schließlich zum **Wehrturm (Forte mare)** und der **Stadtmauer**.

Kurvt man vom zuvor genannten Platz weiter die Straße entlang (erneut verschiedene Parkmöglichkeiten), so stößt man am Ortsende bei einem Kreisverkehr wieder auf die Hauptstraße. Die erste Ausfahrt ist die richtige - hier geht es in Richtung BIJELA/KOTOR. Es folgt ein dunkler Tunnel und gleich danach die Einfahrt zu einem Campingplatz. Dieser bietet viel Grün, nicht allzu viel Platz und ist der einzige in der Nähe von HERCEG NOVI.

(190) WOMO-Campingplatz-Tipp: „Zelenica" bei Herceg Novi

GPS: N 42° 27' 14.6" E 18° 34' 09.0" **Öffnungszeit:** Ganzjährig

Ausstattung/Lage: Keine Meerlage, viel Schatten, zum Zentrum von Herceg Novi ca. 3 km/außerorts.

Zufahrt: Am Ortsende von Herceg Novi durch den Tunnel fahren, danach gleich links (beschildert).

Ein Stück des Weges weiter, in der Ortschaft KUMBOR, biegen wir meerwärts ab und entdecken ein kleines, aber adrettes Minicamp. Im lauschigen Garten eines Privathauses finden auch ein paar WOMOs Platz!

(191) WOMO-Badeplatz/Minicamp : Nirvana

GPS: N 42° 26' 16.7" E 18° 35' 30.6" **max. WOMOs:** 4-5

Ausstattung/Lage: Einfache Sanitärausstattung, zum Strand ca. 150 m/im Ort.

Zufahrt: Am Ortsende von Kumbor rechts abbiegen (Schwimmersymbol), nach 200 m wieder rechts abzweigen, dann noch 800 m, hier erneut rechts.

Wir kurven weiter die Bucht entlang und genießen die schönen Ausblicke. Bis BIJELA ist es nur ein Katzensprung. Besonderes bietet die Ortschaft nicht, doch es gibt einen akzeptablen Campingplatz. Leider sind die Stellplätze begrenzt und es dürfte auch öfter geputzt werden!

(192) WOMO- Campingplatz-Tipp: „Zlokovič " in Bijela
GPS: N 42° 27' 26.6" E 18° 39' 48.0" **Öffnungszeit:** Ganzjährig
Ausstattung/Lage: Meerlage, teils Schatten, Restaurant/im Ort.
Zufahrt: Am Ortsende rechts, beschildert.

Knapp 5 km später treffen wir auf einen **Fähranleger**. Im 10-Minuten-Takt verkehren von hier die Schiffe nach LEPETANI (ca. 10 Euro). Damit lassen sich etwa 30 Straßenkilometer einsparen. Als Tourist will man das nicht wirklich, denn die Strecke gilt als die schönste des Landes. Kurvt man nach dem Minihafen noch um ein paar Ecken, wird zum ersten Mal der Blick frei auf zwei **Klosterinseln**. Das Gotteshaus **Gospa od Skruplije** (Frau vom Felsen) geht auf das Jahr 1452 zurück. Der Anblick ist wirklich traumhaft. Das zweite Eiland im Bunde ist das nahebei gelegene **Sveti Dorde** (St. Georg). Es beherbergt eine **Benediktinerabtei**. Praktisch von jedem Küstenort lassen sich **Bootsausflüge** zu diesen Inseln unternehmen - es lohnt sich!

Blick auf die Klosterinseln

Die Umrundung der Bucht geht weiter, mit jeder Kurve eröffnen sich neue Perspektiven. Man kann sich kaum satt sehen. Am Ortsanfang von MORINJ empfängt das **Kamp „Na Luka"** seine Gäste, allerdings nur vom 1. Juni bis 30. September.

Ein paar Kilometer weiter stürzt sich tosend ein Wasserfall vom Berghang ins Meer. Durch die starken Gewitterregen der vergangenen Tage scheint er reichlich Nahrung

Risan: Die Kirche Peter und Paul

bekommen zu haben. Kurz darauf erreichen wir RISAN. Der Ort weist noch deutliche Spuren aus sozialistischen Zeiten auf. Etwa in der Ortsmitte finden wir unter großen Palmen einen schattigen Parkplatz. Zurückversetzt in einer Parkanlage erhebt sich die **orthodoxe Kirche Peter und Paul** (geöffnet von 09.00-18.00 Uhr). Das von außen eher trist wirkende Gotteshaus entschädigt in seinem Innern mit einem überaus reichen Schmuck, den man so nicht vermutet!

Rund 150 m weiter, nahe dem Markt, kann man **römische Mosaike** aus dem 2/3 Jahrhundert bestaunen. Bestimmt haben Sie bei der Anfahrt schon die Werbetafeln entdeckt! In fünf Zimmern, deren Grundmauern noch stehen, offenbaren sich die Kunstwerke dem Betrachter. Wir haben uns aber - ehrlich gesagt - ein bisschen mehr erwartet (geöffnet täglich von 09.00-17.00 Uhr, Eintritt 2 Euro).

Etwa 1 km nach RISAN weist ein braunes Schild auf das **Kloster Banja** hin. Falls Sie eine Stippvisite planen, lassen Sie Ihr Fahrzeug auf dem Parkplatz unten an der Küstenstraße stehen. Am Ende der kleinen Stichstraße, die bergwärts zum Klos-

ter führt, gibt es keine Wendemöglichkeit! Die ganze Strecke rückwärts zu fahren ist nicht wirklich amüsant - wir sprechen aus Erfahrung!
Wir nähern uns PERAST, das vom 55 m hohen **Glockenturm** der **Sveti-Nikola-Kirche** überragt wird. Von der Küstenstraße

Unterwegs im Städtchen Perast

zweigt am Ortsanfang ein Sträßlein ab, das durch den Ort führt und danach wieder in die **Magistrale** mündet. Tun Sie sich das bitte nicht an! Es ist eng und es gibt keine Haltemöglichkeiten. Stellen Sie Ihr WOMO auf den Parkplatz gleich nach dem Abzweig und schlendern Sie dann in aller Ruhe durch den Ort. Das Städtchen schwelgt in Barock und steht unter Denkmalschutz. Die Einwohner zählten früher zu den bedeutendsten Seefahrern ihrer Zeit. Die Flotte war mit 100 Schiffen sehr stark. Kapitän Marko Martinović gründete einst hier eine Marineakademie und bildete u.a. Seekadetten aus Russland aus. Im **Stadtmuseum** (beheimatet im **Bujovic-Palazzo**) erfährt man viel über die **Schifferzunft** und die alten Seefahrer (geöffnet Montag bis Freitag von 08.00-14.00Uhr; Samstag und Sonntag von 09.00-14.00 Uhr, Eintritt 2,5 Euro).
Vom kleinen Hafen aus hat man die Möglichkeit per **Taxiboot** auf die **Klosterinseln** zu schippern. Das ist von hier aus besonders empfehlenswert, da die Strecke kurz ist und das Angebot groß. Zudem erhält man vom Meer aus eine ganz andere Perspektive auf den Ort und das Umland.
Nur wenige Kilometer trennen uns noch von einem wirklichen

Der Hauptplatz in Kotor

Highlight dieser Reise, dem Städtchen KOTOR. Schon bei der Anfahrt sehen wir zwei riesige Kreuzfahrtschiffe im Hafen vor Anker liegen. Der eine der beiden Riesen scheint mit der Nase auf die Straße zu ragen - ein unwirkliches Bild!

Bevor wir uns umsehen, brauchen wir aber erstmal einen Parkplatz. Es gibt deren eigentlich reichlich - nur sind sie teuer: 3 Euro/Std. Schön am Meer gelegen ist folgender:

(193) WOMO-Badeplatz: Kotor „0-24 Uhr Parking“

GPS: N 42° 25' 39.3" E 18° 46' 06.1" **max. WOMOs:** > 5

Ausstattung/Lage: Altstadtnähe (ca. 250 m), teils Video überwacht, Strand und Spielplatz nahebei/im Ort.

Zufahrt: Von der Hauptstraße noch vor dem Flüsschen rechts einbiegen.

Wem das nicht zu teuer ist, der kann hier auch übernachten. Eine günstige Alternative im weiteren Umfeld gibt es (davon nachher mehr), aber keinen Campingplatz!

Los geht´s! Im Pulk der Menschen schieben wir uns der „old town“ entgegen. KOTOR, wohl eines der schönsten Städtchen auf dem Balkan, zählt zum **Weltkulturerbe**. Nach einem schlimmen Erdbeben im Jahre 1979 wurde es aufgenommen, dadurch war der schnelle Wiederaufbau gesichert. Schon seit Jahren erstrahlen die Bürgerhäuser, zahlreiche Paläste, Türme und die immerhin vierzehn Kirchen in „altem neuen Glanz“.

Kunst und Krempel in Kotor

Durch das **Haupttor** (hier gibt es einen Stadtplan gratis), ausgehend vom **Jadranski put**, betreten wir die Altstadt und peilen erstmal den **Uhrturm** (Sat kula) an. Zu dessen Füßen lädt ein nettes Café zum Verweilen ein. Nachdem wir mit einem Espresso die Lebensgeister wieder geweckt haben, beginnen wir mit unserem Rundgang durchs Mittelalter. Wir lassen uns im Gewirr der Gassen treiben - auf den Spuren der Römer,

Venezianer und auch der Österreicher. Als beachtenswert gilt die **romanische Kapelle Sveti Luka** aus dem Jahr 1195, das Highlight der Sakralbauten ist jedoch unbestritten die **Sankt-Trifun-Kathedrale** (Sv. Tripun). Vor der Kulisse des bis zu 1749 m hohen **Lovćen-Massivs** ragen die zwei **Renaissance-Türme** des Gotteshauses in den blauen Himmel, das Innere birgt eine überaus reichhaltige **Schatzkammer**.

Orthodoxe Kirche in Kotor

Nur zwei oder drei Gehminuten weiter, auf dem zentral gelegenen **Trg Bokeljske mornarice**, empfängt das **Seefahrtsmuseum** seine Besucher (Pomorski Muzej). Im ehemaligen Palast der Familie Grgurina lassen sich auf drei Stockwerken Schiffsmodelle, Waffen, Seekarten, Trachten und vielerlei mehr bestaunen (geöffnet Montag bis Freitag von 08.00-13.00 Uhr, Eintritt 4 Euro).

WOMO-Wandertipp: Kotor Stadtmauer

Nicht auslassen bei einem Besuch Kotors sollte man den Rundgang auf der insgesamt rund vier Kilometer langen **Stadtmauer**. Diese umschließt nicht nur die Altstadt, sondern führt auch hinauf zum 260 m hoch gelegenen **Fort Sveti Ivan**, dessen Mauern sage und schreibe 10 m mächtig sind. Die Mauer lässt sich nahe des **Nordtores** erklimmen (täglich von 08.00-20.00 Uhr, Eintritt 3 Euro). Falls Ihnen die vier Kilometer zu lang sind, genießen Sie doch das herrliche Panorama nur auf einem Teilstück! Ein entsprechender Plan hängt am Eingang aus!

Nach so einem Besichtigungsprogramm ist man rechtschaffend müde und wir wollen Ihnen die zuvor versprochene Stellplatzalternative nicht vorenthalten: Fährt man auf der Hauptstraße an der Altstadt vorbei, kommt man ca. 400 m danach zu einem Kreisverkehr. Nimmt man nun die erste Ausfahrt (es ist kein Ziel angeschrieben), so erreicht man nach weiteren 400 m den Ortsanfang von MUO. Gleich rechts, noch vor den Marktbuden, befindet sich die Einfahrt zu einem äußerst praktischen Parkplatz. Der Blick von hier auf KOTOR ist wunderbar, der Platz liegt am Meer, ist nicht gebührenpflichtig und die Wegstrecke in die Altstadt von KOTOR beträgt nur etwa 800/900 m. Klingt doch gut, nicht wahr? (Zur Not gibt es gegenüber einen weiteren Parkplatz, dessen Lage allerdings nicht ganz so schön ist.)

(194) WOMO-Badeplatz: Muo

GPS: N 42° 25' 18.5" E 18° 45' 51.9" **max. WOMOs:** 3-4
Ausstattung/Lage: Marktstände, Restaurant in der Nähe/Ortsrand.
Zufahrt: Vor Muo bei den Marktbuden rechts einbiegen, ca. 400 m vom Kreisverkehr nach der Altstadt von Kotor (erste Abfahrt!).

Die weitere Strecke an der Küste entlang sollten Sie besser nicht mit dem WOMO angehen. Es ist zwar möglich, aber die Straße wird sehr bald enger bzw. einspurig mit Ausweichen. Immer wieder wird Zurücksetzen oder anderweitiges Rangieren notwendig. Besser man fährt zum Kreisverkehr zurück und peilt TIVAT auf der Hauptstrecke via Tunnel an. Trotzdem sollten Sie sich den Streckenabschnitt gönnen, vielleicht haben Sie ja Rad oder Roller dabei. Die Häuser, vielfach aus grauen Steinblöcken erbaut und mit bunten Fensterläden versehen, reihen sich dem Küstensaum entlang. Nach so mancher Kurve überrascht ein malerischer Minihafen, der mit zwei oder drei Booten bereits ausgelastet ist. Die Blicke über die Bucht verzaubern. Eine friedfertige Welt ruht in sich. Nur der Wettergott oben drüber zeigt sich schon wieder einmal nicht sonderlich freundlich!
Wir erreichen TIVAT. Die Stadt ist Namensgeberin des mittleren der drei Becken in der **Bucht von Kotor** und ihr sind drei kleine Inseln vorgelagert. Das erste Eiland nennt sich schlicht **Otok** - also nur Insel - hier steht eine **Klosteranlage**. **Prevlaka** mit seiner **Klosterruine** stellt die zweite Insel dar. Die dritte im Bunde, **Sveti Marco**, beherbergt ein **Feriendorf**. TIVAT galt als eher unbedeutend. Das änderte sich vor einigen Jahren, als reiche Investoren an dem Ort Gefallen fanden. Es entstand eine **Marina** der Superlative, in der wohl auch die protzigste Jacht einen Liegeplatz findet. Immer noch laufen die Bauarbeiten - was natürlich eine Lärmbelästigung darstellt. Trotzdem kann man natürlich auch jetzt schon das mondäne Flair genießen. Die Promenade ziert edler heller Stein. Exklusive Geschäfte und noble Cafés wechseln sich ab. Beim Bummel durch die Welt der Reichen lässt

Tivat: Es regnet auch an noblen Orten

man den Blick über das mit Palmen bestandene Hafenbecken schweifen, verweilt vielleicht kurz an einem der ansprechenden Brunnen, um dann das Auge auf den luxuriösen Jachten ruhen zu lassen. Aaach ja!
Praktisch für den Wohnmobilisten ist, dass er gleich nebenan „wohnen“ kann und es wirklich nur einiger Schritte bedarf, um in dieses kleine „Monaco“ **Montenegros** einzutauchen.

(195) WOMO-Stellplatz: Porto Negro/Tivat

GPS: N 42° 25' 53.4" E 18° 41' 43.0" **max. WOMOs:** > 5
Ausstattung/Lage: Beleuchtung, Videoüberwachung, E-Bike-Vermietung, (normales!) Lebensmittelgeschäft, Gaststätten, Cafés, Luxusgeschäfte nahebei/im Ort.
Zufahrt: Von der Hauptstraße Richtung „centar“ abbiegen, den Schildern Porto Negro bzw. den blauen (Bus)parkplatzschildern folgen.

Der Platz ist gebührenpflichtig (1 Euro/Std.).
Wir kehren den Reichen und Schönen den Rücken und fahren auf der Hauptstraße wieder zurück. Am Ortsende von TIVAT entdecken wir rechter Hand einen Minihafen. Dort gibt es einen kleinen Strand, ein Restaurant und einige Parkplätze, die teils auch länger sind. Leider wird es aber hier auch ziemlich schnell voll.
Auf guter, weitgehend gerader Straße peilen wir BUDVA an. Kurz zuvor in JAZ, zweigen wir von der Hauptstraße zum „**Kamp Trsteno**“ ab, bzw. folgen dem Schwimmersymbol. Nach ca. 1 km erreichen wir ein riesiges Wiesen/Schottergelände, das an einen Damm grenzt, hinter dem das Meer rauscht. Der dazu gehörende Strand weist eine stattliche Länge auf. Im Umfeld gibt es die entsprechende Infrastruktur mit Geschäften, Kiosken und Restaurants. Wir suchen uns ein Plätzchen auf dem Areal. Ein freundlicher Herr weist uns darauf hin, dass wir uns sozusagen auf „heiligem Boden“ befinden, denn hier seien bereits die Rolling Stones sowie Madonna aufgetreten.

Der Jaz-Strand nahe Budva

(196) WOMO-Badeplatz: Jaz Badestrand

GPS: N 42° 17' 02.2" E 18° 48' 15.4" **max. WOMOs:** > 5
Ausstattung/Lage: Restaurants, Geschäfte, Bäckerei, Toilette, Stranduschen, Beleuchtung/außerorts.
Zufahrt: In Jaz dem Schwimmersymbol bzw. dem Hinweis Kamp Trsteno folgen, noch gut 1 km.

Der zuvor erwähnte **Campingplatz „Trsteno“** liegt auch auf diesem Gelände. Geöffnet ist er nur von Anfang Juni bis Ende August. Sollten Sie in dieser Zeit unterwegs sein und den Platz nicht benutzen wollen, halten Sie bitte etwas Abstand!
Nur 3 km sind es bis BUDVA. Die sehenswerte Altstadt liegt am Meer, der Abzweig erfolgt schon bald nach dem Ortsbeginn (Hinweis Stari grad). Freilich ist der Andrang groß, aber es stehen auch reichlich Parkplätze zur Verfügung. Je näher man der Altstadt auf den Pelz rückt, um so teurer werden diese (von 50 Cent bis zu 1 Euro/Std.) Die letzten zwei Parkplätze dürfen nur von Fahrzeugen mit max. 5 m Länge genutzt werden. Falls „Sie länger sind“ und sich zu weit vorgewagt haben ist das kein Problem - eine Wendemöglichkeit ist vorhanden!

Budva: Strandcafe mit Aussicht

Es bedarf jetzt nur noch weniger Gehminuten, um das historische BUDVA, die angeblich älteste Stadt des Landes, zu erstürmen. Bereits im 4. Jahrhundert nach Christus wurde sie von den Griechen gegründet. Der historische Kern mit seinen zahlreichen Kulturschätzen liegt auf einer Landzunge, der die **Insel Sveti Nicola** vorgelagert ist.
Durch das **Landtor** betritt man die Altstadt. Wir schlendern die Hauptstraße, von der etliche pittoreske Gässchen abzweigen, entlang. Schon bald mündet diese in den Hauptplatz, in dessen nahen Umfeld sich nicht weniger als vier Kirchen erheben. Das älteste **Gotteshaus** (Ursprung im 8. Jahrhundert nach Christus) ist **Johannes dem Täufer** (Sveti Ivan) geweiht, birgt **byzantinische Ikonen** und wertvolle **venezianische Gemälde**. An den Hauptplatz grenzt auch das **alte Kastell** (Citadela) an. Kriegerischen Zwecken dient die solide Burganlage nicht mehr. Sie hielt in der Vergangenheit vielerlei Angriffen stand, u.a. auch dem äußerst harschen der Türken im Jahre 1687. Heutzutage wird das Kastell in der warmen Jahreszeit nurmehr friedlich als **Freilichtbühne** genutzt. Ein Besuch der **Zitadelle** lohnt sich. Man kann durch die alten Mauern, Winkel, Treppen und Ecken streifen und teils herrliche Blicke aufs Meer mit einer vorgelagerten Insel oder auf BUDVA erhaschen. In einem Restaurant (nur Saison) lässt es sich dinieren wie ein Schlossherr und in einem **Minimuseum** gibt es ein paar

Blick von der Zitadelle in Budva

Schiffsmodelle zu bestaunen. In der kühlen und düsteren **Bibliothek** darf man sich dann in alten Ledersesseln ein wenig ausruhen, bevor man sich weiter durch die Gässchen treiben lässt (Eintritt 2,5 Euro, geöffnet von 10.00-18.00 Uhr; in der Saison von 08.00-24.00 Uhr).

Nachdem man sich in einem der zahlreichen Cafés oder Kneippen eine Stärkung gegönnt hat, ist man vielleicht wieder für Kultur offen. Das **Archäologiemuseum** bietet davon auf vier Etagen eine ganze Menge (Montag bis Freitag von 08.00-20.00 Uhr; Samstag und Sonntag von 14.00-18.00 Uhr, der Eintritt beträgt 2 Euro).

Bei einem **Seitentor**, dem **Vrata pizanella**, verlassen wir die Altstadt. So landen wir an einem kleinen **Jachthafen**, wo etliche stolze Schiffe vor Anker liegen. Wir schlendern außen an der Stadtmauer entlang und bewundern eine **große Glocke**, die da „festgemauert in der Erden“ die Flaneure erfreut. Vorbei am Café

„morgen“ spazieren wir über die Promenade wieder zurück zum Parkplatz.
Am Ortsende von BUDVA gibt es einen teils schattigen Platz, auf dem man sich zur Ruhe begeben kann (in der Saison kostenpflichtig - 80 Cent/Std.). Ein netter Sandstrand mit Sicht auf die Altstadt schließt an.

(197) WOMO-Badeplatz: Budva

GPS: N 42° 17' 09.1" E 18° 51' 05.7" **max. WOMOs:** 4-5
Ausstattung/Lage: Beleuchtung, Dixi-Toilette, Strandbars/Ortsrand.
Zufahrt: Am Ortsende von Budva bis zum Kreisverkehr fahren (rechts befindet sich ein Taxistand), nach dem Kreisel bzw. vor dem Hotel Park rechts einbiegen, noch 100 m, dann links.

Im nahen Umfeld sind Sportstätten. Das heißt es kann laut werden bzw. die Parkplätze sind belegt - oder beides!
Weiter geht es auf der **Magistrale**! Es folgt die Ortschaft BECIĆI. Ein großer, absolut sonniger Parkplatz nimmt die Fahrzeuge der Gäste auf, die sich am schönsten Strand des Mittelmeers vergnügen wollen (tatsächlich so gekürt anno 1936 in Paris!).
Bald taucht Pržna auf. Der Ort bietet einen kleinen Strand mit ausgesprochen netten Lokalen. Direkt vor der Nase schwimmt ein Inselchen mit eigener Ruine. Aber es kommt noch besser. Bald darauf, ca. 9 km nach BUDVA, zweigt rechts die Zufahrtsstraße zur **Insel Sveti Stefan** ab. Hier vorbeizuschauen wird als Pflicht eines jeden Montenegrobesuchers erachtet. Das kleine Eiland mit seinen grauen Steinhäusern, deren rote Dächer in der Sonne leuchten, scheint sich in der blauen Adria zu wiegen. Ganz so, als hätte man Angst, das Inselchen würde in die Weiten des Meeres hinaustreiben, wurde es durch einen Damm mit dem Festland verankert. Es gilt als das am meisten fotografierte Motiv **Montenegros** und bietet wirklich einen ausgesprochen herrlichen Anblick! Ein Prospekt verspricht sogar „größtmögliche Augenreizung“ - das wollen wir dann aber doch nicht hoffen....

Am Strand von Pržna

Die Legende von Sveti Stefan

Es wird erzählt, dass im 15. Jahrhundert zwei türkische Galeeren bei einem Überfall auf Schiffe aus Budva den Kürzeren zogen und selbst gekapert wurden. Diese glückliche Fügung schrieb man nicht nur der eigenen Kampfkraft, sondern vor allem dem Heiligen Stefan (Sveti Stefan) zu, der hierbei seine Hände im Spiel gehabt haben soll. Aus Dankbarkeit erbauten ihm die Bewohner ein Gotteshaus just auf dem Felsriegel, in dessen Nähe sich dieses Drama abgespielt hatte. Allerdings - so sagt man - sei dieses Opfer nicht so groß gewesen, denn auf den Türkengaleeren fand man Gold und Edelsteine. Damit ließ sich nicht nur die Kirche fein finanzieren, es reichte auch noch wunderbar für eine Siedlung in deren Umfeld. Seitdem ist mehr als ein halbes Jahrtausend vergangen. Und manchmal hört man nachts immer noch das Kampfgeschrei - zumindest wird auch das behauptet...

Ca. 200 m nach dem Ortsschild am Ortsanfang, gibt es rechter Hand einen Parkplatz mit einem Andenkenladen. Von hier aus lässt sich das „Objekt" am besten fotografieren. Will man es näher in Augenschein nehmen, kann man im Ort auch auf

Sveti Stefan: Hotelinsel für Betuchte

einen Parkplatz hinunterfahren und hier sein Mobil für „läppische" 10 Euro/Std. (in Worten zehn!) abstellen. Betreten darf man die Insel trotzdem nicht, das ist den Hotelgästen vorbehalten, und das ist in der Regel eine sehr betuchte und illustre Klientel!

Ein Stück des Weges weiter entdecken wir am Ortsende von REŽEVIĆI eine Klosteranlage gleichen Namens. Die Lage ist ansprechend, ebenso wie der Parkplatz neben dem schmucken Gemäuer.

(198) WOMO-Wanderparkplatz: Samaštan (Kloster) Reževići

GPS: N 42° 12' 55.1" E 18° 55' 24.4"
max. WOMOs: 2-3
Ausstattung/Lage: Wasser, Mülleimer/außerorts.
Zufahrt: Am Ortsende dem Hinweis „Samaštan Reževići" folgen, dann noch 100 m.

Etwa 150 m vor dem Abzweig zum Kloster beginnt an der Hauptstraße ein Wanderweg von ca. 3 km Länge, der in rund 1,5 Stunden in das Städtchen Petrovac führt. Festes Schuhwerk wird empfohlen.

Der Strand von Petrovac

Fährt man mit dem WOMO weiter bis nach PETROVAC, so kann man hier einen wahrhaften Traumstrand anpeilen. Die Lage, eingebettet in Bergrücken mit zwei vorgelagerten Felsinseln, ist wirklich etwas Besonderes! Parken lässt es sich auf Wiesen- oder Schotterflächen, teilweise im Schatten von Zypressen. Das Restaurant an der Einfahrt ist allerdings nur in der Saison geöffnet.

(199) WOMO-Badeplatz: Petrovac

GPS: N 42° 12' 04.8" E 18° 57' 03.8"
max. WOMOs: 3-4
Ausstattung/Lage: Sandstrand, Kiosk, Wasserrutsche, Spielplatz, Stranddusche, Restaurant/außerorts.
Zufahrt: Von der Magistrale nach Petrovac abbiegen, 1,5 km in Richtung Meer fahren bis zu einem Abzweig, hier dann weiter 900 m geradeaus (Parallelstraße zur Küstenpromenade) und dann vorbei an Sportplatz, Schule und Feuerwehr (Vorsicht, üble Schwellen!).

Die Anfahrt mag wohl ein wenig mühselig sein, doch die Mühe wird belohnt!
Wiederum ein paar Kilometer weiter, in BULJARICA (gehört

noch zu PETROVAC), lädt der Campingplatz „Maslina" (sehr gepflegt) zum Verweilen ein. Man steht auf Wiesenflächen zwischen Olivenbäumen. Die Sanitärausstattung ist einfach, aber gut und der Preis passt!

(200) WOMO- Campingplatz-Tipp: „Maslina" in Petrovac/Buljarica

GPS: N 42° 11' 53.8" E 18° 57' 56.8" **Öffnungszeit:** Ganzjährig

Ausstattung/Lage: Zum Strand 200 m, reichlich Schatten, zum Zentrum von Petrovac ca. 3,5 km, Restaurant 400 m (in der Saison ca. 100 m), Geschäft 200 m.

Zufahrt: An der Magistrale beschildert (rechts abbiegen, noch ca. 200 m).

Nimmt man an der **Magistrale** die selbe Abfahrt, biegt aber dann nicht in das Kamp „Maslina" ein, sondern fährt geradeaus weiter bis ans Meer und zweigt dann hier beim Restaurant „Plaza" links ab, so gelangt man auf einen großen, aufgelassenen Campingplatz. Das Gelände scheint schon länger verwaist und grenzt ans Meer. Ein Fleckchen ist schnell gefunden. So wie es aussieht, wird es - zumindest in naher Zukunft - keine Wiederbelebung des Platzes geben.

(201) WOMO-Badeplatz: Buljarica

GPS: N 42° 11' 34.5" E 18° 57' 58.3" **max. WOMOs:** > 5

Ausstattung/Lage: Sand- bzw. Kiesstrand, Restaurant in der Nähe, Geschäft ca. 600 m/außerorts.

Zufahrt: In Buljarica zum Strand abbiegen, geradeaus weiter fahren bis zum Restaurant „Plaza", hier links - noch ca. 200 m.

Von zuvor genanntem Restaurant erhält man einen schönen Blick auf die Bucht. Vor allem aber speist man vorzüglich!

Das Restaurant Plaza am Strand von Buljarica

Tour 14 (290 km / 6 - 7 Tage)

Buljarica - Sutomare - Bar - Ulcinj - Virpazar - Podgorica - Cetinje - Budva (Karte siehe Tour 13)

Freies Übernachten:	In Bar, Adriatica/Lux Beach bei Ulcinj, Virpazar und im Lovćen-Nationalpark.
Campingplätze:	„Safari Beach" nahe Ulcinj.
Besichtigen:	Die Altstädte von Bar und Ulcinj, den Skutarisee und den Lovćen-Nationalpark mit dem Njegoš-Mausoleum.
Baden:	In Bar, aber vor allem an den weiten Sandstränden nahe Ulcinj.

Nach einem angenehmen Aufenthalt am Meer nehmen wir unsere 14. Tour in Angriff. Wir rollen zur Küstenstraße zurück und verlassen BULJARICA in südlicher Richtung. Nach dem Ort steigt die Straße an. Zweispurig geht es hinauf bis zum Kamm, danach senkt sich die **Magistrale** wieder ab und führt in etlichen Kurven durch ein hübsches Tal. Nach einigen kleinen Dörfern passieren wir SUTOMARE, das etwas schmuddelig wirkt. Bald darauf laufen wir in BAR ein. Ähnlich wie SUTOMARE wirkt die Stadt etwas unaufgeräumt. Der Hafen ist für die Industrie bedeutend, aber auch wegen des **Fährverkehrs** nach **BARI/Italien** ein wichtiger Anlaufpunkt. Gleich nach dem Ortsanfang gibt es einige Parkflächen in Strandnähe. Etwas weiter drin im Städtchen - man steuert gerade auf eine im Bau befindliche Kirche zu - nimmt der Parkplatz beim Sportplatz eine größere Menge Fahrzeuge auf. Es gibt ein wenig Schatten und eine Wiesenfläche grenzt an.

Kirchenneubau in Bar

(202) WOMO-Badeplatz: Bar

GPS: N 42° 06' 20.1" E 19° 05' 24.3" **max. WOMOs:** > 5

Ausstattung/Lage: Beleuchtung, Mülleimer, zum Strand gut 100 m/im Ort.

Zufahrt: 1,5 km nach dem Ortsschild am Ortsanfang rechts abbiegen (direkt vor dem Sportplatz).

Fährt man noch ein Stück weiter bis zu dem prächtigen Kirchenneubau, so findet man ihm gegenüber bei der Sporthalle einen weiteren großen Parkplatz.

(203) WOMO-Stellplatz: Sportska Duorana Topolica/Bar
GPS: N 42° 06' 10.5" E 19° 05' 41.8" **max. WOMOs:** > 5
Ausstattung/Lage: Beleuchtung, Mülleimer, Restaurants und Geschäfte nahebei/im Ort.
Zufahrt: Vor der großen Moschee links abbiegen, bis zur Ampel fahren und hier links abbiegen - einmal ums Karreé - dann kann man zur Sporthalle einbiegen.

Man kann ihn nicht direkt anfahren, was aber letztendlich nicht schlimm ist. Im näheren Umfeld buhlen mehrere Supermärkte um die Gunst der Käufer. Überhaupt - BAR gilt als Einkaufsstadt und die Preise sind günstig. Das originellste **Einkaufszentrum** stammt noch aus Titos Zeiten. Es sieht so aus, als wären drei Ufos gelandet. Bei näherer Betrachtung merkt man den Objekten allerdings schon deutlich den relativ langen Aufenthalt in der Galaxis an...

Moschee nahe Stari Bar

Jetzt wollen wir uns noch die Altstadt STARI BAR anschauen. Ca. 4 km vom Ortsende von BAR entfernt, liegt die „old town" erhöht am Berghang. Geschützt ist der schon etwas orientalisch anmutende Ort durch eine solide **Stadtmauer**, die auf das 11. Jahrhundert gründet. In Kneipen und Cafés sitzen Männer beim Wein, palavern und lassen den lieben Gott (Allah?) einen guten Mann sein. Sehenswert ist die **St.-Georgs-Kathedrale** sowie das **Hammam** aus der türkischen Besatzungszeit. Nach den grandiosen Altstädten von KOTOR oder BUDVA nimmt sich STARI BAR aber recht bescheiden aus. Die Straße mündet direkt in einen Parkplatz vor den „Toren der Stadt".

Blick auf Stari Bar

(204) WOMO-Stellplatz: Stari Bar

GPS: N 42° 05' 32.2" E 19° 07' 58.3" **max. WOMOs:** 2-3

Ausstattung/Lage: Beleuchtung, Bänke, Kiosk, Restaurant, Altstadtblick/im Ort.

Zufahrt: Am Ende der Stichstraße nach Stari Bar.

Viel Platz ist nicht vorhanden, daher eher nur in der Nebensaison empfehlenswert!

Weniger als 30 km beträgt die Wegstrecke nach ULCINJ, dem letzten größeren Ort vor der **albanischen Grenze**. Die Straße verläuft kurvig, mal mehr, mal weniger am Meer entlang und ist in einem ordentlichen Zustand. Noch vor ULCINJ (in UTJEKA) sehen wir den Hinweis auf das **Kamp „Oliva"**. Bei bzw. nach dem Ort finden sich eine ganze Reihe von **Campingplätzen** - eine Ausnahme im Staate **Montenegro** - denn allgemein sind diese eher die Ausnahme.

Siesta in Ulcinj

Wir laufen in dem Städtchen ein und orientieren uns in Richtung „centar". Wie vielen Orten ergeht es auch ULCINJ - es blickt auf eine wechselvolle Geschichte unter mancherlei Herrschern zurück. Gegründet wurde die Stadt einst von Griechen, die Namensgebung rührt aber indes von den Römern her. Sie nannten die Siedlung Ulcinium. Später folgten Byzantiner, Slawen, Venezianer und Türken. Letzteren ist die orientalische Prägung zu verdanken. Im Umfeld von ULCINJ gibt es die längsten Strände des Landes, deren feiner **Sand** weist einen hohen **Jod- und Radiumgehalt** auf. Da bleibt dem Rheuma keine Chance! Zudem markiert die Stadt den offiziellen südlichen **Endpunkt** der **Adria magistrale**.

„Anglerdatscha" im Wasser

Kurz nach ULCINJ überqueren wir einen kurzen Flussarm und staunen über die vielen Fischerhütten, Fangnetze und diverse andere Vorrichtungen der Petrijünger, die allesamt mitten im Wasser stehen. Ein eigenartiges Bild! Jetzt geht es hinaus in Richtung ADA BOJANA. Die Straße verläuft ca. 1 km landeinwärts parallel zu dem **größten Sandstrand (Velika Plaza)**. Er misst 11 km in der Länge, weist aber auch meist eine respektable Breite auf. Hier sind etliche Campingplätze angesiedelt. Recht ordentlich zeigt sich folgender:

(205) WOMO-Campingplatz-Tipp: „Safari Beach“ nahe Ulcinj

GPS: N 41° 54' 20.9" E 19° 15' 57.5" **Öffnungszeit:** Ganzjährig

Ausstattung/Lage: Restaurant, Geschäft, diverse Freizeiteinrichtungen, reichlich Schatten, zum Zentrum ca. 5 km/außerorts.

Zufahrt: Nach Ulcinj in Richtung Ada Bojana fahren, beim Hinweis „Safari Beach“ rechts abbiegen, noch 1 km.

Die ganze „Meile“ zeigt sich - vor allem in der Saison - lebhaft und laut. Aber das ist in **Montenegro** ja wirklich keine Seltenheit...

Sandstrände fast ohne Ende...

Bevor wir uns auf den Weg ins Landesinnere machen, fahren wir vom „Safari Beach“-Camping zurück zur Hauptstraße, biegen hier rechts ab, um nach 900 m erneut rechts abzubiegen. Eine gute schmale Teerstraße (nur ein kleiner Rest ist Schotter) leitet uns zu zwei nebeneinander liegenden Stränden.

(206) WOMO-Badeplatz: Adriatica/Lux Beach

GPS: N 41° 53' 57.4" E 19° 16' 47.1" **max. WOMOs:** 4-5

Ausstattung/Lage: Feinster Sandstrand, Spielplatz, Restaurant und Kiosk nur in der Saison, Toilette, Bänke, Tische/außerorts.

Zufahrt: Auf der Straße in Richtung Ada Bojana 900 m nach der Abfahrt zum Camping „Safari Beach“ rechts abbiegen, noch 1 km.

Jetzt nehmen wir die letzten Kilometer bis zum **montenegrinisch/albanischen Grenzfluss Bojana** unter die Räder. Bei einem direkt am Wasser gelegenen Fischerlokal endet die Straße. Das heißt, man kann zwar noch ein Stück weiter über die **Bojanabrücke** fahren, gelangt aber gleich danach auf eine **FKK-Insel** (Ada Bojana), die aber nur deren Gäste vorbehalten ist. Versäumen Sie keinesfalls einen Blick von der Brücke auf den sich träge dahin schleppenden Fluss zu werfen. Bei-

Idylle am Fluss Bojana

de Ufer sind - so weit das Auge reicht - gesäumt von kleinen Häusern, Fischerhütten und Netztrapezen. Boote schaukeln im Wasser und warten nur darauf, von fleißigen Fischern auf den Strom manövriert zu werden. Man wähnt sich fast am asiatischen Mekong...

Eine Exkursion ins Hinterland steht auf dem Programm! Sie führt uns an den **Skudarsko jezero** (Skutarisee), weiter über VIRPAZAR in die alte Hauptstadt CETINJE. Die Strecke ist im späteren Verlauf auf 5 t zulässiges Gesamtgewicht begrenzt. Vor allem die letzten 30 km bis VIRPAZAR erfordern eine gewisse Wohnmobilerfahrung. Die Straße ist schmal mit Ausweichen, u.U. ist auch mal Rangieren angesagt. Belohnt wird die Mühe mit wirklich grandiosen Landschaftseindrücken. Von ADA BOJANA bis VIRPAZAR addieren sich zwar nur rund 85 km, dafür bedarf es aber schon dreier Stunden - mit Sightseeing-Pausen. Treten Sie diese Tour auch bitte nur ausgeruht an. Es soll ja Freude bereiten - ist man bereits müde, liegen die Nerven oft schnell blank!

Falls Ihnen der Sinn nicht gerade nach Abenteuer steht, dann wählen Sie die folgende Route nach VIRPAZAR: Man fährt über ULCINJ zurück nach BAR und weiter nach SUTOMARE. Gleich danach zweigt rechts eine neue prima Straße ab, die durch einen 4,2 km langen Tunnel (Kostenpunkt 5 Euro) schließlich vollkommen entspannt nach VIRPAZAR an den **Skutarisee** führt (ca. 65 km).

Wir touren zurück nach ULCINJ. Am Ortsanfang orientieren wir uns in Großrichtung SHKODER, was bereits in **Albanien** liegt. Die Straße zeigt sich ausreichend breit, aber leider etwas holprig. Die Hügel und Berge weisen verschiedene Grünschattierungen auf. Wir freuen uns über die bunten Blümchen am Straßenrand, die jetzt im Frühjahr besonders vorwitzig zu uns herein leuchten. Zweimal durchmessen wir kleinere Felsenschluchten und staunen über einen (vermutlich) Greifvogel, der elegant und mit beachtlicher Spannweite ein Stück neben uns hergleitet. Wir erreichen die Straße, die von BAR herüberführt. Nach etwa 4 km biegen wir links ab in Richtung OSTROS. Ab hier gilt die Beschränkung auf 5 Tonnen! Die Straße windet sich den Berg hinauf und bietet bald weite Blicke über die grünen Berge **Montenegros**. Das **Restaurant „Panorama“** taucht auf. Nomen est omen - von hier ist die Aussicht besonders reizvoll. Als Gast darf man auf Anfrage auch **übernachten**.

Auf dem Weg zum Skutarisee

Wir düsen weiter. Leider spielt das Wetter nicht so recht mit. Wir passieren eine „**Ekofarm**“, die mit ihren Produkten wie Käse und Schinken wirbt. Ab und zu entdecken wir im Tal eine **Moschee**. Diese schlanken schmalen **Minarette** sind doch immer wieder faszinierend! Zunehmend wir es felsiger. Kurz darauf ist der Bergkamm erreicht und die **albanische Grenze** zum Greifen nah. Die Straße beschreibt einen scharfen Bogen - zum ersten Mal offenbaren sich Blicke auf den **Skutarisee**. Wie ein Meer liegt er majestätisch eingebettet in der Bergwelt. Kleine und größere **Felsinseln** sind vorgelagert, auf einigen trotzen alte Gemäuer den Elementen. Das Sträßchen berührt nie den Ufersaum - schade! Spätestens ab KOSTANICA weicht es mehr und mehr ins Landesinnere aus. Ab hier wird es noch ein bisschen schmaler. Ein alter **Friedhof** mit eigenartig geformten Grabsteinen und -kreuzen lässt uns zu einer Rast anhalten. Über den achtlos weggeworfe-

nen Müll in der Landschaft muss man huldvoll hinweg sehen. Das Umweltbewusstsein der Montenegriner befindet sich noch in der Reifephase. Wir rücken wieder näher an den See heran, eine **Klosterinsel** schaut zu uns herauf. Es folgen einige Felsenriffe, die sich wie Schären ausnehmen. Langsam, langsam neigt sich dieser Streckenabschnitt dem Ende zu. Immer wieder tauchen Häuser oder kleine Siedlungen auf, es wird wieder belebter. Vom Verkehr kann man das Gott sei Dank nicht behaupten, was den Fahrer natürlich freut. Nach unzähligen Kurven senkt sich das Sträßchen zu guter Letzt nach VIRPAZAR ab.

Blick auf den Skutarisee

Das Städtchen liegt am umfangreichen Schilfgürtel des **Skutarisees**. Eigentlich verdient es die Bezeichnung Stadt nicht, Dorf wäre angebrachter. Es gibt einen übersichtlichen Hafen, ein paar Cafés und ein Fischrestaurant. Bei der steinernen Bogenbrücke erhebt sich ein eigenartiges Denkmal. Seitlich besagtem Fischrestaurant/Hotel ist die Zufahrt zu einem langgestrecktem Damm mit einer guten Wendemöglichkeit am Ende. Irgendein Familienmitglied des Restaurants steht immer parat, um Neuankömmlingen den Parkplatz zuzuweisen. Man dürfe gerne ein, zwei Tage hier kostenlos stehen, selbst wenn man nicht zum Essen komme. Natürlich wird es irgendwie erwartet. Leise ist dieser Platz allerdings nicht, denn in unmittelbarer Nähe führen Bahn und Straße vorbei. Herrscht mal von dieser Seite relative Ruhe, so sorgt ein tausendstimmiges Froschkonzert aus dem nahen Röhricht für Unterhaltung.

Der Skutarisee mit seinem Schilfgürtel

(207) WOMO-Stellplatz: Hotel/Restaurant Delfin

GPS: N 42° 14' 50.9" E 19° 05' 25.8" **max. WOMOs:** 3-4
Ausstattung/Lage: Geschäft, Restaurant, Mülltonne/im Ort.
Zufahrt: Seitlich des Hotel/Restaurant Delfin.

Die Wirtsleute sind stolze Besitzer dreier **Ausflugsboote** und werden nicht müde ihre Dienstleistungen anzupreisen. Das Lokal übrigens gilt als sehr gut, ist überregional bekannt und steht im Marco Polo als „Geheimtipp".

Im Zentrum des Städtchens Virpazar

Nur ein ganz kurzes Stück ist es jetzt über die Bahnlinie auf die Verbindungsstraße (E 65/80), die nach PODGORICA führt, und just an dieser Stelle treffen wir auf die Gesellen, die den bequemen Weg von ULCINJ über BAR und das Tunnel genommen haben. Gemeinsam geht es jetzt weiter in Richtung PODGORICA. Kurz darauf ist ein **Damm** erreicht, der durch den See führt. Mitten auf besagtem Damm erhebt sich die **Burgruine Lesendro** - ein Bild, das nicht gerade alltäglich ist! Im Wasser schwimmen riesige **Seerosenfelder**. Es muss eine Pracht sein, wenn sie in Blüte sind. Fährt man mit geöffnetem Fenster, so dringt das für den See so typische Froschgequake herein - die Burschen geben sich stimmgewaltig!
26 km beträgt die Wegstrecke von VIRPAZAR nach PODGORICA. Je mehr man sich der **Landeshauptstadt** nähert, um so unschöner wird das Umfeld. Industrie ist hier angesiedelt, Müll wird entsorgt, wo es beliebt, und die Wohnhäuser schau-

en sehr ungepflegt aus. Die Metropole samt Planung stammt aus Titos Zeiten und sieht auch so aus. Zweckmäßigkeit lautete der Trend, Schönheit und Charme waren da nicht gefragt. Wir sind auf einer guten Stadtautobahn ins „Gewumsel" vorgestoßen und orientieren uns an einer Kreuzung in Richtung NIKŠIC. Wenige Kilometer später zweigt schon eine Straße nach CETINJE ab. Das Häusermeer liegt bald hinter uns und auf ausgezeichneter Straße, die durch eine reizvolle grüne Landschaft führt, rollen wir der alten historischen Hauptstadt entgegen. Rund 36 km sind es dahin und die sind recht schnell abgespult.

Wichtig: Zwischen VIRPAZAR und CETINJE besteht eine landschaftlich schöne und direkte Verbindung, die aber nicht oder kaum WOMO-tauglich ist. Nehmen Sie lieber den Weg über PODGORICA - das ist die erste Wahl!

Eher ländlich: Die alte Kulturhaupstadt Cetinje

Die Anfänge der Stadt datieren auf das 15. Jahrhundert zurück. Der erste Herrscher **Montenegros** Ivan Crnojević gründete hier in den Bergen ein Kloster, nachdem er vor den Türken geflohen war. Nach und nach erwuchs eine Siedlung, die im Laufe der Jahrhunderte aber insgesamt dreimal während der stetig tobenden Freiheitskämpfe zerstört wurde. Im Jahre 1878, nach dem Berliner Kongress, wurde **Montenegro** unabhängig. König Nikola der Erste (den Königstitel hatte sich der Fürst selbst verliehen) pflegte gute Kontakte zu den Großmächten seiner Zeit. Die vielen **Botschaften** in der Stadt sind

Zeugen dieser Politik. Seine sechs Töchter verheiratete er mit den mächtigen und wichtigen Herrschern, eine sogar mit Vittorio Emanuele, dem späteren König von Italien. Das brachte ihm den Titel, „Schwiegervater Europas“ ein!
CETINJE ist auch stolz auf seinen berühmten Sohn, den **Dichterfürsten Petar Njegoš**. In seiner **ehemaligen Residenz** hat man ihm zu Ehren ein **Museum** eingerichtet. Neben Büchern, dem Manuskript seines berühmtesten Werkes „Bergkranz“ kann man im sog. **Palais Biljarda** auch den **Billardtisch** des Poeten bestaunen. Er frönte dieser damals im Lande vollkommen unbekannten Leidenschaft des Billardspielens und ließ daher ein solches Möbelstück (im Jahr 1838) von WIEN über KOTOR hierher in die Berge anschleppen. Das Unterfangen gestaltete sich auf den schmalen und steinigen Saumpfaden recht schwierig. Eindruck hinterlassen hat die Aktion allemal - das Gebäude trägt bis heute den Namen Biljarda!
Mit diesem Grundwissen ausgestattet, laufen wir in der auch „Felsenthron der Freiheit“ genannten Stadt ein - ein geistiges Bild bereits vor Augen. Nur - die ehemalige Metropole präsentiert sich uns ganz anders als erwartet. Es gibt keinen Protz, kaum etwas Prunk, die vorwiegend flachen Häuser liegen verstreut im Grünen. Selbst die Hauptstraße, gesäumt von Akazien - und Lindenbäumen, trägt einen ländlichen Charakter. 15.000 Menschen sollen hier leben - auch das ist kaum nach zu vollziehen! Hat man sich aber erst mal von seinen falschen Vorstellungen verabschiedet, erkennt man schnell den eigenwilligen Charme des Städtchens.
Wir erledigen noch ein paar Einkäufe. So gerüstet folgen wir den Schildern, die uns den Weg in den **Lovćen Nationalpark** (Nacionalni park Lovćen) weisen. Gleich nach CETINJE steigt die gepflegte, ausreichend breite Straße rasch an und führt in Kurven und Serpentinen hinein in die herrliche Bergwelt des Parks. Für kleinere Pausen oder um einfach nur die Aussicht zu genießen, stehen immer wieder Ausbuchtungen zur Verfügung. Es ist zwar bereits Anfang Mai, doch nur wenige Sträucher oder Bäume haben schon ausgetrieben. Die Höhenlage spürt man eben. Nach rund 14 km erreichen wir

Unterwegs im Lovćen Nationalpark

eine Ansiedlung, nur aus wenigen Häusern bestehend. Das sog. **Rekreativno Edukativni Centar**, das vor allen Kindern bzw. Jugendlichen als Feriendomizil dient, bietet auch (zumindest in der Nebensaison) Stellmöglichkeiten für WOMOs in schöner Umgebung.

(208) WOMO-Picknickplatz: Lovćen Bergwäldchen

GPS: N 42° 22' 46.4" E 18° 50' 03.9"
max. WOMOs: 2-3
Ausstattung/Lage: Beleuchtung, Toilette, Tische, Bänke, Grillplätze, Mülleimer, Restaurant in der Nähe/außerorts.
Zufahrt: Zum Rekreativno Edukativni Centar abbiegen, gleich danach rechts.

Auf dem Gelände lässt sich auch ein kleiner **Skulpturenpark** bestaunen. Für Wissbegierige steht ein „**Visitor centar**" zur Verfügung. Hier gibt es die entsprechenden Infos zu den verschiedenen Parkbelangen - vor allem aber zu den vielen **Wandertouren**, die man von hier aus unternehmen kann. Bei unserem Aufenthalt waren fleißige Hände gerade damit beschäftigt Hinweisschilder aufzustellen und Markierungen anzubringen. Bei Ihrem Besuch sollte dann eigentlich längst alles perfekt sein!

Die Erstürmung des **Jezerski Vrh** steht auf dem Programm. Mit 1657 m Seehöhe stellt dieser den zweithöchsten Berg des Nationalparks dar. Auf dessen Gipfel ruhen die Gebeine des **Dichterfürsten Petar Njegoš** - nach einigen Wirren - jetzt in Frieden. 1865 bestattete man, auf eigenen Wunsch hin, seinen Leichnam am höchsten Punkt des Berges. In der dafür errichteten Grabkapelle wollte er seine letzte Ruhe finden. Allerdings wurde diese noch zweimal ge-

stört. 1917 wurden die sterblichen Überreste des Dichterfürsten von den Österreichern nach CETINJE verbracht - militärische Gründe wurden angeführt. Acht Jahre später kehrte Njegoš in „seine Kapelle“ zurück. Tausende Montenegriner, angeführt durch König Alexander I, gaben ihm das Geleit. 1972 errichtete man ihm dann schließlich ein recht pompöses **Mausoleum**. In luftiger Bergeshöh ruht er nun wohl wirklich in Frieden...

Im Mausoleum des Dichterfürsten Njegoš

Wir folgen also nach dem zuvor genannten Picknickplatz dem weiteren Straßenverlauf. Bald gelangen wir zu einer Straßengabelung. Das Sträßlein, welches links in Richtung KOTOR abzweigt, führt auch nach NJEGUŠI, dem eigentlichen Geburtsort des Poeten. Wir halten uns rechts und kurven weiter den Berg hinauf, bis wir 2,3 km nach der Gabelung einen kleinen, etwas schiefen Parkplatz erreichen. Obwohl sich die Straße noch ein Stück weiter bergauf windet, ist für die Mausoleumsbesucher Schluss!

(209) WOMO-Wanderparkplatz: Lovćen Jezerski Vrh

GPS: N 42° 23' 49.8" E 18° 50' 35.8" **max. WOMOs:** 1-2

Ausstattung/Lage: Mülltonne, Restaurant ca. 200 m - allerdings steiler Aufstieg dorthin/außerorts.

Zufahrt: 2,3 km nach der Straßengabelung (Kotor/Njeguši) rechts.

WOMO-Wandertipp: Njegoš-Mausoleum

Gehzeit: Ca. 1 Std. **Schwierigkeit:** Leicht/mittel **Höhenunterschied:** 160 m

Strecke: Gegenüber dem Parkplatz entdecken wir das Hinweisschild „Prolaz Za Pjesa“. Der Zusatz „300 m“ suggeriert erst mal: Na, das haben wir ja gleich. Das stimmt so allerdings nicht ganz! Zunächst geht es auf einem steinigen Erdweg um einige Ecken steil bergauf. Anschließend folgt ein fester Steinweg, der über viele Stufen weiter in Richtung Berggipfel führt.

Nach etwa insgesamt 200 m ist ein Restaurant erreicht, über dessen Dach wir weiterstiefeln (der Eingang befindet sich etwas unterhalb seitlich). Weitere zahlreiche Stufen erfreuen den Wandersmann und bringen ihn in einen langgezogenen Tunnel, um

ihn danach - natürlich nach noch mehr Stufen - auf das Gipfelplateau zu entlassen. Das eindrucksvolle Mausoleum rückt in greifbare Nähe, jetzt trennen uns nur noch wenige Treppenabschnitte von unserem Ziel. Schnaufend entrichten wir den Eintrittspreis von 3 Euro pro Person (geöffnet täglich von 09.00-18.00 Uhr). Zu bestaunen gibt es einige **Skulpturen** eines heimischen Künstlers und schließlich darf man auch zum Sarkophag des Dichterfürsten in die **Krypta** hinunter steigen (jetzt wirklich nur noch wenige Stufen!).

Bei schönem bzw. klarem Wetter ist die Rundumsicht herrlich. Es heißt, man könne dann bis hinüber zum italienischen Festland blicken. Uns war das aber leider nicht vergönnt.

Für den Hin- und Rückweg kann man rund eine Stunde veranschlagen. Je nach Kondition nimmt der Weg aber deutlich weniger oder aber auch mehr Zeit in Anspruch! Die 300-m-Angabe auf dem Wegweiserschild am Parkplatz entspricht wohl nicht so ganz der Wahrheit.

Und noch etwas: Ein Einheimischer verrät uns, es seien annähernd 400 Stufen - nachgezählt haben wir sie nicht, aber es waren derer viele...

Die Skulptur des Dichterfürsten im Mausoleum

Wir bummeln wieder talwärts. Erneut genießen wir die hübsche Bergstrecke und sind einmal mehr erstaunt, wie verschieden die Perspektiven nur durch den Richtungswechsel doch sein können! Relativ flott geht es vorwärts. Bald fällt der Blick auf CETINJE, das von ein paar Sonnenstrahlen in ein heimeliges Licht getaucht wird. Im wuseligen Mittagsverkehr durchqueren wir das Städtchen und orientieren uns jetzt in Richtung BUDVA. Die gut ausgebaute Straße senkt sich in vielen Kurven und Serpentinen zum Meer hin ab. Nach einer Weile werden die ersten Blicke auf das tief unten, an der Küste liegende BUDVA frei. Die Bezeichnung „das Monaco Montenegros" wurde vermutlich durch diese eindrucksvollen Aussichten auf die Stadt geprägt.

Blick auf Budva

Ungefähr auf halber Strecke entdecken wir linker Hand die **Burgruine Kosmač**, zu der ein kurzer Wanderweg führt. Weiter geht es in Schwüngen und Serpentinen hinab nach BUDVA, das wir 27 km nach CENTINJE erreichen. Hier schließt sich der Kreis wieder. Wir treten jetzt die Heimreise an. Ihnen wünschen wir noch interessante und sonnige Tage in Montenegro bzw. Kroatien und viel Freude bei all Ihren Unternehmungen. Danke, dass Sie uns begleitet haben!

Ausrüstung

Boot, Surfbrett

Sind Sie ein Freizeitkapitän? Dann sind Sie an der schönen blauen Adria goldrichtig! Viele kleine und große Inseln wollen erforscht werden, und das Festland erscheint vom Wasser aus in einer ganz anderen Perspektive. So manche einsame Badebucht lässt sich zudem nur von der Meerseite her erreichen. Es lohnt sich also Kanu, Kajak, Schlauch- oder gar ein Motorboot mit auf die Reise zu nehmen. Beachten Sie bitte, dass alle Wasserfahrzeuge über 3 m Länge und über 4 KW Leistung vor ihrer Benutzung beim jeweiligen Hafenamt angemeldet werden müssen. Mit der Entrichtung einer Gebühr sind Sie dann berechtigt, ein Jahr lang (ab Tag der Ausstellung) durch die Wellen zu „pflügen".

Auch Surfer werden ein weites Betätigungsfeld vorfinden. Für den notwendigen Schub sorgt (zumeist) ein kräftiger Wind, der allerdings Spitzen erreichen kann, die sogar standfesten Profis gefährlich werden können. Vorsicht ist also angebracht (siehe Bora)!

Falls es die Kapazität Ihres WOMOs nicht zulässt oder Sie den Transport genannter sperriger Sportartikel scheuen, besteht die Möglichkeit, diese bei zahlreichen Verleihern anzumieten.

Fahrrad

Ein ausgesprochenes Biker-Territorium ist unser Reisegebiet sicher nicht. Ausgewiesene Radwege sieht man selten und eine grundlegende Änderung ist auch auf Grund der geographischen Verhältnisse kaum zu erwarten. Trotzdem kann der Drahtesel recht hilfreich beim Brötchenholen oder kleineren Einkäufen sein. Manch einer nutzt das Zweirad auch zur „schnellen Sondierung des Umfeldes" nach der Ankunft an einem neuen Übernachtungsplatz oder für den Restaurantbesuch am Abend. Das WOMO bleibt stehen und man darf sich ruhigen Gewissens ein Gläschen Wein gönnen. Man sieht schon, es ist eine Entscheidung, die jeder für sich abwägen muss. Mountainbikern, die ihrem Hobby frönen wollen, sei das bergige, von der Küste meist schnell erreichbare Hinterland zu empfehlen. Diese Nebenstrecken sind oft wenig befahren und bieten daher die entsprechenden Voraussetzungen für sportliche Ambitionen. Spezielle markierte Strecken, womöglich sogar noch in unterschiedliche Schwierigkeitsgrade aufgeteilt, wird man aber vergebens suchen.

Angelausrüstung

Für das Angeln im Meer bedarf es keines Angelscheines. Verboten ist aber das Harpunieren der Fische. Petrijünger, die ihr Glück in Seen oder Flüssen versuchen wollen, benötigen hierzu eine Lizenz. Informationen diesbezüglich erhalten Sie in der jeweiligen örtlichen Touristenauskunft.

Tauch-, Schnorchelausrüstung

Die Küsten sind ein wahres Dorado für Taucher. Kaum ein anderes Reisegebiet in Europa bietet ähnlich traumhafte Bedingungen. Das Wasser ist von bestechender Klarheit, die Tier- und Pflanzenwelt rund um die Felsenriffe zeigt sich in atemberaubender Schönheit und Vielfalt.

Bitte beachten Sie: Nur wer im Besitz eines Taucherscheines ist, darf seinem schönen Hobby frönen. Ausgegeben wird dieser vom Kroatischen Taucherverband, und man kann ihn in Tauchclubs für ca. 20 Euro käuflich erwerben. Bedingung dafür ist ein Zeugnis einer international anerkannten Taucherschule (gültig 365 Tage vom Tag der Ausstellung). Nicht überall ist das Tauchen erlaubt. Es gibt Tauchverbotszonen und die sog. Zonen des kontrollierten Tauchens. Nähere Infos erhalten Sie in Kroatien unter folgender Telefonnummer: 0161 16848 (Fax: 0161 16849) oder in der Konservatorischen Abteilung Split, Porinova 2 in 21 000 Split, Tel.: 021 305 430

Auskunftstellen

Möchten Sie sich noch zu Hause über Ihr Urlaubsziel informieren? Die Kroatische Zentrale für Tourismus unterhält Büros in:

Rumfordstr. 7
D-80469 München
Tel.: + 49 89 22 33 44, Fax + 49 89 22 33 77
E-mail: kroatien-tourismus@t-online.de

Stephanstr. 13
D-603 13 Frankfurt/Main
Tel.: +49 69 23 85 35-0, Fax +49 6923 85 3520
E-mail: info@visitkroatien.de

Lichtensteinstr. 22 a
A-1010 Wien
Tel.: + 43 1 585 3884, Fax + 43 1 585 388 420
E-mail: office@kroatien.at

Seestr. 160
CH-8002 Zürich
Tel.: +41 43 336 2030, Fax +41 43 336 2039
E-mail: office@kroatien.at

<u>Auskünfte erteilt auch:</u>

Auswärtiges Amt/Bürgerservice
Arbeitseinheit 040
D-11 013 Berlin
Tel.: + 49 30 5000 2000, Fax: + 49 30 5000 51000

<u>Eine Infostelle für Istrien erreichen Sie unter:</u>

Istrien-Info
Bayerstr. 24
D-80335 München
Tel.: + 49 89 5437 0480, Fax + 49 89 5437 0481
E-mail: info@istra,hr

<u>Infos direkt aus dem Urlaubsland erhalten Sie von:</u>

Kroatische Zentrale für Tourismus
Turistička Zajednica (TZ)
Trg Drage Iblera 10
HR-10 000 Zagreb
Tel.: + 385 1 4699 333, Fax + 385 (0) 1 4557 827
E-mail: info@htz.hr Internet: http://www.htz.hr

Allgemeine Informationen im Internet: www.kroatien.hr

Montenegro

Touristenbüro Montenegro
Friedenstr. 7
D-60311 Frankfurt/Main
Tel.: + 49 69 2424 6212, Fax: + 49 69 2424 6225
E-mail: info-frankfurt@montenegro.travel

Kroatien wirbt um die Gunst der Touristen und gibt sich dabei redlich Mühe. Das Netz der staatlichen Touristenbüros ist engmaschig und wie folgt aufgegliedert. Die TZ-Stellen (Turistička Zajednica = Touristeninfobüro) unterteilen sich in TZZ-Büros (zuständig für die gesamte Region), die TZG-Geschäftsstellen (hier gibt es Stadtinfos) und schließlich in die TZO-Büros (Erteilung von Auskünften über kleinere Orte und Inseln).
Das in vielen Ländern gebräuchliche „**i**" Schild wird Sie nicht unbedingt zum gewünschten Ziel führen, denn viele private Reisebüros, Hotels usw. nutzen dieses Symbol für Ihre Zwecke.

Sollten Sie die Hilfe der Diplomatischen Vertretungen suchen, wenden Sie sich bitte an:

Deutsche Botschaft
Ul. grada Vukovar 64
10 000 Zagreb
Tel.: + 385 1 6300 100

Deutsches Generalkonsulat
Biserova 16
21 000 Split
Tel.: + 385 21 39 4690, Fax + 385 21 39 4690

Österreichische Botschaft
Radnička cesta 80, 9 Stock
10 000 Zagreb
Tel.: + 385 1 488 1050, Fax + 385 1 483 4461

Schweizer Botschaft
Bogovićeva ul. 3
10 000 Zagreb
Tel.: + 385 1 487 8800, Fax + 385 1 4810 890

Montenegro:

Deutsche Botschaft
Herzegovačka 10
MNE-81000 Podgorica
Tel.: + 382 20 44 1018, Fax: + 382 20 44 1085
E-mail: info@podgorica.diplo.de

Österreichische Botschaft
Kralja Nikole 104
MNE-81000 Podgorica
Tel.: + 382 20 601 580, Fax: + 382 20 624 344
E-mail: podgorica-ob@bmeia.gv.at

Schweizer Konsulat
Bulevar Svetog Petra Cetinjslog 1a
MNE-81000 Podgorica
Tel.: + 382 20 245 100, Fax: + 382 20 245 025

Ärztliche Hilfe

Natürlich möchte kein Mensch im Urlaub krank werden, das ist so ziemlich das Letzte, was man sich wünscht. Tritt aber der Fall des Falles ein, sollte man gewappnet sein. Grundsätzlich ist zu sagen, der Standard bei medizinischen Behandlungen entspricht dem allgemeinen südeuropäischen Ni-

veau. Laut Angaben des ADAC kommen Bürger aus EU-Staaten seit Juli 2013 in den Genuss einer **kostenlosen medizinischen Grundversorgung**. In der Praxis kann es aber durchaus vorkommen, dass dies nicht der Fall ist und die ärztlichen Rechnungen bar beglichen werden müssen. Umstellungen bzw. Änderungen bedürfen eben auch einer gewissen Zeit. Reichen Sie aber besagte Rechnung nach Ihrer Rückkehr bei Ihrer heimischen Krankenkasse ein, so werden Sie den aufgewendeten Betrag in der Regel erstattet bekommen, wenn auch nicht immer in voller Höhe.
Bürger aus nicht Nicht-EU-Staaten (z.B. Schweiz) werden erst mal grundsätzlich zur Kasse gebeten.
Dringend zu empfehlen ist der Abschluss einer Auslandskrankenversicherung, eine Investition von nur wenigen Euros, die aber Gold wert sein kann. Wenden Sie sich an Ihre Versicherung oder einen Automobilklub. Bestens abgesichert ist man bei ganz schlimmen Fällen mit einem Auslandsschutzbrief. Sie, Ihre Familie und auch das WOMO werden kostenlos nach Hause transportiert. Den Schutzbrief bekommen Sie beim ADAC oder auch bei Ihrer Assekuranz.
In fast allen größeren Städten und Touristenzentren findet man ein Krankenhaus (Bolnica) oder zumindest eine Krankenstation (Dom zdravlja). Viele Ärzte sprechen deutsch bzw. englisch. Nicht ganz so gut um die medizinische Versorgung bestellt ist es auf den Inseln. Oft erstreckt sich der Zuständigkeitsbereich eines Arztes über ein ganzes Archipel.
Der **Rettungsdienst** heißt auf kroatisch „**Hitna pomoć**" und ist unter der Nummer **94** telefonisch zu erreichen.

Autounfall, Panne

Bei jedem Unfall (Bagatellschäden ausgenommen) muss die **Polizei** (**policija, Tel.: 92 oder 112**) gerufen werden, von der man sich ein Protokoll (potvrda) anfertigen lassen sollte. Weist das Fahrzeug gravierende Schäden auf und es fehlt bei der Ausreise dieses Protokoll, so wird man die Grenze nicht passieren dürfen. Verständigen Sie auch umgehend Ihre Versicherungsgesellschaft! Vergessen Sie nicht, mehrere Fotos aus verschiedenen Perspektiven vom Unfallort zu machen.
Aus unserer Sicht sind zwei prophylaktische Maßnahmen unbedingt erforderlich und zwar der Abschluss einer Vollkasko - sowie einer Rechtsschutzversicherung.
Nicht so schlimm wie ein Unfall, aber dennoch sehr ärgerlich kann eine Panne sein. Hilfe bekommt man durch den **Kroatischen Automobilklub HAK** (Hrvatski Autoklub), der landesweit unter der **Notrufnummer 987** erreichbar ist.
Ein deutschsprachiger **ADAC-Notrufdienst** ist in Zagreb eingerichtet. Erreichbar - auch außerhalb der Saisonzeiten - ist dieser unter der **Telefonnummer (01) 3440 666** (aus Zagreb ohne die 01), aus Slowenien **(003 851) 3440 650**, aus Bosnien und Herzegowina **(003 851) 3440 660**.
Selbstverständlich sollte vor einer Urlaubsreise eine Durchsicht bzw. ein Kundendienst am WOMO durchgeführt werden. Die Mitnahme einiger Ersatzteile kann beruhigend und sehr hilfreich sein. Technisch versierte Leute wissen, welche Teile für Ihr Fahrzeug in Frage kommen. Technische Laien (so wie wir) sollten sich in ihrer Fachwerkstatt beraten und ein Ersatzteilpaket zusammenstellen lassen - nach Möglichkeit mit Rückgaberecht bei Nichtgebrauch.

Bora

Von den verschiedenen Winden, die dem Touristen in Kroatien um die Nase wehen können, ist die Bora am heftigsten und damit am gefährlichsten. Dieser kalte Fallwind bricht meist plötzlich über das Gebirge auf die Küste

herein und kann eine Intensität erreichen, die Wohnmobilen, Wohnwagen und leichteren LKWs mit großer Angriffsfläche zum Verhängnis werden kann. Es soll schon vorgekommen sein, dass solche Fahrzeuge von der Küstenstraße in den Abgrund geweht wurden. Deshalb ergeht der Rat: bei Einsetzen starken Windes den nächsten Parkplatz anzulaufen und sein Mobil hier abzustellen. Dabei ist es natürlich sinnvoll, dem Wind die geringste Angriffsfläche (Front-Heckseite) zu bieten - das Fahrzeug muss also entsprechend ausgerichtet werden! Im Bedarfsfall werden auch ganze Straßenstriche gesperrt!
In der Regel hält die Bora zwei bis fünf Tage an und weist dabei mehr oder weniger lange Spitzen auf - von einigen Stunden bis zu zwei Tagen. Leider ist man zu keiner Jahreszeit vor diesem Wind gefeit. Am stärksten tritt er aber zur touristenarmen Winterzeit auf.
In Bedrängnis bringen kann die Bora freilich auch diverse Wasserfahrzeuge. So schnell wie möglich sollte man das schützende Ufer anpeilen und hier Boot o.ä. gut verstauen. Eine besondere Heimtücke dieses Windes ist der Umstand, ablandig zu blasen, d.h. potentielle „Opfer“ werden auf das offene Meer hinausgedrückt!

Campingplätze

Das „Campingleben“ blickt in Kroatien auf eine lange Tradition zurück. Es gibt viele Campingplätze (die Angaben schwanken zwischen 160 und 240), und die meisten davon liegen an der Küste, oft an schönen Buchten. Die Ausstattung entspricht dem südeuropäischen Standard. Vor allem in den letzten Jahren wurden hohe Beträge in die Renovierung maroder oder nicht mehr zeitgemäßer Einrichtungen investiert. Auffällig bei den Plätzen ist das Nord-Süd-Gefälle. Auf der Halbinsel Istrien befindet sich eine Vielzahl (sehr) großer und gut ausgestatteter Areale, und auch die Kvarner Inseln sind reichlich bestückt. Bewegt man sich weiter in südlicher Richtung, so wird man feststellen, dass sowohl die Anzahl als auch die Güte der Campingplätze stetig nachlässt. Nicht überall kann man einen hohen Standard erwarten, leider mangelt es bisweilen auch an Sauberkeit.
Etwa 30 Campingplätze sind als **FKK-Plätze** ausgewiesen - die Nudisten wird das freuen! Beachten Sie aber bitte: Jeder Besucher eines solchen Platzes muss sich freimachen, die Blöße ist also vorgeschrieben.
Die Preise bewegen sich von gut 15 bis rund 35 Euro für zwei Personen und ein Wohnmobil. Mittlerweile sind vor allem in Istrien einige Plätze unter italienischer Leitung, leider auch mit italienischen Preisen. Ab und zu trifft man auch auf kroatische Campingplatzbetreiber, die unverschämt hohe Forderungen stellen. Um böse Überraschungen zu vermeiden, sollte man immer vorher den Preis erfragen. Der Stromanschluss wird oftmals extra berechnet. Mit ca. 2,5 bis ca. 5 Euro liegen die Gebühren recht hoch. Es erklärt sich durch eine hohe Absicherung und die meist fürstliche Ausstattung an Elektrogeräten vieler Dauercamper. Bei pauschaler Abrechnung dürfen (leider) andere Camper diese Kosten mittragen.
Eine nette Alternative sind die „**Privatcamps**“. Die Menschen versuchen, ein paar Kuna zu verdienen und stellen ihren Hof oder die Wiese hinter dem Haus zur Verfügung. Meist ist die Sanitärausstattung dürftig, dafür aber die Aufnahme herzlich. Meist wird mit Schildern wie „Autokamp“ oder „Kamp privat“ geworben, bisweilen kommen Namensbeifügungen hinzu - z.B. „Toni“, „Willi“ oder Ähnliches. Das klingt zwar kaum kroatisch, soll aber signalisieren, dass man auf Deutschsprachige eingestellt ist.

Diebstahl

Es wäre doch zu schön, dieses Thema übergehen zu können. Leider ist, wie in so vielen Ländern auch, niemand in Kroatien vor einem Diebstahl

gefeit - auch wenn es im Vergleich zu anderen Staaten als recht sicher gilt. Man muss also überlegen, wie man seinerseits den Dieben ins Handwerk pfuschen kann. Zweifelsohne funktioniert das auch, wenn man einigen Dingen Beachtung schenkt.
Gelegenheit macht Diebe. Dieser Spruch hat sich leider schon oft bewahrheitet. Schließen Sie die Fenster, und sperren Sie die Türen ab. Immer! Selbst wenn sie „nur" schnell in der Tankstelle bezahlen oder mal kurz ein Brot in der Bäckerei holen, ist das äußerst ratsam. Einem geübten Dieb reicht diese Zeit locker für den schnellen Griff ins Fahrzeug. Für eine längere Abwesenheit vom WOMO steuern Sie am besten einen bewachten Parkplatz an und schalten Ihre Alarmanlage scharf. Diese Anlage sollte mit einer separaten, lauten Hupe ausgestattet sein. Profis zwicken zuerst das Kabel des Original-Signalhorns durch, deswegen sollte die zweite Hupe unbedingt versteckt platziert werden. Eine Alarmanlage ist kein Allheilmittel, leistet aber gute Dienste. Vielleicht sind Sie noch in der Nähe, um das akustische Signal zu hören, oder andere Leute werden darauf aufmerksam - zumindest der Parkplatzwächter sollte es vernehmen. Stecken Sie ihm ein kleines Trinkgeld zu - das kann enorm die Sinne schärfen!
Der WOMO-Knackerschreck (siehe Bestellseite am Buchende) verhindert zuverlässig das Öffnen der Fahrerhaustüren. Das Gerät ist von außen deutlich durch die Scheiben sichtbar und kann schon dadurch potentiellen Einbrechern die Sinnlosigkeit ihres Unterfangens suggerieren.
Begehrt bei Ganoven sind natürlich die Autoradios. Ist Ihr Gerät mit einer „Quick-out-Halterung" versehen, kann es mit einem Handgriff ausgebaut und mit zum Stadtbummel genommen werden. Diese praktische Vorrichtung erfüllt aber nur ihren Zweck, wenn Sie Ihr Radio wirklich bei sich führen und nicht etwa unter dem Kopfkissen deponieren. Obwohl die „Quick-out-Halterungen" mittlerweile aus der Mode gekommen sind, finden sie in Wohnmobilen noch immer Verwendung. WOMO-Fahrer sind eben beständige Leute!
Denken Sie daran, dass potentielle Diebe Sie beobachten. Verlassen Sie Ihr Fahrzeug ohne Radio, Navigationsgerät, Handtasche und Fotoapparat, müssen diese Dinge zwangsläufig im Wagen sein, und das fördert freilich den Ehrgeiz der Bösewichte. Tragen Sie alle Wertsachen dicht am Körper (Bauchtasche, Brustbeutel und Handtaschen auf der straßenabgewandten Seite). Zugegeben - das alles kann recht lästig sein, aber bestohlen zu werden, ist schlimmer. Wer sich mit der Schlepperei partout nicht anfreunden will, der baue sich einen soliden Tresor in die Sitzkonsole oder an anderer geeigneter Stelle ins Fahrzeug. Größere Wertgegenstände verschwinden in einer festgeschraubten Blechkiste (mit Schloss) im Staufach. Diese Sachen gibt es für gutes Geld im Zubehörhandel.

Und noch ein paar Tipps:

Lassen Sie ihren teuren Schmuck daheim, die Rolex tauschen Sie für die Zeit Ihres Urlaubs gegen ein Billigmodell.
Verstecken Sie weder Geld noch Papiere im Wohnmobil. Die vermeintlich so genialen Verstecke, z.B. zwischen dem Geschirr, im Kühlschrank, hinter dem Duschvorhang usw., sind auch den bösen Buben bekannt. Wir wissen von einem Fall, da hatten sich die Leute fünf tolle Möglichkeiten ausgedacht, um Geld, Pässe und Kreditkarten „unauffindbar" zu verstauen. Nach nur einer viertel Stunde Abwesenheit kehrten sie zurück und standen vor dem Nichts. Die Diebe haben in dieser kurzen Zeit restlos alles gefunden und mitgehen lassen (passiert ist diese wenig erquickliche Geschichte nicht in Kroatien, sondern in Italien).
Seien Sie an Autobahn-Raststätten bzw. Parkplätzen besonders vorsichtig. Lassen Sie sich nicht in Gespräche verwickeln, es können Ablenkungsmanöver sein, währenddessen ein zweiter Mann die Zeit nutzt und „zuschlägt"!

Last but not least:
Sollte Sie das Schicksal doch einmal ereilt haben, werden Sie froh sein um die Fotokopien, die Sie von allen wichtigen Papieren gemacht und natürlich getrennt aufbewahrt haben.

Einreiseformalitäten

Seit 01. Juli 2013 ist Kroatien Teil der Europäischen Union. Das bringt für Reisende einige Änderungen mit sich.
Deutsche Staatsbürger benötigen natürlich weiterhin zur Einreise einen **gültigen Personalausweis** oder einen **gültigen Reisepass** (die Neuausstellung eines Reisepasses kostet mittlerweile 58 Euro!). Visumpflicht besteht bis zu einem Aufenthalt von 90 Tagen nicht. Kinder benötigen seit 26.06.2012 ein eigenes Dokument. Notwendig ist die Vorlage der Geburtsurkunde und eines biemetrischen Fotos - Kostenpunkt 13 Euro. Das jeweilige Einreisedokument muss noch **mindestens** für die Dauer des Aufenthaltes gültig sein. Da der EU-Beitritt nicht gleichzeitig die Mitgliedschaft zum Schengener Abkommen über freien Personenverkehr bedeutet, gibt es auch weiterhin (voraussichtlich bis 2017) Personenkontrollen zwischen Kroatien und den Schengen-Staaten Slowenien und Ungarn.
Notwendig sind des weiteren der **Fahrzeugschein**, der **nationale Führerschein** und die **Internationale Grüne Versicherungskarte.**
Ist am Fahrzeug ein EU-Kennzeichen (blaues Band am linken Rand mit Ländercode und Sternen) angebracht, braucht man kein gesondertes D-Schild mehr. Schweizer WOMOs benötigen nach wie vor das Nationalitätskennzeichen.
Schutzimpfungen jedwelcher Art sind nicht mehr vorgeschrieben. Vorsichtige Leute konsultieren trotzdem ihren Arzt.
Reisebedarf für den persönlichen Gebrauch sowie Reiseproviant sind mittlerweile kein Beanstandungspunkt mehr. Hochwertige elektronische Geräte sollten deklariert werden, u.U. erspart man sich damit Ärger beim Verlassen des Landes.

Fähren

Nur auf wenige der vielen besuchenswerten Inseln führen Brücken. Das macht natürlich den Einsatz von Fährdiensten notwendig. Zu kleineren Inseln verkehren oft nur Personenschiffe, die größeren werden von Autofähren angelaufen. Das geschieht nach einem Fahrplan, der aber nicht immer todernst zu nehmen ist. Für die Überfahrten sind Zeiten etwa zwischen 20-80 Minuten anzusetzen, eine Vorbuchung ist nicht möglich. In der Saison und auch an den Wochenenden kann es durchaus zu längeren Wartezeiten kommen. Für ein Wohnmobil (Länge 5 -7 m) inklusiv zweier Personen sind, je nach Streckenlänge, ungefähr 30-45 Euro anzusetzen. Sehen Sie aber bitte den Preis nur als Anhaltspunkt, Abweichungen sind möglich. Abfahrtszeiten und Preise lassen sich aus Prospekten entnehmen, die in den Hafenbüros der einzelnen Orte ausliegen.
Die Auffahrtsrampen mancher Fähren können recht steil sein. WOMOs mit längerem Überhang laufen Gefahr aufzusetzen. Im Zweifelsfall fahren Sie die Rampe schräg an, bzw. bitten Sie das Personal, die dafür vorgesehenen Matten oder Schienen unterzulegen. Verlassen Sie sich nicht nur auf die Einweisungskünste der zuständigen Herren. Vertrauen ist gut, Kontrolle ist besser! Bisweilen kann auch das südländische Temperament der Besatzung durchgehen. Meist äußert sich dies durch kräftiges Erheben der Stimme mit einhergehenden hektischen Handbewegungen. Lassen Sie sich davon nicht anstecken und bewahren Sie die Ruhe. Die Nervosität führt schnell zu einem Kratzer oder sogar schlimmeren Schäden am WOMO.
Neben den vielen regionalen Verbindungen bestehen auch zwei überregio-

nale bzw. internationale Linien. Zum einen kann man auf die Route

ZADAR - ANCONA - SPLIT - HVAR - KORČULA - DUBROVNIK - BARI

zurückgreifen und zum anderen sich der Strecke

RIJEKA - ZADAR - SPLIT- HVAR - KORČULA - MLJET - DUBROVNIK - BARI

bedienen. Als praktisch erweist sich der Teilabschnitt letztgenannter Verbindung von RIJEKA nach DUBROVNIK oder umgekehrt. Eine Fahrt mit dem WOMO entlang dieser Küstenetappe entfällt dadurch!
Praktisch alle vorhandenen Verbindungen obliegen der staatlichen Gesellschaft **Jadrolinija**.

Auskünfte erteilen:

Jadrolinija - Zentrale
HR - 51 000 Rijeka
Riva 16
Tel.: + 385 51-666 111, Fax: + 385 51-213 116
Internet: www.jadrolinija.hr, E-mail: passenger-dept@jadrolinija.tel.hr

DERTRAFFIC
Emil-von-Behring-Straße 6
D-60 438 Frankfurt am Main
Tel.: + 49 69 -9588-5800, Fax: + 49 69-9588-5822
E-mail: service.dertraffic@dertour.de

Österreichisches Verkehrsbüro AG
Bahn und Fähren Center
Friedrichstr. 7
A-1010 Wien
Tel.: + 431 58800 0, Fax: + 431 588 00 130
E-mail: bahn.faehren@verkehrsbuero.at

Cosulich AG
Stampfenbachstr. 151
CH-8042 Zürich
Tel.: + 41 44 363 5255, Fax: + 41 44 3626 782
E-mail: cosulich@active.ch

Im Kleingedruckten der Jadrolinija liest man u.a., Gasflaschen werden nicht transportiert, da sie als Gefahrengut eingestuft werden. Diese Regelung gilt für die „großen Linien“ und wurde auf Nachfrage bei der Reederei in RIJEKA nochmals bestätigt. Für sehr viele Wohnmobile wäre das mit einem Beförderungsaus gleichzusetzen. Von einigen WOMO-Piloten wissen wir aber, dass es diesbezüglich keine Kontrollen gab.

Fauna

Die Tierwelt ist recht artenreich vertreten. Überall an der Küste und auch auf den Inseln gibt es Unmengen von Eidechsen, die, wenn sie sich entdeckt glauben, pfeilschnell in irgendwelchen Ritzen verschwinden. Die größte dieser Echsen (Smaragdeidechse) wird bis zu 50 cm lang und ist dabei genauso harmlos wie der kleine Mauergecko, der auf den furchterregenden Namen Tarantula hört. Als harmlos erweisen sich auch die meisten Kriechtiere, die sich in der Macchia oder auf warmen Steinen sonnen. Trotz der Bezeichnungen Leopard-, Katzen- oder Zornnatter zeigen sie sich vollkommen ungiftig, so wie Blindschleichen oder Ringelnattern. Fürchten vor ih-

nen müssen sich nur die vielen bunten Käfer und andere Kleintiere. In acht nehmen sollte man sich aber vor der Hornviper (dreieckiger Kopf) und der Kreuzotter (Zickzack-Zeichnung). Die Giftschlangen greifen aber nicht aus freien Stücken an, sondern nur wenn sie sich bedroht fühlen.
(Hobby)-Ornithologen werden erfreut sein über den großen Bestand an Sing- und Greifvögeln (Sperber, Habicht, Wanderfalken, Eulen usw.), vor allem aber über die Existenz von Adlern und Königsgeiern, die in den Gebirgen leben. Auf der Insel CRES hat man sogar die Chance, ein Exemplar der seltenen Gänsegeier zu sichten.
Selbst die Gattung der „Pelzträger" ist zahlreich vertreten. Da hoppeln Hasen und Kaninchen durchs Gehölz, mit einem bisschen Glück entdecken Sie auch eines der scheuen Erdhörnchen. Die Bekanntschaft mit den putzigen Steinmardern wünschen wir Ihnen nur, wenn diese sich nicht Ihr WOMO als Delikatesse auserkoren haben. Des weiteren gibt es reichlich Damwild sowie Gemsen, Mufflons und in entlegenen Regionen Raubkatzen - sogar der eine oder andere Wolf soll noch durch die Wälder schleichen!
Im Gegensatz zu anderen Mittelmeergebieten überraschen Bestand und Vielfalt der Meeresbewohner. Im sauberen Wasser der Adria tummeln sich Aal, Sardine, Tintenfisch, Seezunge, Makrele, Seebarsch, Steinbutt und vieles mehr. In tieferen Gewässern springen verspielte Delfine, und selbst kleine Haie jagen ihre Beute. Bei der Insel PAG lebt eine Mini-Population von Mittelmeer-Mönchsrobben. Diese vom Aussterben bedrohten Gesellen zählen zu den seltensten Tierarten Europas!

Feiertage

Manchmal steht man vor verschlossenen Türen, ohne zu wissen warum. Möglicherweise ist ein Feiertag, den man vielleicht in der Urlaubseuphorie vergessen oder von dem man keine Kenntnis hat, die Ursache.

1. Januar/ 6. Januar	Neujahr/ Heilige Drei Könige
Ostermontag	Ramadan Bajram - wechselnde Termine
1. Mai	Tag der Arbeit
30. Mai	Staatsgründungstag der Rep. Kroatien
22. Juni	Tag des antifaschistischen Kampfes
5. August	Tag des vaterländischen Dankes
15. August	Mariä Himmelfahrt
8. Oktober	Tag der Unabhängigkeit
1. November	Allerheiligen
25./26. Dezember	Weihnachten

Flora

In Kroatien findet man ein umfangreiches Spektrum südländischer Vegetation. Durch die vielseitigen Einflüsse und Handelsbeziehungen gelangten Pflanzen aus fast aller Herren Länder auf den Balkan. Vor allem in Küstennähe sind die klimatischen Bedingungen ideal, um Oliven-, Feigen- und Granatapfelbäume prächtig gedeihen zu lassen, ebenso wie Zitrusgewächse, Bougainvillea- und Oleanderbüsche. Vielerorts wippen auch die elegant geschwungenen Blätter hoher Palmen im Wind, und Agaven recken ihre oft meterhohen Blüten in den Himmel. Dies bedeutet allerdings auch den Tod der Pflanzen, denn nach der Blüte sterben sie ab. Wirklich keine Seltenheit sind die anspruchslosen Feigenkakteen, ihre Hitzeverträglichkeit und die Fähigkeit, monatelang ohne Wasser auszukommen, sichern ihnen beste Überlebenschancen.
Über weite Teile des Landes erstreckt sich die Macchia, ein dichtes Gestrüpp aus verschiedenen Sträuchern, das kaum zu durchdringen ist. Am schönsten zeigt sie sich im Frühjahr, der Zeit der Hauptblüte. Zum bunten

Meer der Farben gesellen sich die Düfte, und dann avanciert die Macchia zum Fest der Sinne. Wer ihr zu nahe kommt, wird allerdings einen weiteren Sinn erleben können. Neben Büschen mit zarten oder ledrigen Blättern gibt es auch solche mit Dornen bzw. Stacheln. Ungebetene Eindringlinge werden dies schnell zu spüren bekommen.
Die ursprünglich ausgedehnten Wälder früherer Zeiten fielen dem Raubbau zum Opfer. Mittlerweile haben sich aber wieder größere Baumbestände etabliert. Die einstige Artenvielfalt wurde leider nicht mehr erreicht. Am stärksten vertreten ist jetzt die Aleppokiefer, in geringerem Maße auch Steineichen, Buchen, Schwarzkiefern sowie Lorbeer- und Johannisbrotbäume.

Filmen/Fotografieren

Natürlich möchte man seine Urlaubserinnerungen in Bild (und Ton?) festhalten. Vielleicht besitzen Sie eine (gute) Digitalkamera mit einer Speicherkarte für mehrere hundert Bilder (ich denke da an ca. 4-8 GB Speicherplatz), dann sind Sie auf der sicheren Seite!? Bitte bedenken Sie, dass auch Speicherkarten nicht ewig leben bzw. einen plötzlichen „Tod“ sterben können. Vorsichtige Menschen sorgen deshalb für eine regelmäßige Zwischenspeicherung auf dem Laptop (was waren das für schöne Zeiten, als man maximal 36 Bilder auf einem Film einbüßen musste).
Der Akku Ihrer Digitalkamera muss regelmäßig geladen werden! Beruhigend ist ein Zweitakku und natürlich ein Ladegerät, idealerweise mit wohnmobilverträglichem 12-V-Betrieb. Es gibt Ladegeräte (z.B. der Digicharger Vario Pro von Anssmann), mit dem man fast alle Akkus an 100-240 V Wechsel- und 12 V Gleichstrom laden kann.
Dies gilt auch für die Akkus Ihrer Videokamera (Ihres Camcorders), es sei denn, der Akku kann direkt in der Kamera über einen USB-Anschluss geladen werden. Dafür brauchen Sie lediglich ein USB-KFZ-Ladegerät für weniger als 5 .

Freies Übernachten

Grundsätzlich ist in Kroatien das „Freie Übernachten“ untersagt. Bisher wurde es aber weitgehend geduldet. Das birgt allerdings keine Garantie, dass dies immer und überall so ist. Die Stellungnahmen verschiedener offizieller Einrichtungen wie z.B. Fremdenverkehrsamt, Botschaft und einzelne Touristenbüros vor Ort lesen Sie nachstehend. Das Ergebnis kann man am ehesten in die Worte „Wo kein Kläger, da kein Richter“ fassen. Trotz klarer Formulierung der Übernachtungsfrage bekamen wir Antworten wie diese: „Wir begrüßen Sie herzlich auf unseren schönen Campingplätzen“ oder „Wildes Zelten ist wegen starker Waldbrandgefahr streng verboten“. Das Fremdenverkehrsamt FRANKFURT teilte uns definitiv telefonisch mit „Freies Campen ist untersagt“. Ein fernmündliches Gespräch mit dem Fremdenverkehrsamt MÜNCHEN ließ die Geschichte wieder in einem anderen Licht erstrahlen. „Niemand hat etwas dagegen, wenn Sie in Ihrem Wohnmobil auf Parkplätzen übernachten“, war die entsprechende Antwort von dieser Stelle. Positiv waren auch die Aussagen der Touristenbüros in den einzelnen Ortschaften. Der Bitte, beispielsweise im Hafen oder auf einem geeigneten Parkplatz nächtigen zu wollen, folgte stets eine Einladung. Leider werden

mittlerweile WOMO-Fahrer teilweise regelrecht abgezockt - in Einzelfällen bis zu 5 Euro/Stunde. Aufpassen tut also Not! Da aber zur Zeit Kroatien voll im Trend liegt, sind in der Hauptsaison viele der Plätze stark frequentiert. Etliche Kommunen versehen daher - zumindest im Juli und August - ihre Parkplätze mit Verbotsschildern oder Höhenbalken. Laut Lesermitteilungen sind auch WOMO-Fahrer in der Regel höflich, aber bestimmt weggeschickt worden. Zu vorgerückter Stunde kann das sehr ärgerlich sein!
Leider wurden in Einzelfällen auch Strafgebühren (ca. 35 bis 140 Euro) **verlangt**. Anscheinend obliegen diese Aktionen dem Gusto der diensthabenden Beamten, denn während die einen unbehelligt nächtigten, wurden andere vertrieben. So geschehen zwar nicht am gleichen Tag, wohl aber im gleichen Zeitraum! Plätze, von denen wir wissen, dass dort abkassiert wurde bzw. die mit Übernachtungsverbotsschildern ausgestattet wurden, haben wir in den Tourentexten weiß belassen. Das heißt, all diese Orte kann man tagsüber anfahren, für eine Rast oder ein Schläfchen nutzen - Übernachten ist allerdings nicht zu empfehlen!
Nach unseren Erfahrungen waren diese Strafaktionen aber rückläufig - vielleicht kommt hierbei jetzt schon die EU-Mitgliedschaft zum Tragen.
In unserem Buch haben wir eine Vielzahl an Übernachtungsmöglichkeiten aufgeführt und den Weg zu diesen genau beschrieben. Wir haben für Sie Plätze in Stadtnähe, die ideal für Besichtigungen sind, ebenso wie ruhige Schlafplätze außerhalb gefunden. Wir zeigen Ihnen Nächtigungsgelegenheiten bei Gaststätten oder Hotels.
Natürlich gebietet es der Anstand, will man letztgenannte Örtlichkeiten in Anspruch nehmen, eine Erlaubnis einzuholen. Selbstverständlich sollte hier auch zumindest eine Mahlzeit eingenommen werden. Wir lotsen Sie auf Badeplätze, von denen aus Sie ein erfrischendes Bad nehmen können. Wegen der zerklüfteten Küste finden sich deren leider nicht so viele, wie man sich das wünschen würde.
Sie können all diese Plätze anfahren - natürlich müssen Sie es nicht. Für den Fall, dass Sie sich selbst auf die Suche machen, dürfen wir Ihnen vielleicht ein wenig Hilfestellung leisten. Fündig wird man meist auch bei Sportplätzen, an Aussichtspunkten, bei Kapellen oder Kirchen, wenn diese etwas außerhalb liegen, und - sofern man da keine Vorbehalte hat - bei Friedhöfen. An allen genannten Orten steht in der Regel auch ein Parkplatz zur Verfügung.
Eine nicht zu verachtende Möglichkeit ist folgende: Sprechen Sie bei Privatleuten vor, die einen zweckdienlichen Hof ihr Eigen nennen. Bringen Sie Ihr Anliegen vor, also dass Sie hier übernachten wollen, und sichern Sie Ihren potentiellen Gastgebern zu, keine weiteren Umstände zu machen. Vielleicht ernten Sie zunächst Erstaunen, anschließend aber meist freundliches Wohlwollen. Die Menschen sind oft froh um ein bisschen Abwechslung. Wir sind bei solchen Aktionen schon zum Essen eingeladen worden, und zum Frühstück fanden wir Eier oder ein Glas selbst produzierten Honig vor der WOMO-Tür. Natürlich haben wir uns entsprechend revanchiert.
Nach Informationen des Fremdenverkehrsamtes ist für die Zukunft die Einrichtung sogenannter Rastcampingplätze (Kamp Odmoriste) geplant. Dabei handelt es sich um Unterkunftsobjekte an den Verkehrsachsen, in denen die Möglichkeit von Übernachtung / kurzfristigem Aufenthalt geboten wird - bis zu welchem Zeitpunkt diese allerdings realisiert werden, steht derzeit noch in den Sternen.
Machen Sie sich zum Grundsatz, Ihre Übernachtungsplätze rechtzeitig zu suchen. Das soll heißen: nicht erst, wenn Sie vor Müdigkeit schon halbtot sind, und nicht im Dunkeln! Fahren Sie in diesem Fall einen Campingplatz an, fast überall gibt es deren reichlich.
Ausführlich behandelt wird das Thema Stellplätze / Stellplatzsuche im **„Allgemeinen Wohnmobilhandbuch“** im **Band 5** des **WOMO-Verlages**.

Gas

Die meisten Wohnmobile sind mit zwei Flaschen á 11 kg versehen, oder gar mit einem Gastank höherer Kapazität bestückt. Sorgt man bereits zu Hause für eine frische Füllung der Behältnisse, so wird man im Urlaub kaum in Verlegenheit kommen. Ist man nicht gerade im zeitigen Frühjahr unterwegs, dürfte die Heizung in Kroatien in der Regel kalt bleiben, denn ab Ende April/Anfang Mai wird es warm, und das ändert sich zumeist nicht bis weit in den Herbst hinein. Oft lässt es sich auch am Strand duschen bzw. man nimmt im WOMO eine kalte Dusche. Das reduziert die Warmwasseraufbereitung drastisch und kommt bei gehobenen Temperaturen auch keiner Selbstkasteiung gleich. Die WOMO-Küche unterliegt auch nicht unbedingt größter Strapazierung, denn die kroatischen Restaurants locken mit köstlichen Speisen bei moderaten Preisen. De facto beschränkt sich der Energieverbrauch auf das Erhitzen des Kaffee- oder Teewassers und die Nutzung des Kühlschranks. Ersteres kann man getrost als „peanuts“ bezeichnen, doch der Luxus gekühlter Lebensmittel schlägt schon etwas mehr zu Buche. Ca. 2 kg Gasverbrauch sind pro Woche zu veranschlagen.
Sollte wirklich einmal Not am Mann sein, so kann man seine Gasflaschen bei den sog. **INA-Stationen** (Tankstellen) füllen lassen, und auch auf einigen **Campingplätzen** gibt es Füllmöglichkeiten. Zumindest aber erfahren Sie von der Platzleitung, wo Ihnen weitergeholfen wird.
Lesertipps: Einige Kilometer südlich von **Basko-Polje**, kurz vor **Makarska**, füllt eine LPG-Station ihre Gasflaschen auf.
Insel Brac: An der Straße von Supetar nach Postira, kurz nach dem Kreisverkehr links, gibt es eine günstige **TiN-Gastankstelle**.
Dubrovnik: Auf der alten Straße am Hafen vorbei, dem „Fjord“ entlang nach Kamolac (ca. 4 km) hier 400 m nach der **INA-Tankstelle** rechts durch ein schmales Sträßchen. Angeblich werden alle Flaschengrößen aufgefüllt.

Geld, Geldumtausch

Die Landeswährung in **Kroatien** stellt die „**Kuna**“ dar. Eine Kuna ist in 100 **Lipa** unterteilt. Die Bedeutung der kleineren Geldeinheit ist nur noch gering. Gewechselt werden kann in Banken, Postämtern, Hotel- und Campingplatzrezeptionen, Wechselstuben und in manchen Touristenbüros. Der Kurs ist staatlich festgelegt und unterliegt nur geringen Schwankungen - 1 Euro entspricht etwa 7,3 Kuna (KN). Aufpassen tut trotzdem not, denn die einzelnen Institutionen erheben Wechselgebühren in Höhe von 0-5 %. In Grenznähe sind die Konditionen meist etwas schlechter!
Fremdwährungen dürfen in unbegrenzter Höhe ein - bzw. ausgeführt werden, bei der Kuna ist die Ein- oder Ausfuhr auf 2000 KN beschränkt.
Wichtig: Bitte denken Sie daran, dass Kuna in heimischen Gefilden nicht zurückgetauscht werden können!
Zumindest in den touristisch erschlossenen Gebieten trifft man häufig auf Geldautomaten, an denen man mit der EC-Karte abheben kann. Nicht immer, aber immer öfter werden ebenso Kreditkarten wie z.B. Visa, Eurocard oder American Express akzeptiert. Mit etwas Barem ist man aber stets auf der sicheren Seite!
Auf etlichen Campingplätzen in Istrien sowie auf einigen, meist größeren im Süden gelegenen Plätzen, nimmt man auch gern den Euro an. Die Preise sind in diesen Fällen auch in Euro ausgeschrieben.

Geschichte

Kaum ein anderes Gebiet in Europa blickt auf eine derart bewegte Geschichte zurück wie die Balkanhalbinsel. Schon seit jeher war sie ein Schnittpunkt verschiedener Kulturen. Stets war der Balkan Ziel rivalisierender, sich

bekriegender Völker und er unterlag mannigfaltigen Einflüssen.
Illyrer, Griechen, Römer, Slawen und Germanen hinterließen ihre Spuren, und die Türken brachten orientalische Akzente ein. Auf Grund dieser großen Vielfalt an Ereignissen, die sich daraus ergibt, können wir an dieser Stelle nur einen äußerst unvollständigen geschichtlichen Überblick geben. Die ersten Zeugnisse menschlicher Besiedlung reichen bis in die Steinzeit zurück. In Krapina fand man Überreste von Steinzeitmenschen, die sich denen „unserer" Neandertaler weitgehend gleichen. Unsere folgende Übersicht setzt aber erst in der jüngeren Vergangenheit ein.

1200 vor Christus
Illyrer und Delmaten lassen sich als Siedler in Dalmatien und teilweise auch in Istrien nieder.

700 - 300 vor Christus
In diesen Jahrhunderten dringen die Griechen vor und gründen etliche Kolonien und Handelsniederlassungen. Um 500 v. Chr. fallen die Kelten auf der Halbinsel Istrien ein und führen Raubzüge durch.

200 vor Christus bis 600 nach Christus
Die Römer erobern Istrien und Dalmatien. Konsul Gaius Fabius Buteon bezwingt mit seinen Legionen die Kelten. Der letzte Krieg (177 v.Chr.) kostet die istrischen Kelten fast 20.000 Mann. Ab dem 1. Jahrhundert verbreitet sich das Christentum. Ab dem 6. Jahrhundert wandern verschiedene Slawenstämme ein und lassen sich nieder.

800 - 1100 nach Christus
Um 850 lassen sich Serben im Süden Dalmatiens nieder. Kroaten besiedeln die Region um Split und bilden einen Staat. 925 krönt der Papst Fürst Tomislav zum König der Kroaten. Ab 1102 steht das kroatische Königreich für 800 Jahre mit Ungarn in Personalunion.

1400 - 1800 nach Christus
Dalmatien wird ab 1409 venezianisch. Vom Süden her dringen die Türken auf den Balkan. Einzig die Freie Republik Ragusa (Dubrovnik) bewahrt ihre Selbstständigkeit durch die Anerkennung der türkischen Oberhoheit.

1797 - 1918 nach Christus
Napoleon beendet die venezianische Herrschaft, das Gleiche widerfährt auch Ragusa im Jahre 1908.

1918 nach Christus
Slowenen, Kroaten und Serben gründen nach dem Ersten Weltkrieg das Königreich Jugoslawien. Nach dessen Kapitulation 1941 Aufteilung durch Deutsche und Italiener. Dalmatien bildet mit Kroatien eine Verwaltungseinheit.

1939 - 1945 nach Christus
Kroatien wird eigenständiger nationalfaschistischer Staat, die Italiener annektieren Dalmatien.

1946 - 1948 nach Christus
Nach der Abschaffung des Königtums 1945 wird Jugoslawien zu einer sozialistischen Republik, der sog. Föderativen Volksrepublik Jugoslawien. Nach dem Bruch mit der Sowjetunion betreibt der Staat, mit Präsident und Parteichef Tito an der Spitze, eine Politik der Blockfreiheit.

1980 nach Christus
Tito stirbt, das Land steuert in eine heftige Wirtschaftskrise. Unruhen entstehen durch die Ausbreitung von Nationalismus im Vielvölkerstaat.

1991 - 1999 nach Christus
Kroatien ruft im Juni 91 seine staatliche Souveränität aus. Die serbisch orientierte Jugoslawische Volksarmee reagiert mit kriegerischen Maßnahmen darauf. Im Friedensabkommen von Dayton, unterzeichnet von Serben, Kroaten und Bosniern, erfolgt eine Anerkennung bzw. Sicherung der kroatischen Grenzen.

2000 nach Christus und später
Das Leben verläuft wieder in „normalen" Bahnen, das Land legt wirtschaftlich stark zu, was es wohl nicht zuletzt den kräftig steigenden Touristenströmen zu verdanken hat.

Haustiere

„Bello" oder „Maunzi" dürfen mit auf Reisen gehen. Quarantänezeiten, die oft eine unüberwindliche Hürde darstellen, sind nicht einzuhalten. Vorzuweisen ist allerdings der internationale Impfpass mit eingetragenem Tollwut-Impfzeugnis. Die Impfung darf nicht länger als 6 Monate zurückliegen, aber auch nicht frischer als 15 Tage sein.

Kartenmaterial

Für stressfreies Reisen ist eine klar gegliederte und übersichtliche Straßenkarte unverzichtbar. Um Ärgernisse auszuschließen, sollte man sich des öfteren eine neue gönnen, denn meist ändert sich - selbst in nur kurzer Zeit - relativ viel. Für das Grobe leistet eine Übersichtskarte gute Dienste, ist man aber schließlich in der gewünschten Urlaubsregion, so freut man sich über eine „große" und detaillierte Orientierungshilfe.
Als sehr angenehm erweisen sich die Marco Polo Großblatt Generalkarten. Diese sind erhältlich für die Gebiete Istrien und Dalmatinische Küste sowie für „Nord" und „Mitte" und werden von Mairs Geographischem Verlag im Maßstab 1:200.000 gedruckt. Der Preis beträgt 6,95 Euro.
Nicht schlecht bedient ist man mit der Autokarte aus dem Hause Freytag und Berndt, bei der auch Augenmerk auf die Fährverbindungen gelegt wurde. Der Maßstab ist 1:500.000, Preis 7,95 Euro.
Genau und gut kontrastiert präsentiert sich die Kroatienkarte vom Reise Know-How Verlag Rump GmbH im Maßstab 1:325.000 für 7,90 Euro. Es ist unsere „Lieblingskarte", leider müssen aber bei der Papierqualität Abstriche gemacht werden - an den Falzen reißt sie leicht ein.
Übersichtlich und kontrastreich präsentieren sich die diversen ADAC-Karten: Istrien (1:150.000), Dalmatien-Nord, Dalmatien-Süd(1:200.000), Preis pro Karte ca. 8 Euro.
Zur Übersicht eignet sich die Shell Eurokarte Slowenien/Kroatien von Mairs Geographischem Verlag (1:750.000, 7,50 Euro), auf der auch Bosnien-Herzegowina, Montenegro, Makedonien und Albanien verzeichnet sind.
Wanderkarten (empfehlenswert Kompass) besorgt man sich am besten gezielt in den einschlägigen Geschäften vor Ort. Bisweilen erhält man auch durchaus brauchbares Material in den jeweiligen Touristenbüros oder an den Rezeptionen der Campingplätze.
Noch ein Tipp: Markieren Sie auf Ihren Karten alles Wissenswerte (z.B. schöne Aussichtspunkte, besondere Sehenswürdigkeiten usw.) sofort nach der Entdeckung. Das erleichtert das Wiederauffinden und ist hilfreich beim Erfahrungsaustausch mit anderen WOMO-Kollegen.

(Klein)kinder

Mit einem Baby oder (Klein)kind in den WOMO-Urlaub zu fahren, birgt in der Regel weniger Probleme, als man erwarten würde. Kinder ändern ihr

Verhalten im Urlaub wesentlich weniger als Erwachsene; sie kämen z. B. nie auf die Idee, sich wie Fleisch in der Sonne braten zu lassen. Vorsicht ist stets bei Sonnenschein, speziell im Gebirge und am Meer, angeraten. Magen- und Darmkomplikationen bleiben meist aus, wenn man noch Babykost füttert.

Tipps: Schon vor der Reise mit Sonnenbaden und Eincremen anfangen.
Ein Hütchen oder ähnliches und ein baumwollenes T-Shirt sind Pflicht, der Rest des Körpers ist wesentlich unempfindlicher.
Nach dem Baden sofort abtrocknen, sowie erneut mit Sonnenschutzcreme einreiben.
Babykost, Windeln und spez. Medikamente (Kinderarzt fragen!) von zu Hause mitbringen. Selbstverständlich erhält man alles auch in Kroatien, aber Vertrautes erspart Ärger.
Buggy oder Babyrückentrage sind für Besichtigungen unentbehrlich. Kein noch so geduldiges Kleinkind tippelt freiwillig durch Gegenden, denen es kein Interesse abgewinnen kann.
Getränkewünsche unbedingt erfüllen und zwar mit schwach gesüßtem Tee (als Pulver mitnehmen). Gekaufte Getränke sind oft zu zuckerhaltig, um erfrischend zu wirken.
Wasser unbedingt entkeimen (siehe „Trinkwasser").
Wichtigste Urlaubsutensilien für Ihr Kind sind: Lieblingsschmusetier, Sandspielsachen, Schwimmflügel, Schwimmreif, Malsachen und Märchenkassetten für die Fahrt.

Klima

Unser Reisegebiet erstreckt sich vorwiegend entlang der Küste, von einigen Abstechern ins Hinterland einmal abgesehen. Wir haben es also mit Mittelmeerklima zu tun, und das ist schnell beschrieben. Von März bis Mai lässt der Frühling sein „blaues Band" flattern, mit angenehmer Wärme, aber auch einigen Regenfällen. Im Sommer wird es heiß, fast regenlos, doch die meistens wehende Seebrise sorgt für Erträglichkeit der Temperaturen. Der Herbst präsentiert sich nur kurz - sein Stelldichein dauert von Anfang Oktober bis Anfang November. In dieser Zeit weinen die Wolken schon öfter, und in der folgenden Winterzeit häufen sich die Güsse, doch es bleibt relativ mild.
Im März und April darf man schon 15-20°C erwarten, im Sommer steigen die Temperaturen auf ca. 30°C (selten mehr), und selbst im Oktober sind Tage mit deutlich über 20°C keine Seltenheit.
Der **Maestral** ist ein kühlender Wind, der aus dem Nordwesten bläst. Er tritt regelmäßig auf und wird von schönem Wetter begleitet. Seine „Lieblingsstunden" sind die von 09.00-15.00 Uhr, am Abend legt er sich.
Der **Jugo** pustet aus südöstlicher Richtung und bringt warme und feuchte Luft. Seine Intensität steigert sich binnen ein, zwei Tagen, zumeist folgt danach kräftiger Regen.
Die **Bora** ist ein ganz besonderer und vor allem gefährlicher Wind, deswegen haben wir ihr eine eigene Rubrik gewidmet (siehe unter Bora)!

Küche/Restaurants

Die geographische Lage Kroatiens prägt natürlich auch die Speisekarte. Österreichische und italienische Einflüsse machen sich bemerkbar, man findet die verschiedenen Balkanspezialitäten und bekommt selbst orientalische Gerichte serviert. Neben den zahlreichen regionalen Schmankerln wird sehr häufig auch Fisch in abwechslungsreichen Variationen angeboten. In vielen Touristenzentren werben die Restaurants mit internationaler Küche. Leider beschränkt sich die Palette oft auf paniertes Fleisch, mit wenig Raffinesse gegrillte Steaks und Pommes frites aus dem „Fettbad". Für nicht wenige Urlauber scheinen allerdings Wienerschnitzel und triefende Kartoffelstäbchen die Erfüllung zu sein, denn auch dieses Geschäft brummt! Weit verbreitet und sehr schmackhaft zeigt sich die Pizza. Meist wird sie mit den uns gewohnten Zutaten im Holzkohlenofen frisch zubereitet (allerdings sind wir auch auf abenteuerliche Variationen gestoßen). Die kleine Aufzählung beweist eine gewisse Vielseitigkeit, so dass wohl für jeden Geschmack etwas dabei sein dürfte. Wir wenden uns jetzt aber den typischen und ursprünglichen Speisen zu.

Gerne wird als Vorspeise luftgetrockneter Schinken (pršut) gereicht. Ebenso erfreut sich Käse (sir) großer Beliebtheit. Besonders der paski sir, das ist Käse von der Insel Pag, gilt als Spezialität und verwöhnt den Gaumen mit einem kräftigen, würzigen Aroma. Hergestellt wird der Käse aus Schafsmilch, bisweilen auch aus Ziegenmilch. Dazu isst man Brot, Zwiebeln und Oliven. Fein schmeckt auch der gesalzte Fisch (usoljena riba). Dazu werden in der Regel Sardinen in Essig, Öl und Gewürzen eingelegt und mindestens drei Wochen ziehen gelassen. Eine weitere Fischvariante ist marinirana riba. Sardinen oder Makrelen werden gebraten und anschließend einige Tage in Zwiebeln, Essig und Öl eingelegt. Oft wird als Vorspeise auch Tintenfischsalat oder ein Krabben-Cocktail genommen.

In unseren Breiten sind Suppen in den letzten Jahren leider ein bisschen ins Hintertreffen geraten, hierzulande gehören sie zu einem vollständigen Essen. Im Angebot ist Rindfleischsuppe, Hühnerbrühe, aber auch Gemüse- und oft Tomatensuppe. Abgerundet wird das Programm mit Fischsuppe, wobei sich die aus Istrien (brodet istarska) als recht interessant erweist. Weitere Zutaten neben Fisch sind Rotwein, Öl, Pfeffer und Zucker sowie getoastete Brotscheiben.

Wählt man eine Fleischspeise als Hauptgericht, so wird man kaum an einer Grillplatte (Mixed Grill) vorbeikommen. Sie wird schon fast als das Nationalgericht schlechthin gehandelt. Meist besteht diese aus verschiedenen Fleischarten wie z.B. čevapčići (Hackfleischröllchen), pljeskovica (dem Fleischpflanzerl bzw. der Bulette ähnlich), ražnjiči (Fleischspieß), Schweine- oder Lammkotelett und meist auch Leber. Beliebte Beilagen sind der Djuveč-Reis (Reis mit Gemüse) sowie Pommes frites und manchmal Gnocchi. Stets findet man auch geschnittene, rohe Zwiebel und einen Klecks Ajvar (würzige Tomaten/Paprikapaste) auf dem Teller. Die jeweiligen Gerichte, die zum Mixed Grill vereint werden, lassen sich natürlich auch einzeln ordern. Bisweilen steht auch Wild auf der Speisekarte - am häufigsten im Herbst zur Jagdsaison. Angeboten wird in der Regel Reh bzw. Hirsch, Hase, Wildschwein und Fasan.

Eine Spezialität aus Istrien stellt das Istrische Schnitzel dar. Paniertes Kalbsschnitzel wird mit Schinken und (Schafs)käse gefüllt und mit Gemüse serviert. Wohl am häufigsten wird in ganz Kroatien Mangold gereicht, der mit Knoblauch und Olivenöl zubereitet ist. Ansonsten gibt es reichlich Möhren und Erbsen, welche nach unseren Erfahrungen leider oft aus der Gefriertruhe stammen.

Ganz bestimmt auf ihre Kosten werden Fischliebhaber kommen. Die Palette der Meeresbewohner ist groß und reich deren Vorkommen, zumindest gemessen an anderen Mittelmeerländern. Fangfrisch auf den Tisch kommen Gold- und Zahnbrasse, Drachenkopf, Barsch, Äsche sowie Makrelen, Sardinen, Tintenfische und vieles mehr. Nicht zu verachten sind natürlich Schalentiere, wie etwa Scampi, Langusten, Muscheln, Austern und allen voran der Hummer! Die Zubereitungsarten sind mannigfaltig und raffiniert. Unter Beigabe von Kräutern, Knoblauch, Lorbeerblättern und Ähnlichem lassen die Köche manchmal kleine Wunderwerke und Gaumenfreuden entstehen.

Wichtig: Es ist landesüblich, auf den Speisekarten den Kilo-Preis der jeweiligen Fische anzugeben. Das Gewicht der zu erwartenden Portion ist

schwer vorstellbar und noch weniger nachzuvollziehen, wenn erst einmal das fertige Produkt auf dem Teller liegt. Fragen Sie gleich bei der Bestellung nach, wieviel der Fisch auf die Waage bringt, oder vereinbaren Sie einen Festpreis! Unerwartet (und unliebsam) hohe Rechnungen bleiben Ihnen dann erspart.
Die Nachspeisen lassen deutlich den österreichischen Einfluss erkennen. Angeboten werden Palatschinken mit allerlei Füllungen, Apfel- oder Topfenstrudel, Cremeschnitten und natürlich Eis- und Obstbecher. Nicht selten reicht man zum Dessert Caramelcreme oder ein Hefegebäck (fritule), welches in Öl ausgebacken und mit Zucker bestreut wird.
Last but not least folgen einige Begriffe, die der kulinarischen Orientierung zweckdienlich sind:

Gostiono/Gostio/Taverna .... gutbürgerliche Gaststätte
(Riblji)Restorans .... gehobenes (Fisch)Restaurant
Konoba .... Weinlokal (kleiner Imbiss möglich)
Kavana .... einfaches günstiges Café
Slastićarna .... Konditorei, Eisdiele

Um den kleinen Hunger zwischendurch zu bekämpfen, kann man auf das Angebot zahlreicher Imbiss-Stände zurückgreifen. Mit der Qualität ist es aber nicht immer zum Besten bestellt!
Schließlich noch ein Wort zu den Preisen. Regelrechte Schnäppchen sind kaum zu erwarten, wenn auch manches günstiger als in unseren Breiten ist. Selbst Fisch - man wähnt sich ja an der Quelle - kostet nicht viel weniger als gewohnt! Nach wie vor etwas preiswerter bekommt man seine Getränke zum Essen.

Kühlschrank

Die ELEKTROLUX-Kühlschränke mit den Anschlüssen für 220V/12V/Gas, die in den meisten Wohnmobilen eingebaut sind, haben eine robuste Natur ohne bewegliche Verschleißteile. Trotzdem sind sie ein Sorgenkind für jeden Camper, denn gänzlich ohne Kühlung kommt ein WOMO-Haushalt kaum noch aus.
Tipps: Schon bei geringer Schräglage des Fahrzeugs sinkt die Kühlleistung stark. **Abhilfe:** Mit Wasserwaage oder voll gefülltem Wasserglas den waagerechten Stand des WOMOs kontrollieren, ggf. durch Aufbocken, Eingraben eines Rades oder Platzwechsel verbessern.
Seit einiger Zeit gibt es Geräte, die auch bei stärkerer Neigung des WOMOs gut kühlen. Achten Sie darauf beim Neukauf.
Während der Fahrt, vor allem aber beim Tanken, ist der Betrieb mit Gas gefährlich, außerdem geht das Flämmchen oft im Fahrtwind aus. Schaltet man auf 12 V und vergisst nach Ankunft das Ab- bzw. Umstellen, so ist eine vollgeladene 50-A-Batterie nach ca. 5 Stunden leer und oft auch kaputt. Ein separates Kühlschrankrelais (meist bereits eingebaut, sonst im Campinghandel) hilft das zu verhindern.
Ist die Kühlleistung bei Gasbetrieb nicht zufriedenstellend, sind folgende Punkte zu überprüfen:
Liegen die Zu- und Abluftgitter möglichst nach Norden, also nicht im Sonnenschein?
Ist der Kühlschrank nicht zu vollgestopft?
Ist überhaupt ein Abluftkanal montiert?
Liegt überall, vor allem an der Unterseite der Tür, das Dichtgummi an?
Ist das Flämmchen überhaupt noch an (von außen kann man das Zischen hören, im Inneren des Kühlschranks ist meist ein Guckloch, wenn er keine elektronische Nachzündung besitzt!)?
Ist die Kühlleistung bei Gasbetrieb nicht zufriedenstellend, kann man 1-2

Gebläselüfter an der Kühlschrankrückseite installieren (lassen), die idealerweise mit einem kleinen Solarpaneel betrieben werden sollten.
Steigt man auf einen Kompressor-Kühlschrank (vielleicht auch in Verbindung mit einer Solaranlage) um, so wird man kaum noch Kühlprobleme haben.
Öffnen Sie Ihren Kühlschrank nur gezielt und schließen Sie ihn schnellstmöglich wieder. Lange Grübeleien vor sperrangelweit geöffneter Tür (was wollte ich denn eigentlich?), führen zu einer drastischen Erhöhung der Innenraumtemperatur! Besonders bei hohen Außentemperaturen muss das Gerät anschließend kräftig „ackern", bis die Differenz wieder kompensiert ist. Das wirkt sich natürlich auch auf den Energieverbrauch aus.

Kurioses

In der nachstehenden Auflistung werden Sie Erstaunliches, Interessantes und Amüsantes zum Thema Kroatien erfahren. Es gibt da einige Dinge, die Ihnen möglicherweise bisher verborgen geblieben sind und die wir Ihnen natürlich nicht vorenthalten wollen!

Wussten Sie schon...

...dass die Überführung unzähliger Verbrecher einem Kroaten zu verdanken ist? Ivan Vučetić, geboren auf der Insel Hvar, gilt als der Erfinder der Daktyloskopie. An Hand der „Identifizierung durch Fingerabdrücke" verschaffte er so manch bösen Buben einen Sonderurlaub hinter schwedischen Gardinen!

...dass James Joyce seine kühle irische Heimat verließ und längere Zeit in Istrien lebte, um hier in den Jahren 1904 und 1905 die englische Sprache zu lehren.

...dass 1635 ein kroatisches Regiment nach Paris zog, welches durch „modische Accessoires" auffiel? Die einfachen Soldaten trugen speziell geknotete Tücher aus grobem Leinen, bei den Offizieren durfte es auch Seide sein. Die Franzosen fanden Gefallen daran und kleideten sich auch im zivilen Leben mit diesen, ab diesem Zeitpunkt „Krawatten", getauften Tüchern. Das Wort Krawatte ist eine Ableitung von Kroate.

...dass Liz Taylor und Richard Burton häufig ihren Urlaub in Dubrovnik verbrachten,

...dass die berühmte englische Krimi-Autorin Agatha Christie diese schöne Stadt sogar für Ihre Flitterwochen auserkoren hatte?

...dass die segensreiche Erfindung des Kugelschreibers seine Ursprünge in Kroatien hat?

...dass der Dalmatiner-Hund tatsächlich aus Dalmatien stammt? Das anmutige, gefleckte Tier wird zum ersten Mal auf einem Bild aus dem Jahre 1724 dargestellt, das im Franziskaner-Kloster in der Ortschaft Zaostrog hängt.

...dass Odysseus bei der Insel Mljet auf einen Felsen aufgelaufen ist, strandete und so die Bekanntschaft der Nymphe Kalypso machte? Er verliebte sich in diese Dame und verbrachte mit ihr heiße und atemberaubende Nächte - so sagt man zumindest...

...dass die begründete Annahme umgeht, der berühmte Weltreisende Marco Polo sei ein Kind der Insel Korčula? Im Jahre 1254 soll er auf diesem Eiland geboren worden sein. Noch heute ist der Nachname „Polo" bei den Bewohnern zu finden und - zumindest mit einem Schmunzeln - weist man auf seinen Ahnen Marco Polo hin.

Lebensmittel, Getränke

Bestimmt ist es nicht notwendig, sein WOMO vollzufrachten und alles, was Aldi, Lidl und Co. zu bieten haben, mit auf die Reise zu nehmen. Die Geschäfte in Kroatien sind zahlreich, und die Produktpalette erweist sich als recht breit. Die heimischen Erzeugnisse sind häufig zu relativ günstigen Konditionen zu bekommen, für ausländische Waren muss man etwas tiefer in die Tasche greifen - ein bekanntes Schema!

Wenn wir auf Reisen gehen - dabei spielt es keine Rolle, welches Land wir besuchen - haben wir stets eine gewisse Grundausstattung an Bord (Dosen, Teigwaren, Reis, Kaffee, Gewürze usw.). So ist man autark, falls wirklich einmal keine Einkaufsmöglichkeit in der Nähe sein sollte. Ausgerechnet im Urlaub den Gürtel enger zu schnallen, ist ja nicht unbedingt gerade die Verheißung! Nicht immer passt auch ein Einkauf ins Tagesprogramm, und bisweilen sind wir schlicht zu faul dazu.

Oft sind es ganz banale Dinge, die in den schönsten Wochen des Jahres Glücksgefühle auslösen. Das kann der Genuss einer bestimmten Kaffeesorte oder eine dicke Schicht Nutella auf dem Frühstücksbrötchen sein. Im Supermarkt nebenan erhält man Kaffee aus mindestens acht Ländern, doch leider nicht seine eigene „Wunschbohne“, ebenso fehlt die bevorzugte Nuss-Nougat-Creme bzw. ist sie nur für horrendes Geld zu erwerben. Die Folge ist, das Launenbarometer sinkt. Ersparen Sie sich dieses Leid! Gehen Sie zu Hause in sich und überlegen Sie, welche Dinge Ihnen unverzichtbar erscheinen. Besorgen Sie sich diese „Juwelen“ und vergessen Sie anschließend nicht, sie auch mitzunehmen.

Das Getränkeangebot hierzulande gestaltet sich recht umfangreich. Trotzdem gehen bei uns immer einige Bier- und Limodosen mit auf die Reise, ebenso wie ein paar Safttüten. Der Saft kann beliebig mit Wasser verlängert werden, dadurch ist er weniger süß und ein vorzüglicher Durstlöscher. Wir verwenden dazu normales, unbehandeltes Leitungswasser und sind bisher von Montezumas Rache und anderen Unpässlichkeiten verschont geblieben. Vorsichtige Naturen entkeimen aber das Wasser vor dem Genuss mit Certisil oder Micropur.

Bewährt hat sich, besonders bei Wanderungen, Zitronentee- oder Limopulver. Das Getränk wird erst dann angerührt, wenn man vom Durst übermannt wird. Das spart Gewicht ein, das man sonst tragen müsste. Das Limopulver kann auch leicht selbst hergestellt werden. Man nehme ein Kilo Zucker, ein halbes Kilo Traubenzucker und je nach Gusto 4-8 Esslöffel Zitronensäure (Drogeriemarkt) - vermischen - fertig!

Günstig und sehr schmackhaft zeigt sich das kroatische Weißbrot. Man bekommt es jeden Tag (auch sonntags) frisch, doch selbst am zweiten Tag kommt es keiner „Selbstkasteiung“ gleich, es noch zu essen. Nicht jeder allerdings liebt das helle Brot - über Geschmack lässt sich bekanntlich ja (nicht) streiten. Misch- und Schwarzbrot sind weitgehend unbekannt. Am ehesten findet sich noch in Istrien ein Bäcker, der versucht, diese touristische Marktlücke zu füllen. Wie wir von einigen Urlaubern wissen, hält es aber einem Vergleich mit deutschen oder österreichischen Produkten nicht stand. Sollten Sie also auch unserer heimischen Backkunst huldigen, nehmen Sie haltbares Vollkornbrot, Mestemacher Brot oder Ähnliches von zu Hause mit.

Obst, Salat, Gemüse, aber auch Fleisch- und Wurstwaren bekommt man in der Regel in guter Qualität. Bekannt ist Kroatien für seinen hervorragenden Schinken und den würzigen Schaf- und Ziegenkäse. Das wunderbare Aroma dieser Käsesorten rührt nicht zuletzt von den vielen verschiedenen Kräutern her, die sich die Tiere in „freier Wildbahn“ einverleiben.

Zur Verdauung empfiehlt sich ein Slibowitz. Die Qualität dieses bekannten Pflaumenschnapses ist unterschiedlich - nur wer fleißig probiert, kann seinen persönlichen Testsieger bestimmen! Als weitere Spezialitäten gelten der Travarica (Kräuterschnaps, der kräftig nach Rosmarin schmeckt) und der Lozovača (Traubenschnaps). Zum Wohl!

Literatur

Wir hoffen Ihnen mit unserem Büchlein auf Ihren Fahrten hilfreich beiseite stehen zu können. Natürlich können wir nicht mit umfassenden Informationen auf allen Gebieten dienen, dafür ist das Spektrum der verschiedenen Interessen zu groß und die Vorlieben der einzelnen Reisenden zu vielschichtig. Nachstehend haben wir Ihnen einige Bücher bzw. Bildbände aufgeführt, in die es sich hineinzuschauen lohnt.

- Merian Kroatien, interessante Geschichten, ansprechende Bilder. Merian-Heft in gewohnter Aufmachung, Preis 7,50 Euro.
- Polyglott Kroatien, Der kleine Polyglott-Reiseführer mit den nötigsten Infos, Preis 7,95 Euro.
- Kroatien. Richtig reisen, Autor Dietrich Höllhuber, Verlag Du Mont, 368 Seiten, Preis 22,95 Euro.
- Istrien, Kvarner Bucht, von Darja Peitz, Reiseführer vom Karl Baedeker-Verlag, Preis 19,99 Euro.
- Kroatische Inseln und Küstenstädte, Autorin Lore Marr-Bieger, M. Müller Verlag, 600 Seiten, Preis 20,90 Euro.
- Nordkroatien, Kvarner Bucht, Autorin Lore Marr-Bieger, M. Müller Verlag, 256 Seiten, Preis 15,90 Euro.

Empfehlenswerte Bildbände:

- Reise durch Kroatien, von A. Braun, Stuertz H Verlag, Preis 34,90 Euro.
- Kroatien, Küsten aus der Luft, Delius Klasing Verlag, Preis 34,90 Euro.
- Kroatien, Bücher C. J., Preis 15,95 Euro.

Nachhaltige Informationen darf man freilich von einem Bildband nicht erwarten, doch zum Träumen und Einstimmen auf den Urlaub kann ein solches Buch etwas Herrliches sein.
Noch ein Tipp: Kaufen Sie keines der Bücher ungesehen. Eine gute Buchhandlung öffnet Ihnen in Folie verschweißte Bücher ohne Kaufzwang bzw. bestellt Ihnen das gewünschte Objekt unverbindlich zur Ansicht. Was dem einen gefällt, kann sich für einen anderen eventuell negativ darstellen. Das trifft in besonderem Maße für Bildbände zu. Die gewonnenen Eindrücke sind eben subjektiv.

Medikamente

Böse Zungen behaupten, man braucht immer das, was man nicht dabei hat. Ein bisschen ist schon daran an dieser Aussage - das Spektrum der Widrigkeiten, mit denen man sich eventuell auseinandersetzen muss, ist groß. Und wie der Teufel es will - hat man Kohletabletten dabei - leidet man vielleicht dann gerade unter Verstopfung. Aber allzuviel mitzuschleppen macht keinen Sinn.
Die Apotheken (Ljekarna) in Kroatien haben meist von 07.00 bis 19.00 Uhr geöffnet. Steht man einmal vor verschlossenen Türen, so ist die nächste geöffnete Apotheke angeschrieben, und man wird im Notfall immer relativ schnell an das gewünschte Arzneimittel kommen. Diese Aussage gilt vor allem für das Festland, auf den Inseln ist nicht immer eine umfassende Versorgung gewährleistet. Ausgelegte Gebühren für ärztlich verschriebene Medikamente ersetzen in der Regel - gegen Vorlage einer Quittung - die Krankenkassen.
Ein gewisser Grundstock an Medikamenten sollte trotzdem immer an Bord sein. Dazu gehören unserer Meinung nach neben einem komplett gefüllten Erste-Hilfe-Koffer auch zwei (besser vier) elastische Binden bei Prellungen

und Stauchungen. Mobilat- oder Voltarensalbe lindert die Schmerzen.
Ein Mittel gegen die fast klassische Reisekrankheit Durchfall darf nicht fehlen. Neben Kohletabletten helfen hier auch Salzstangen und Cola. Bei schlimmen Fällen leistet Immodium gute Dienste. Sprechen Sie mit Ihrem Arzt darüber.
Nehmen Sie etwas mit gegen Insektenstiche, z.B. Soventol, das lindert auch den Sonnenbrand. Ganz wichtig sind auch Schmerzmittel, Kopfweh oder Zahnschmerzen können schwer zu schaffen machen.
Das Wund-Desinfektionsmittel Merfen-Orange eignet sich gut für kleinere Schürfwunden. Es brennt nicht, und wegen des spektakulären Aussehens ist es bei Kindern sehr beliebt.
Vergessen Sie vor allem nicht Ihre persönlichen Medikamente. Da diese sehr individuell sein können, ist vermutlich nicht immer eine problemlose Versorgung gewährleistet.

Mitbringsel

Sie möchten das Herz Ihrer Verwandten oder Freunde mit einem Souvenir oder Geschenk aus Ihrem Urlaubsland beglücken? Nichts leichter als das, die Palette der Möglichkeiten ist groß!
Damit meinen wir nicht unbedingt den farbenfrohen Kitsch und Tand (auch das kann manchmal schön sein), der an den unzähligen Ständen rund um die Touristenorte angeboten wird, sondern eher die anspruchsvolleren, landestypischen Produkte. Entlang der ganzen Küste trifft man immer wieder auf filigranen Gold- und Silberschmuck. Die Qualität der Ware ist gut - sie ist oft aufwendig und kunstvoll gearbeitet, zeigt mitunter orientalische Züge, und in der Regel zahlt man für die wertvollen Stücke deutlich weniger als in heimischen Gefilden.
Berühmt bis weit über die Landesgrenzen hinaus sind die Pager Spitzen (Reticella). Dieses Produkt fleißiger und fertiger Finger stammt - wie der Name schon sagt - von der Insel Pag. Sollte dieses Ziel nicht im Urlaubsprogramm stehen, so ist das kein Beinbruch. Die hübschen Spitzdecken sind auch anderenorts käuflich erwerbbar.
Fast überall werden Leder- und Töpferwaren ebenso wie allerlei Gegenstände aus Holz oder Messing angeboten. Die Preise und die Qualität unterliegen relativ großen Schwankungen. Prüfen Sie also das Objekt Ihrer Begierde vor dem Kauf und vergleichen Sie.
„Düfte“ sind Mitbringsel etwas anderer Art. Besonders in Dalmatien werden Rosmarin, Lavendel, Salbei und andere Kräuter zu Ölen verarbeitet oder im getrockneten Zustand in kleine Säckchen verpackt und verkauft.
Manche der Lieben daheim freuen sich zwar über mitgebrachte Geschenke, doch vielleicht mangelt es an Kapazitäten, diese in der Wohnung auch unterzubringen. Warum also nicht etwas „Aufbrauchbares“ mitbringen? Es gibt Weine, die zur Spitzenklasse zählen (siehe auch unter Wein), oder Spirituosen wie beispielsweise den Travarica (Kräuterschnaps) oder den Maraschino (Kirschlikör). Vor allem in Istrien bieten Privatleute an Ständen am Straßenrand selbstgemachte Schnäpse und Liköre, aber auch eingelegte Früchte an. Angst, die Katze im Sack zu kaufen, muss man keine haben. Fast immer besteht die Möglichkeit, die Produkte zu probieren!
Am besten erst gegen Ende Ihrer Reise sollten Sie Souvenirs wie etwa Schafskäse oder luftgetrockneten Schinken erstehen. So retten Sie ein bisschen kroatisches Flair aus dem Urlaub mit herüber, und die leckeren Dinge kommen frisch auf den Tisch. Und im Übrigen - man muss ja nicht alles verschenken...

Nacktbaden

Unter der Rubrik „Campingplätze“ erwähnten wir bereits, dass es ca. 30

reine FKK-Plätze gibt. Bereits seit den 50er Jahren hat die Freikörperkultur in Kroatien (bzw. vormals Jugoslawien) Tradition. Doch nicht nur in den ausgewiesenen Nudisten-Camps kann man sich hüllenlos sonnen oder nackt zum Schwimmen gehen, oft wird es auch anderenorts akzeptiert. „Oben ohne“ stellt selten ein Problem dar. Bei aller Freizügigkeit sollte man aber stets Fingerspitzengefühl walten lassen, nicht immer und überall ist nackte Haut auch angebracht. Seien Sie also bitte taktvoll!
Die Kroatische Zentrale für den Tourismus (TZ) verschickt zu diesem Thema kostenlos eine Broschüre (Platzverzeichnis und Infos).

Notrufe

Polizei (policija) .... 92 oder 112
Feuerwehr (vatrogasci) .... 93 oder 112
Rettungsdienst (hitna pomoć) .... 94 oder 112
Kroatischer Pannenhilfsdienst HAK 987
Deutschsprachiger Pannenhilfsdienst in Zagreb .... (01) 36 36 666
und .... (01) 36 36 000
ADAC Auslandsnotruf 0049/89 222 222

Zur Erinnerung: Landesvorwahl nach Deutschland ist 0049. Bei der Ortsvorwahl die 0 weglassen.

Öffnungszeiten

Geschäfte
Eine strenge Reglementierung der Ladenschlusszeiten wie in unseren heimischen Gefilden ist den Kroaten unbekannt. Die folgenden Angaben stellen daher nur Anhaltspunkte dar.
Generell lässt sich sagen, dass in der Hauptsaison die Öffnungszeiten länger als in der Nebensaison sind.
Viele mittlere und große Geschäfte öffnen von 08.00-20.00 Uhr, samstags von 08.00-14.00 Uhr. In der Saison lässt sich der Einkaufsbummel in größeren Städten und Touristenzentren schon mal bis 22.00 Uhr verlängern, und so mancher Verkäufer ist auch am Sonntag für seine Kunden da.
Kleinere Geschäfte halten ihre Türen zu ähnlichen Zeiten geöffnet, gönnen sich aber gern eine (längere) Mittagspause. Grundsätzlich lässt sich sagen, die jeweiligen Pforten öffnen und schließen in der Regel der Nachfrage entsprechend.
Banken
Die Bankschalter sind von Montag bis Freitag von 07.00-18.00 Uhr, bisweilen sogar bis 20.00 Uhr besetzt. Auch bei den Geldinstituten gibt es keine einheitlichen Geschäftszeiten. Samstags ist geschlossen.
Post
Die Dienste der Postbeamten können (in der Regel) Montag bis Freitag jeweils von 07.00-19.00 Uhr und am Samstag von 08.00-13.00 Uhr beansprucht werden.
Museen und Sehenswürdigkeiten
Natürlich ist bei einem derart komplexen Thema eine definitive Angabe nicht möglich. Nur so viel: Einen bestimmten Ruhetag (wie in manchen Ländern der Montag) gibt es nicht, und häufig sind Besucher ab 09.00/10.00 Uhr willkommen. Nach einer längeren mittäglichen Siesta öffnen viele Einrichtungen nochmals für einige Stunden am frühen Abend ihre Tore.
Wechselstuben
Bei den Dienststunden dieser Einrichtung gilt oft das Gesetz von Angebot und Nachfrage. Die angeschlagenen Öffnungszeiten werden nach unseren Erfahrungen nicht unbedingt als verbindlich angesehen. An den Grenzen ist (fast) rund um die Uhr geöffnet.

Post

Das Erkennungszeichen der Postämter ist ein blaugelbes Schild mit der Aufschrift „HPT“. Nur um Briefmarken zu erwerben, brauchen Sie hier aber nicht anzustehen, man bekommt sie auch in Kiosken und Andenkenläden. Wollen Sie hingegen Geld wechseln, telegrafieren, faxen oder telefonieren (möglich auch mit Telefonkarte), so sind Sie auf einem Postamt goldrichtig.

Preise

„So billig wie früher ist es nicht mehr“ oder „die Preise haben angezogen“, lautet die Aussage nicht weniger Touristen. Das mag wohl stimmen, aber dennoch ist es nur die halbe Wahrheit. Diejenigen, die den ehemaligen Billigpreisen nachtrauern, vergessen dabei ganz gerne, dass im ehemaligen Jugoslawien Leistung und Service nicht immer groß geschrieben wurden. Dies hat sich im heutigen Kroatien stark gebessert. In den für Reisende wichtigen Bereichen (Gastronomie, öffentliche Einrichtungen, Campingwesen etc.) fand eine positive Entwicklung statt. Das erklärt und rechtfertigt ein höheres Preisniveau. Nicht ganz unbeteiligt an den allgemeinen Kostenerhöhungen dürfte auch der staatlich festgelegte Wechselkurs der Kuna sein, der beim Tausch nur wenig Spielraum lässt. Vergleicht man allerdings „ehrlich“ die Preise Deutschlands, Österreichs oder gar Italiens mit denen Kroatiens, wird man schnell erkennen, dass dieses schöne Urlaubsland zwar nicht unbedingt billig, aber doch preiswert ist - und das im eigentlichen Sinne des Wortes!

Für ca. 30 Euro lässt es sich gut zu zweit im Restaurant speisen, wobei in diesem Betrag jeweils ein Getränk und evtl. auch ein Digestiv oder Kaffee enthalten sein kann.

Je nach Saison und Qualität des Campingplatzes zahlen zwei Personen (inklusive Wohnmobil) zwischen 15 und 35 Euro für die Übernachtung, im Durchschnitt werden es wohl gut 20 Euro sein. Die Unterschiede zwischen Neben- und Hauptsaison können recht hoch ausfallen!

Vergleichsweise moderat gestalten sich die Eintrittsgebühren für Museen und ähnliche Sehenswürdigkeiten. Etwas tiefer in die Tasche greifen muss man, um in die gepflegten Nationalparks eingelassen zu werden.

Bei den Artikeln des täglichen Bedarfs lässt sich keine einheitliche Aussage machen - manches ist billiger, manches teurer.

Noch ein Tipp: Nutzen Sie die Einkaufsmöglichkeiten bei Ein- und Ausreise in den Duty-Free-Shops an den Grenzen. Ein waches Auge ist trotzdem angebracht. Nicht alle Waren, die in den Regalen lagern, sind auch Schnäppchen!

Straßenverhältnisse, Straßenverkehr

In den vergangenen Jahren wurde einiges in den Straßenbau investiert. Am meisten davon profitiert haben die Hauptverbindungen, vor allem aber die Küstenstraße (Adria magistrale). Sie ist jetzt weitgehend in einem guten Zustand. Die Engpässe, die früher immer wieder nervten und schnell zu zusätzlichen Staus führten, sind praktisch beseitigt. Von den unzähligen Kurven, für die die Adria magistrale eher berüchtigt als berühmt ist, verschwanden durch die Baumaßnahmen leider nur wenige. Mittlerweile lässt sich die Etappe von Zadar bis südlich von Split auf einer gebührenpflichtigen Autobahn abkürzen. Die geplante Fertigstellung bis Dubrovnik konnte aber noch nicht realisiert werden. Das gesamte Straßennetz ist geteert, sieht man von ein paar Ausnahmen einmal ab. Was in der Theorie erfreulich klingt, erweist sich in der Praxis nicht selten als weniger positiv. Zwar kann man die Hauptstraßen meist als akzeptabel ansehen, aber bei den Straßen zweiter Ordnung liegt so manches im Argen. Oft sind diese schmal, buckelig und mit Löchern garniert. Doch man kann damit leben, und son-

derlich verwöhnt werden wir ja in heimischen Regionen auch nicht gerade... In Kroatien gelten annähernd die gleichen Vorschriften wie in unseren Breiten. Von einigen Abweichungen der Straßenverkehrsordnung wollen wir Sie aber in Kenntnis setzen.
Während eines **Überholvorganges muss der linke Blinker betätigt werden** - und zwar so lange, bis dieses Manöver abgeschlossen ist!
Haltende **Schulbusse** bzw. haltende Busse, die mit Kindern besetzt sind, dürfen **nicht überholt werden**!
Jeder PKW bzw. jedes WOMO muss einen Satz **Reserve-Glühlampen** mit sich führen!
Am Tag muss mit Abblendlicht gefahren werden!
Während der Fahrt das Handy zu benutzen ist verboten! Im Falle eines Unfalls muss mit Konsequenzen gerechnet werden!

Folgende Tempolimits (in km/h) sind vorgegeben:

Ortschaften	**Landstraßen**	**Schnellstraßen**	**Autobahnen**
50	80	100	130
mit Anhänger			
50	80	80	80

Wohnmobile über 3,5 Tonnen zulässiges Gesamtgewicht dürfen eine Höchstgeschwindigkeit von 80 km/h nicht überschreiten.
Das im August 2004 eingeführte **0,0 Promille-Gebot** wurde zugunsten einer **0,5 Promille-Regelung** abgeschafft! Für Fahrzeuglenker bis **24 Jahre** gilt allerdings nach wie vor **0,0 Promille**! Kontrollen (besonders bei Ausländern) sind relativ häufig!
Das **Tankstellennetz** ist gut ausgebaut, großartige Planungen diesbezüglich sind nicht notwendig.
Trotzdem gilt: Tanken Sie immer rechtzeitig und fahren Sie nicht bis zum letzten Tropfen. Verlassen Sie sich nicht auf die Öffnungszeiten (meist von 07.00-18.00 Uhr, in der Saison auch länger), manchmal kann die anvisierte Tankstelle aus unerfindlichen Gründen geschlossen haben! Ein gefüllter Reservekanister verleiht im Übrigen ein beruhigendes Gefühl. Zur Zeit sind Diesel und Benzin in Slowenien und Kroatien günstiger als in unseren Breiten zu haben!
Wichtig: Nach längerer Trockenheit kann bei einsetzendem Regen die Fahrbahn heimtückisch glatt werden! Die Feuchtigkeit vermischt sich mit Straßenstaub, Gummiabrieb etc. und bildet einen regelrechten Schmierfilm, dessen Wirkung sehr gefährlich werden kann. Bitte seien Sie aufmerksam und vorsichtig!

Telefonieren

Wollen Sie Ihre Lieben zu Hause mit dem Handy erreichen, bzw. Freunde und Verwandte Sie am Urlaubsort anrufen? Das funktioniert problemlos. D1 und D2-Netz ist praktisch flächendeckend, von einigen „Löchern" einmal abgesehen! Ein weiterer Vorteil des Handys ist der Preis. In der Regel telefoniert man mittlerweile auf diese Weise deutlich günstiger als aus dem Festnetz. Wir sind zwar ausgesprochene Telefonmuffel und können nicht mit eigenen Erfahrungen glänzen, doch wir geben hier die Erfahrungen etlicher Touristen wieder, mit denen wir diesbezüglich gesprochen haben.
Das landeseigene Telefonsystem wurde nach den Kriegswirren von Grund auf erneuert und gilt jetzt als sehr leistungsfähig. Tatsächlich findet man überall öffentliche Fernsprecher, von denen aus in Direktwahl internationale Gespräche geführt werden können. Münzapparate gibt es keine mehr, man muss also stets eine **Telefonkarte** (telefonska karta) zur Hand haben. Erhältlich sind diese Karten in Tabakgeschäften, Kiosken und Touristenbüros sowie an den Rezeptionen der Campingplätze und Hotels. Auch auf

dem Postamt wird man Ihnen gerne weiterhelfen (siehe Post).
Für die Gesprächsminute nach Deutschland, Österreich oder die Schweiz muss ca. 1 Euro veranschlagt werden. Günstiger telefoniert man nachts zwischen 22.00 und 06.00 Uhr.

Die Landesvorwahlen von Kroatien und Montenegro sind:

nach Deutschland: .... + 49
nach Österreich: .... + 43
in die Schweiz: .... + 41

Zur Beachtung:
Die Null bei der Ortsvorwahl nach Deutschland wird weggelassen!
Die Landesvorwahl von Deutschland, Österreich und der Schweiz für Kroatien ist die + 385, für Montenegro lautet sie + 382.
Noch ein Tipp: Von der Rezeption etlicher Campingplätze kann ebenso (nach Hause) telefoniert werden. Fragen Sie unbedingt vor Ihrem Telefonat nach dem Preis der Einheit und nach einer eventuellen Grundgebühr, um einer anschließenden (bösen) Überraschung vorzubeugen.

Toilette

Auf etlichen unserer genannten Übernachtungsplätze sind WCs vorhanden. Leider befinden sich diese nicht immer in einem wünschenswerten Zustand, doch zur Leerung der Bordtoilette reicht es allemal. Wer täglich sein Klo leert und reinigt, kann ohne weiteres auf chemische Zusätze verzichten. Das erspart dem umweltbewussten Wohnmobilisten ein drückendes, schlechtes Gewissen. Sollte Ihnen in der öffentlichen Toilette ein kleiner Obolus abverlangt werden, so zahlen Sie ihn bitte, es macht Sie nicht ärmer! Verwerfen sie bitte gleich wieder den Gedanken, Ihre Fäkalien vielleicht in die Botanik zu kippen. Das ist zwar wohl kaum schädlich, aber Ihnen nachfolgende Personen werden bestimmt nicht entzückt sein. Oder macht sich bei Ihnen Freude und Begeisterung breit, wenn Sie auf dem gerade angesteuerten idyllischen Platz zwischen glitschigen Haufen und lila Blümchenpapier umherwandeln müssen?!
Nutzen Sie für Ihre „Geschäfte“ auch die Möglichkeiten in Restaurants, Strandbädern, Museen usw. Die Sanitäranlagen solcher Einrichtungen sind meist besser in Schuss als die allgemeinen öffentlichen Toiletten. Jede Hinterlassenschaft, die man woanders platzieren kann, schont die Kapazität Ihrer Bordtoilette.
Falls Sie wirklich nicht auf Chemie verzichten wollen, dosieren Sie richtig. Kippt man von vornherein so viel Sanitärflüssigkeit in den Behälter, wie es dessen gesamtem Fassungsvermögen entspricht, und entleert dann eine halbvolle Toilette, ist die Hälfte des Mittels unverbraucht. Das schadet der Umwelt und Ihrem Geldbeutel. Wenn Sie zunächst nur etwas Sanitärflüssigkeit zusetzen und bei Bedarf gezielt weitere hinzufügen, so lässt sich das vermeiden.
Noch ein paar Tipps:
Lästige Gerüche lassen sich gut mit Schmierseife bekämpfen. Zwei Esslöffel je Liter Wasser genügen. Auch das Orangenschalenkonzentrat „Oranex“ - erhältlich im Bio-Laden - bringt gute Ergebnisse. Zur Not tut es auch ein Schuss Essig bzw. Essigessenz.
Gut und günstig als Geruchsabzug ist ebenso ein „Schornstein“. Man bohrt im Toilettenunterteil ein Loch, schließt einen gewinkelten Schlauchstutzen (evtl. mit Absperrhahn) und einen Schlauch, der durch den Fahrzeugboden führt, an, und schon nimmt der Fahrtwind die Düfte mit. Die Wirkung des Schornsteins wird noch effektiver, wenn sie durch einen Ventilator unterstützt wird. Hierbei kann Ihnen die Fa. SOG-Dahmann Tel.: 026 05 - 952 762 (www.sog-dahmann.de) weiterhelfen.

Last but not least: Ent- bzw. Versorgungsstationen gibt es in Kroatien nur sehr wenige, zumindest aber bieten die meisten Campingplätze den entsprechenden Service. Selbst wenn Sie kein Camping-Gast sind, können Sie hier häufig entsorgen, nachdem Sie eine Gebühr entrichtet haben.

Trinkgeld

Eine kleine Zuwendung als Anerkennung für eine erbrachte Leistung wird in der Regel gern genommen. Bei nicht wenigen gilt Trinkgeld als wichtiges zusätzliches Standbein. Allerdings sollte man mit Fingerspitzengefühl agieren, um nicht den Stolz des Empfängers zu verletzen. Das Einkommen in den Dienstleistungsberufen ist nicht üppig, ergo freuen sich Kellner, Tankwarte, Friseure usw. über ein paar „Groschen" nebenbei. Vergessen Sie auch nicht, bei Führungen usw. dem Personal etwas zuzustecken.
Ist ein Parkplatz bewacht und Sie geben dem Parkplatzwächter ein kleines Trinkgeld, so wird er Ihr WOMO im Auge behalten. Freilich sollten Sie dies gleich bei der Ankunft tun - das beflügelt die Motivation!
Kennen Sie so Situationen, wo rein gar nichts mehr geht? Versuchen Sie es mal mit einer „Spende" - so manches Problem wird sich dabei in Luft auflösen!

Verständigung

Schon vor Jahrzehnten kamen Kroaten als Gastarbeiter zu uns. Viele gingen später wieder nach Hause zurück und hatten dann zum Teil recht ordentliche Deutschkenntnisse im „Gepäck". Das kommt jetzt natürlich auch den Touristen zugute. Relativ oft trifft man auf Menschen, die unserer Sprache - zumindest teilweise - mächtig sind. Auf jeden Fall sollte man sich einige wichtige Redewendungen bzw. Wörter verinnerlichen. Denken Sie bitte dabei nicht nur an den eigenen Nutzen, denn es zeugt auch von Respekt und Höflichkeit, sich in einem Gastland in der Landessprache verständigen zu wollen. Nicht das Können ist es - der Wille ist ausschlaggebend. Wir haben Ihnen nachfolgend einige Begriffe zusammengestellt. Den würdigen Abschluss einer Dolmetscherprüfung können wir Ihnen damit nicht in Aussicht stellen, doch so manche Situation wird sich dadurch besser meistern lassen.
Im Kroatischen wird vieles so ausgesprochen, wie es geschrieben wird. Die markantesten Abweichungen sind nachfolgend aufgelistet:

aj .... wird gesprochen wie unser .... ai
c .... wird gesprochen wie unser .... z
č .... wird gesprochen wie unser .... tsch
ć .... wird gesprochen wie unser .... hartes tsch
e .... wird gesprochen wie unser .... ä
h .... wird gesprochen wie unser .... ch
š .... wird gesprochen wie unser .... sch
v .... wird gesprochen wie unser .... w
z .... wird gesprochen wie unser .... weiches s
ž .... wird gesprochen wie unser .... sch

Allgemeines:

Guten Morgen .... dobro jutro
Guten Tag .... dobar dan
Guten Abend .... dobra večer
Gute Nacht .... laku noč
Auf Wiedersehen .... dovidenja
Tschüss .... zdravo
Danke, bitte .... hvala, molim

Gern geschehen .... vrlo rado
Entschuldigung .... oprostite, pardon
Ich verstehe Sie/Dich nicht .... ne razumijem vas/te
Ich spreche nicht viel .... govorim samo malo
Ich möchte .... htio (htjela fem.) bih
Das gefällt mir (nicht) .... to mi se (ne) svida
Haben Sie? .... imate li?
Wie viel kostet das? .... kolikko stoji (ugs. košta)?
Geöffnet, geschlossen .... otvoreno, zatvoreno
Links, rechts, geradeaus .... lijevo, desno, ravno

Essen, Trinken:

Schwarzer Kaffee, Kaffee mit Milch .... crna kava, bijela kava
Tee mit Milch, Tee mit Zitrone .... čaj s mlijekom, čaj s limunom
Wasser, Mineralwasser .... voda, mineralna voda
Brot, Eier, Butter, Käse .... kruh, jaja, maslac, sir
Schinken, Rohschinken, Fleisch .... šunka, pršut, meso
Rindfleisch, Kalbfleisch .... govedina, teletina
Schweinefleisch, Lammfleisch .... svinjetina, janjetina
Ente, Hühnchen, Truthahn .... patka, pile, tuka
Wild, Fisch .... divljač, riba
Kartoffeln, Reis, Nudeln .... krumpir, riza, rezanci
Salat, Obst, Gemüse .... salato, voće, zelenjava
süß, sauer, scharf, salzig .... slatko, kiselo, pikantno, slano
Wein - rot, weiß, rose .... vino - crno, bijelo, ruzica
Bier, Schnaps, Weinbrand .... pivo, rakija, vinjak
Kuchen, Eis, Schokoladencreme .... kolač, sladoled, čokoladna crema

Praktische Auskünfte, Hilfe, Unfall:

Wo finde ich eine Apotheke? .... gdje mogu naći apoteku?
Wo finde ich eine Polizeiwache? .... gdje mogu naći policiju?
Wie weit ist das? .... koliko je to daleko?
Wo ist hier bitte eine Bank? .... molin vas gdje je tu neka banka?
Wo finde ich hier Trinkwasser? .... gdje mogu naći voda?
Wo finde ich einen guten Arzt? .... gdje mogu naći dobrog liječnika?
Ich habe Fieber/Halsschmerzen .... imam temperaturu/boli me grlo
Ich habe (starke) Zahnschmerzen .... imam (jaku) zubobolju
Es ist ein Unfall passiert .... dogodila se nesrećo pomoći
Bitte rufen Sie schnell einen Krankenwagen ....
.... molim vas pozovite brzo vo zilohitne

Wohnmobil:

Wo ist bitte die nächste Tankstelle? ....
.... molim vas gdje je najbliža benzinska stanica?
Ich habe ein Problem .... ja imam jedan problem
Reparatur-Werkstatt .... automehaničar ska radionica
Ich habe eine Panne .... imam kvar (ugs. defekt)
Öl, Batterie, Reifen, Kühler .... ulje, boterija, autoguma, hladnjak
Dürfen wir hier im Wohnmobil übernachten? ....
.... možemo li ordje sa kampkućian prenoćiti?

Wasserversorgung

Die Suche nach dem Lebenselixier kann lästig und zeitraubend sein. Sowohl in unseren Tourenbeschreibungen als auch in den dazugehörenden Karten haben wir Wasserstellen und Brunnen vermerkt. Auf diese Weise

wissen Sie, wo die nächste „Oase“ zu erwarten ist und können sich darauf einstellen. In manchen Reiseregionen rund ums Mittelmeer kann - zumindest im Hochsommer - schon mal eine Wasserknappheit eintreten, die gewisse Reglementierungen nach sich zieht. Auf unseren Reisen durch Kroatien hatten wir niemals derartige Probleme.
Um Wasser zu bunkern, empfiehlt es sich, einen Schlauch von etwa 5-8 m Länge mitzuführen. Nicht jeder Hahn ist direkt anzufahren, und nicht immer passen die üblichen Anschlüsse. Behelfen kann man sich mit der Konstruktion von Reinhard Schulz, dem sog. WOMO-Zapfschlauch. Auf der einen Seite stülpt man ein Stück Fahrradschlauch handelsübliche Größe über, dessen anderes Ende sich um jeden Hahn schmiegt. An der anderen Schlauchseite befestigt man einen Karabinerhaken, den man in eine Öse am Einfüllstutzen hängt. Das erspart das lästige Halten! Mehr zu diesem Thema lesen Sie im „**Allgemeinen Wohnmobil Handbuch**“, im Band 5 der WOMO-Reihe.
Wer den Eigenbau scheut, wird im Gartencenter fündig. Die Fa. Gardena bietet einen Adapter für fast alle Wasserhähne an. Ergänzend bekommt man dazu einen raumsparenden Faltschlauch.
Einfach und effektiv ist die Methode mit der Plastik-Gießkanne. 10 Liter Inhalt sollten es schon sein und nach Gebrauch ist sie in einer Tüte oder Ähnlichem bestens vor Verschmutzung geschützt. Der Vorteil gegenüber einem normalen Wasserkanister ist: man braucht keinen Trichter, und die Klamotten bleiben wohl eher trocken!
Neben dem üblichen Wasservorrat im Tank verwenden wir einen Plastikkanister für den direkten Verbrauch, z.B. zum Mischen mit Saft oder Sirup. So ist das Wasser stets frisch, und ein nicht zu unterschätzender Vorteil ist die bequeme Reinigung im Freien.
H2O, welches in Kroatien aus dem offiziellen Leitungssystem plätschert, ist als Trinkwasser deklariert. Wir haben das Wasser bisher immer unbehandelt getrunken und auch nicht abgekocht, zumal es dadurch geschmacklich stark verliert. Probleme irgendwelcher Art haben wir uns damit noch nie eingehandelt.
Will man ganz sicher gehen, so kann man auch auf keimtötende Mittel wie Certisil combina oder Micropur zurückgreifen. Nebenwirkungen oder Geschmacksbeeinträchtigungen sind nicht zu befürchten. Schon wenige Minuten nach Beigabe genannter Mittel ist das Wasser entkeimt und trinkfertig, eine weitere Nachverkeimung wird für viele Wochen unterbunden.

Wein

Wein darf man getrost als Nationalgetränk der Kroaten bezeichnen. Zu fast allen Gelegenheiten wird er gern getrunken, und selbst einfache Tafelweine erfreuen bereits den Gaumen mit guter Qualität. Im Gegensatz zum alten Jugoslawien setzt man jetzt mehr auf Klasse denn auf Masse und verzichtet zudem auf die Verschnitte, die früher Usus waren. Die Bodenverhältnisse und die klimatischen Bedingungen bieten beste Voraussetzungen, um einen edlen Tropfen in den Fässern und Flaschen reifen zu lassen, und die handwerkliche Kunst der Winzer tut ein Übriges dazu.
Je nach Gusto und der Art der Mahlzeit, die man zu sich nimmt, wird man die Wahl des Weines treffen. Zum Fisch empfehlen sich natürlich Weißweine. Ein äußerst feines Tröpfchen ist hierbei der istrische Malvazija, schwer und goldgelb in der Farbe. Leichter hingegen zeigt sich der weiße Pinot, der Bijeli Pinot.
Hervorragende Weine bringen einige Inseln hervor. Von der Insel KRK stammt der goldfarbene Žlahtina, auf PAG keltert man den ebenfalls goldgelben Žutica. KORČULA bringt die berühmte Grk-Traube hervor, aus der ein heller leichter Wein, aber auch ein schwerer hochprozentiger Wein (über 12%) gekeltert wird.

Die Palette der Rotweine präsentiert sich umfangreich, doch wenigstens einige der bekanntesten wollen wir Ihnen nicht vorenthalten. Von guter Qualität zeigt sich der Plavac (Insel KORČULA) und der Faros (Insel HVAR). Vollmundig schmeckt der Babić aus PRIMOŠTEN, der von dem schweren körperreichen Postup (Halbinsel PELJEŠAC) noch getoppt wird. Als bester kroatischer Wein gilt der gehaltvolle, schwere und rubinrote Dingač. Das Anbaugebiet - nur auserwählte Lagen auf der PELJEŠAC - ist begrenzt. Daraus resultiert natürlich die relativ geringe Menge dieses edlen Tröpfchens, die in den Verkauf gelangt. 10 Euro pro Flasche sind das Minimum, will man das „rote Gold" vor Ort erwerben. Gern getrunken werden auch istrische Rotweine, sehr verbreitet ist der süffige Teran und der ebenfalls süffige, aber etwas leichtere Merlot.
Rosé-Weine spielen eine eher untergeordnete Rolle.
Schon die alten Römer schätzten den „vinum sanctum", den heiligen Wein als Digestiv nach dem Essen. In unseren Tagen trägt er den Namen „prošek". Der Dessertwein schmeckt süß und ist mit 16% Alkoholgehalt recht kräftig.

Zeit

In Kroatien lebt man nach der mitteleuropäischen Zeit. Die Umstellung auf Sommerzeit bzw. zurück auf Normalzeit erfolgt zum gleichen Termin wie etwa in Deutschland und Österreich oder aber auch in der Schweiz.

Zoll

Kroatien: Seit 2013 gelten für die Ein- und Ausfuhr von Waren die allgemeinen EU-Bestimmungen. Für den privaten Bedarf können mitgeführt werden: Bis zu 800 Zigaretten, 400 Zigarillos, 200 Zigarren, 1 kg Rauchtabak, 10 l Spirituosen, 20 l andere alkoholische Getränke bis maximal 22 % Alkoholgehalt, 90 l Wein (davon höchstens 60 l Schaumwein) und 110 l Bier. Möchte man größere Mengen exportieren, so gilt als Faustregel: Zollgebühren werden etwa in Höhe von 50% des Einkaufspreises erhoben. Das persönliche Gepäck, Reiseproviant sowie Wertgegenstände (Foto- bzw. Filmausrüstung, Schmuck etc.) dürfen zollfrei in das Land eingeführt werden.
Für eine teure und exklusive Elektronikausrüstung (Videokamera und Ähnliches) oder wertvolles Sportgerät empfiehlt es sich, eine Zollerklärung auszufüllen, um eine problemlose Wiederausführung zu gewährleisten.
Montenegro: Gehört (noch) nicht zur EU. Für Ein- und Ausfuhr gelten (theoretisch) die Außer-EU-Regeln. Wir wurden allerdings nie kontrolliert.

Idyllisches Badeplätzchen für „Kraxler"

Packliste

Brieftasche/Handtasche/Geheimfach
Pässe, Personal-, Kinderausweis (gültig!)
Führerscheine, Vollmacht
Grüne Karte (gültig!)
KFZ-Schein
Impfbücher/Impfpass Haustier
Fotokopien aller dieser Papiere
Bargeld/Brustbeutel
Devisen/Reiseschecks
Euroscheckkarte
Kreditkarte (z.B. Visa)
Auslandskrankenscheine
Zusatzversicherungen/Schutzbrief
Vignette

____

____

Wohnmobilhaushalt
Wecker
Einkaufstasche groß
Kaffee-, Teekanne
Filtertüten/Filter
Geschirr/Gläser
Brotzeitbrettchen/Bestecke
Brotmesser/Kartoffelschäler
Schöpflöffel/Schneebesen
Töpfe/Dampftopf
Pfannen/Sieb
Topflappen
Butterdose/Plastikdöschen mit Deckel
Flaschentrage
Thermoskanne
Eierbehälter
Küchenpapier/Alufolie
Nähzeug/Schere
Klebstoff/Klebeband
Wäscheleine/Klammern
Waschpulver
Plastikschüssel
Abtreter
Schuhputzzeug
Kabeltrommel
Verbindungskabel CEE-Schuko
Stecker (Ausland)
Doppelstecker
Gasflaschen (voll?)
Handfeger/Kehrschaufel
Putzlappen
Klappspaten
Hammer/Nägel/Axt
Zündhölzer/Feuerzeug
Gasanzünder
Taschenlampen
Kerzen
Petroleumlampe/Petroleum
Ersatzbirnen 12 V/230 V
Ersatzsicherungen für jedes Gerät
Ersatzwasserpumpe
5 m passender Wasserschlauch
Feuerlöscher
Insektenspray/Insektenlampe
Moskitogaze für Fenster und Tür
Toilette/Klopapier
Toilettenchemikalien (oder Schmierseife)
Dosen-, Flaschenöffner, Korkenzieher
Spülmittel/Bürste
Scheuerpulver
Geschirrtücher
Leim/5 m Schnur
5 m Schwachstromkabel zweiadrig
Wasserschlauch mit Passstück
für verschiedene Wasserhähne
Trichter
Wasserentkeimungsmittel
Müllbeutel

____

____

Reiseapotheke
Mittel gegen Seekrankheit
Soventol (lindert Insektenstiche usw.)
Husten-, Schnupfenmittel
Fieberzäpfchen
Kohletabletten
Mittel gegen Durchfall
Mittel gegen Verstopfung
Mittel gegen Kopfschmerzen
Nasen-, Ohrentropfen
Halsschmerztabletten
Wundsalbe/Brandsalbe
Wunddesinfektionsmittel (Merfen-Orange)
Sprühpflaster
Elastikbinden
Salbe gegen Prellungen
Fieberthermometer
Pinzette
Autoverbandskasten o.k.?
Persönliche Medikamente

____

____

Auto
Allgemeines Wohnmobil-Handbuch
Bedienungsanleitungen
Bordbuch/Wörterbücher
Reiseführer/Campingführer
Straßenkarten/Autoatlas
Auffahrkeile/Stützböcke
Wasserwaage
D-Schild
Kundendienst gemacht?
Ersatzteilset von der Werkstatt?
Pannenausrüstung komplett?
Reservekanister voll?
1-2 Liter Reserveöl
Reserverad Luftdruck o.k.?
Abschleppstange, ausprobiert?
Passender Wagenheber ausprobiert?
Luftpumpe
Warndreieck, Warnweste
Arbeitshandschuhe
Werkzeugkoffer komplett?
Kundendienst-Stellenverzeichnis neu?

____

____

Kleidung
Unterwäsche
Socken/Strümpfe
Hemden/Blusen
Schuhe/Sandalen
Hausschuhe
T-Shirts/Shorts
Hosen/Jeans
Kleider/Röcke
Pullover/Jacken/Stola
Anoraks/Windjacken
Sonnenhüte/Kopftücher
Nachhemden/Schlafanzüge
Bikinis/Badehosen
Wanderstiefel
Sonnenbrille/Ersatzbrille

____

____

Campingartikel
Stühle/Tisch/Liegestühle
Liegematten/Hängematten
Markise/Sonnenschirme
Sonnensegel/Stangen/Häringe/Leinen
Grill/Grillzange/Holzkohle
WOMO-Pfannenknecht

____

____

Unterhaltung
Handy/Autoladekabel
KW-Radio
Schreibzeug/Adressbuch
Handarbeitszeug
Kinderspielzeug
Malutensilien
Bücher/Spiele
Kassettenrekorder/Kassetten
CD-Player/CDs
Taucherbrillen
Wasserball/Fußball/Wurfringe
Frisby/Indiaca usw.
Schlauchboot/Pumpe/Ruder
Luftmatratzen
Sandspielzeug
Schwimmflügel/Schwimmreif
Surfbrett/Zubehör
Fotoapparat/Filme
Videokamera/Kassetten
GPS-Gerät
Ersatzbatterien/Ladegerät für 12 V
Rucksäcke
Kartentasche
Fernglas/Kompass
Isomatten/Zelt/Kochtopfset
Feldflaschen/Taschenmesser/Angelzeug
SOS-Kettchen (vor allem für Kinder)
Mitbringsel für evtl. Einladungen

____

____

Lebensmittel
Getränke (Limo, Bier, Wein)
H-Milch/Dosenmilch/Coffeemate
Milchpulver/Limopulver/Zitronenteepulver
Wurst-, Fischdosen
Fertiggerichte/Beutelsuppen
Tee/Kaba/Kaffee
Müsli
Butter/Margarine
Brot/Dosenbrot
Reis/Nudeln/Gries
Kartoffelbrei/Mehl
Babykost
Puddingpulver
Schokolade/Bonbons/Kaugummi
Marmelade/Nutella
Bratfett/Öl/Essig
Mayonnaise/Senf
Zwiebeln
Gewürze
Ketchup/Maggi/Salz
Zucker/Süßstoff
Kartoffeln
Eier
Zwieback/Salzstangen

____

____

Wäsche/Toilettenartikel
Schlafsäcke, Bettwäsche, Kopfkissen
Laken (Spannlaken)
Hand-, Badetücher, Waschlappen
Geschirrtücher
Tempo/Taschentücher
Kämme/Bürsten
Haarfestiger/Lockenwickel/Haarspangen
12 V-, Akku- oder Nassrasierer
Nageletui/Hygieneartikel
Empfängnisverhütungsmittel
Windeln/Creme/Babycreme
Seife/Rei in der Tube
Sonnencreme, -öl
Fettstift (Labello)
Zahnbürsten/Zahnpasta
Autan gegen Mücken
Ohropax gegen Lärm

____

____

Nicht vergessen!
Post/Zeitung abbestellen
Offene Rechnungen bezahlen
Haustier abgeben
Blumen versorgen
Mülleimer leeren
Kühlschrank abstellen?
Antennen herausziehen
Wasch-, Spülmaschine, Bügeleisen aus?
Wasser, Gas, Heizung, Boiler abgestellt?
Rollläden schließen
Haustür verschließen
Nachbarn/Verwandte benachrichtigen: Reiseroute, Autokennzeichen mitteilen, Reserveschlüssel abgeben

____

Stichwortverzeichnis

Info-Blatt aus dem WOMO-Buch: Kroatien '15

(komplett ausgefüllt erhalte ich 10% Info-Honorar auf Bestellungen direkt beim Verlag)

Lokalität: Seite: Datum:
(Stellplatz, Campingplatz, Wandertour, Gaststätte, usw.)

unverändert gesperrt/geschlossen folgende Änderungen:

Lokalität: Seite: Datum:
(Stellplatz, Campingplatz, Wandertour, Gaststätte, usw.)

unverändert gesperrt/geschlossen folgende Änderungen:

Lokalität: Seite: Datum:
(Stellplatz, Campingplatz, Wandertour, Gaststätte, usw.)

unverändert gesperrt/geschlossen folgende Änderungen:

Lokalität: Seite: Datum:
(Stellplatz, Campingplatz, Wandertour, Gaststätte, usw.)

unverändert gesperrt/geschlossen folgende Änderungen:

Lokalität: Seite: Datum:
(Stellplatz, Campingplatz, Wandertour, Gaststätte, usw.)

unverändert gesperrt/geschlossen folgende Änderungen:

Lokalität: Seite: Datum:
(Stellplatz, Campingplatz, Wandertour, Gaststätte, usw.)

unverändert gesperrt/geschlossen folgende Änderungen:

Meine Adresse und Tel.-Nummer:

(nur komplett ausgefüllte, zeitnah eingesandte Infoblätter können berücksichtigt werden)

Info-Blatt aus dem WOMO-Buch: Kroatien '15

(komplett ausgefüllt erhalte ich 10% Info-Honorar auf Bestellungen direkt beim Verlag)

Lokalität: Seite: Datum:
(Stellplatz, Campingplatz, Wandertour, Gaststätte, usw.)

unverändert gesperrt/geschlossen folgende Änderungen:

Lokalität: Seite: Datum:
(Stellplatz, Campingplatz, Wandertour, Gaststätte, usw.)

unverändert gesperrt/geschlossen folgende Änderungen:

Lokalität: Seite: Datum:
(Stellplatz, Campingplatz, Wandertour, Gaststätte, usw.)

unverändert gesperrt/geschlossen folgende Änderungen:

Lokalität: Seite: Datum:
(Stellplatz, Campingplatz, Wandertour, Gaststätte, usw.)

unverändert gesperrt/geschlossen folgende Änderungen:

Lokalität: Seite: Datum:
(Stellplatz, Campingplatz, Wandertour, Gaststätte, usw.)

unverändert gesperrt/geschlossen folgende Änderungen:

Lokalität: Seite: Datum:
(Stellplatz, Campingplatz, Wandertour, Gaststätte, usw.)

unverändert gesperrt/geschlossen folgende Änderungen:

Meine sonstigen Tipps und Verbesserungswünsche:

Wir bestellen zur sofortigen Lieferung: (Alle Preise in € [D], Preisänderungen vorbehalten)

- ❑ Wohnmobil Handbuch ... 19,90 €
- ❑ Wohnmobil Kochbuch ... 12,90 €
- ❑ Heitere WOMO-Geschichten ... 6,90 €
- ❑ Albanien ... 19,90 €
- ❑ Allgäu ... 17,90 €
- ❑ Auvergne ... 19,90 €
- ❑ Baden-Württemberg ... 19,90 €
- ❑ Baltikum ... 20,90 €
- ❑ Bayern (Nordost) ... 19,90 €
- ❑ Bayern (Südost/Oberbayern) ... 19,90 €
- ❑ Belgien & Luxemburg ... 19,90 €
- ❑ Bretagne ... 18,90 €
- ❑ Burgund ... 17,90 €
- ❑ Dänemark ... 19,90 €
- ❑ Elsass ... 18,90 €
- ❑ England (ab 1.2.2017) ... 18,90 €
- ❑ Finnland ... 19,90 €
- ❑ Franz. Atlantikküste (Nord) ... 17,90 €
- ❑ Franz. Atlantikküste (Süd) ... 17,90 €
- ❑ Griechenland ... 19,90 €
- ❑ Hessen (Norden + Osten) ... 19,90 €
- ❑ Hessen (Mitte + Süden) ... 19,90 €
- ❑ Hunsrück/Mosel/Eifel ... 19,90 €
- ❑ Irland ... 19,90 €
- ❑ Korsika ... 18,90 €
- ❑ Latium/Rom/Abruzzen ... 18,90 €
- ❑ Kroatien / Montenegro ... 19,90 €
- ❑ Ligurien ... 17,90 €
- ❑ Loire-Tal/Paris ... 17,90 €
- ❑ Languedoc/Roussillon ... 19,90 €
- ❑ Marokko ... 19,90 €
- ❑ Namibia ... 19,90 €
- ❑ Neuseeland ... 24,90 €
- ❑ Niederlande ... 19,90 €
- ❑ Nord-Frankreich ... 18,90 €
- ❑ Normandie ... 17,90 €
- ❑ Norwegen (Nord) ... 19,90 €
- ❑ Norwegen (Süd) ... 19,90 €
- ❑ Österreich (Ost) ... 19,90 €
- ❑ Österreich (West) ... 18,90 €
- ❑ Ostfriesland ... 20,90 €
- ❑ Peloponnes ... 18,90 €
- ❑ Pfalz ... 19,90 €
- ❑ Piemont/Aosta-Tal ... 19,90 €
- ❑ Polen (Nord/Masuren) ... 17,90 €
- ❑ Polen (Süd/Schlesien) ... 17,90 €
- ❑ Portugal ... 17,90 €
- ❑ Provence & Côte d'Azur (Ost) ... 18,90 €
- ❑ Provence & Côte d'Azur (West) ... 18,90 €
- ❑ Rumänien ... 19,90 €
- ❑ Pyrenäen ... 17,90 €
- ❑ Sachsen ... 19,90 €
- ❑ Sardinien ... 19,90 €
- ❑ Schleswig-Holstein ... 19,90 €
- ❑ Schottland ... 18,90 €
- ❑ Schwarzwald ... 17,90 €
- ❑ Schweden (Nord) ... 18,90 €
- ❑ Schweden (Süd) ... 19,90 €
- ❑ Schweiz (Ost) ... 19,90 €
- ❑ Schweiz (West) ... 18,90 €
- ❑ Sizilien ... 18,90 €
- ❑ Slowenien ... 17,90 €
- ❑ Spanien (Nord/Atlantik) ... 19,90 €
- ❑ Spanien (Ost/Katalonien) ... 18,90 €
- ❑ Spanien (Süd/Andalusien) ... 17,90 €
- ❑ Südafrika (Krüger NP) ... 24,90 €
- ❑ Süditalien (Ost/Apulien) ... 19,90 €
- ❑ Süditalien (West/Kalabrien) ... 17,90 €
- ❑ Süd-Tirol ... 18,90 €
- ❑ Thüringen ... 19,90 €
- ❑ Toskana & Elba ... 19,90 €
- ❑ Trentino/Gardasee ... 17,90 €
- ❑ Tschechien ... 18,90 €
- ❑ Tunesien ... 17,90 €
- ❑ Türkei (West) ... 18,90 €
- ❑ Türkei (Mitte-Kappadokien) ... 17,90 €
- ❑ Umbrien & Marken mit Adria ... 18,90 €
- ❑ Ungarn ... 17,90 €
- ❑ Venetien/Friaul ... 19,90 €
- ❑ Wales ... 18,90 €

... und jährlich werden's mehr!

* WOMO * * WOMO * * WOMO * * WOMO *

Absender:

Datum Unterschrift

WOMO®-VERLAG
Versandabteilung
Wiesenweg 4-6

98634 Mittelsdorf/Rhön

DIE REISE- UND ERLEBNISFÜHRER
* Bequeme Touren durchs ganze Urlaubsland.
* Viele Plätzchen für freie Übernachtungen mit GPS.
* Genaue Hinweise auf viele Trinkwasserstellen.
* Die schönsten Badeplätze, die nicht jeder kennt.
* Bergtouren und Spaziergänge für groß und klein.
* Die besten Anreiserouten, Fähren, usw.
* 300 Tipps und Tricks – für Ausrüstung, Reisevorbereitung und Urlaub.
* Ausgefeilte Profipackliste.
* Spezialkarten mit supergenauen Einträge der freien Stellplätze, Trinkwasserstellen und Entsorgung.

DAS KOCHBUCH
* Einrichtung der WOMO-Küche.
* Lebensmittel-Grundausstattung.
* Konserven selbst gemacht.
* Backen in der Bratpfanne – Kuchen, Pizza, Brote.
* Viele, viele WOMO-Rezepte für zwei Gasflammen – einfach, schnell und lecker!
* Einkochen im Urlaub.
* Spezialrezepte für den Dampftopf.
* Der WOMO-Pfannenknecht.

DAS HANDBUCH
* Beratung bei Kauf und Miete.
* Gas-, Wasser-, Elektroinstallation.
* Einrichten des Wohnmobils.
* Tipps & Tricks fürs Wochenende.
* 3200 freie deutsche Stellplätze.
* 700 deutsche Entsorgungsstationen.
* Urlaubsvorbereitung, Profipackliste.
* .Stellplatz-Infos für ganz Europa.
* Wohnmobil und Wintersport.
* Der WOMO-Urlaubspartner-Service.
* Gastankstellen in ganz Europa.

Unsere Bücher erhalten Sie in jeder Buchhandlung oder auf Rechnung direkt vom Verlag. Hier gibt's auch die aktuellen Infos über unsere ständigen Neuerscheinungen. (Versandkosten 1,20 €, ab 10 € portofrei / Ausland 4 €, Preisänderungen vorbehalten).

24 Std.-Bestell-Telefon: 036946-20691*Fax: 036946-20692
Internet: www.womo.de * eMail: verlag@womo.de**